アフガニスタンから世界を見る

Takayuki Kasuga
春日孝之

晶文社

装幀　本山木犀

アフガニスタンから世界を見る　目次

本文写真撮影　著者

アフガニスタンから世界を見る

キルギス
ウズベキスタン
中国
タジキスタン
トルクメニスタン
パキスタン支配地域
ファイザバード
マザリシャリフ
スリナガル
バーミヤン
ジャララバード
印パ実効支配線
カシミール
カブール
ヘラート
ペシャワル
ジャム
アフガニスタン
インド支配地域
イスラマバード
イラン
カンダハル
クエッタ
ニューデリー
パキスタン
インド
カラチ
アラビア海

はじめに

二〇〇一年三月、私は目的地のアフガニスタンのバーミヤンを目前にして、タリバン政権の現地部隊に拘束された。タリバンが「バーミヤンの大仏を破壊した」と発表し、国際社会の耳目が集まっていた最中である。

当時、タリバンの最高指導者ムハマド・オマル師は、バーミヤンへの外国人の立ち入り禁止令を出していた。国際的な文化遺産として知られた大仏の命運がどうなっているのか、ジャーナリストとして、その真相を確かめようと潜入を試みたのだった。

所持品の検査を受け、尋問され、ついにスパイ罪で銃殺を告げられる。「まさか」という思いがあったが、現地司令官とその部下たちによるパシュトゥン語の会話を理解する同行のパキスタン人通訳が、真っ青な顔で「本当に殺される」とうめき声を漏らした時、私は口の中が瞬時に渇き切り、それからは言葉を発することさえままならなくなった。

釈明しても助命を請うても、とりつくしまもない。口の渇きに、胃のあたりの圧迫感が強まり、息苦しさが募った。「早く殺してくれ」というのが、その時の正直な思いだった。迫り来る死を焦らされることの方が、死そのものの恐怖に増して苦痛だった。

幸運にも拘束から約三時間後、釈放となる。経過は本章に譲るが、「タリバン」については、こうした体験を経ても恨みに思ったことはない。むしろ後ろめたさが先に立つ。

バーミヤン周辺で事前取材をした段階で、厳重な監視下にあったバーミヤンに入ることは、とても不可能だと判断した。それでも前に進んだのは、ある種の計算があったからだ。「バーミヤンの大仏」は世界で最もホットな話題の一つだった。拘束されるような事態を招いたとしても、あるいは招くことによって、それなりの記事にできる。そんな思いが頭の片隅にあった。

私は毎日新聞社の特派員として、一九九六年十月から九九年九月までをインドのニューデリー支局、引き続いて〇三年五月までをパキスタンのイスラマバード支局に駐在し、アフガン情勢もカバーした。

タリバンはこの間、全土の九割以上を支配し、大仏破壊を経て、米同時多発テロを機に政権崩壊に至る。イスラマバードはメディアによるタリバン取材の前線拠点だった。

バーミヤン行きに際し、拘束されても身の安全を確保できるよう備えはしていた。オマル師も一目置くパキスタン人宗教指導者が、オマル師側近に宛てたパシュトゥン語の手紙を携えていた。

私の身元を保証し、取材の便宜を図るようしたためてくれた推薦状だった。

しかし、現地司令官は文字が読めなかったようで、差し出した手紙を一顧だにせず放り投げてしまい、予期しない展開を招いたのである。

私が首都カブールに戻って東京に書き送ったルポルタージュ原稿は、一面トップの扱いで掲載される。主見出しは「『こいつらは敵』銃殺宣告」。後ろめたさを感じたのは、タリバン政権の「法」を無視した潜入行為が私の特異な体験につながり、タリバンに対する偏見を広げることに一役も二役も買ってしまったのではと思ったからである。

日本に帰国後、タリバンの人権抑圧をテーマにしたアフガン人監督による『アフガン零年』(〇三年)という映画を観た。一人の少女を通してタリバン治世をドキュメンタリータッチで描いていた。いくつもの国際映画祭で受賞を重ね、日本では文部科学省の選定作品にもなったが、「誇張と作為」を散りばめたプロパガンダ映画という印象だった。

タリバン時代に「人権」の問題が生じていたことは事実である。しかし、ややもすれば欧米の現代の価値観に照らして強調される傾向が強かった。「はじめにタリバン非難ありき」といった姿勢の報道や論評も少なくなかった。

タリバンの主体民族は多数派のパシュトゥン人。この監督は少数民族のタジク人で、タリバンと敵対関係にあった反タリバン連合(北部同盟)の拠点パンジシール渓谷の出身である。映画に描かれていたのは、ステレオタイプ化された狂信的なタリバンだった。

本書の執筆を進めている途中、ある出版社から一冊の本の書評を依頼された。『大仏破壊——

バーミヤン遺跡はなぜ破壊されたのか』（高木徹著、文藝春秋刊）というタイトルで、著者は現地で多くの関係者に直接取材をしていた。

大仏破壊の真相を追う中で、タリバンがゴチゴチのイスラム原理主義者ばかりではないことを、そして、同一視されがちだったタリバンとアルカイダの違いを描いていた。私の伝えたいことの一部を代弁してくれていた。書評の全文を紹介しておきたい。


二〇〇一年三月、アフガニスタンのバーミヤンにある二体の大仏が破壊された。破壊したのは、当時アフガンの約九割を支配していたタリバン政権だった。だが『大仏破壊』の〝主人公〟の一人、タリバンのホタク元情報文化次官はこう証言する。「大仏の破壊は、タリバンの本来の意志でも、方針でもありませんでした。私たちの大部分は破壊に心から反対だったのです」。

ではなぜ、大仏破壊に至ったのか。この謎に挑んだ著者の高木徹氏（NHK報道局）は、綿密な取材と巧みな文章構成で迫真のインサイドストーリーに仕上げている。

発端は、アフガンの全土統一を目指すタリバンの最高指導者オマル師と、国際的な反米ネットワーク「アルカイダ」を率いるビンラディンの「出会い」だった。対ソ連のアフガン戦争当時、ムジャヒディン（イスラム戦士）として闘争に参加したオマルは、当時アラブ義勇兵として加勢してくれた「同志」が反米に転じて母国サウジアラビアを追われ、アフガンに逃れてきたのを「客人」として保護する。

その結果、内戦下のアフガンに和平を希求する神学生組織として出発したタリバンは、ビンラディンの「過激思想」の影響を受け、初めは大仏保護の立場だったオマルを含めて次第に変質していく。タリバンには「ビンラディンはアフガンに災いをもたらす」と主張する穏健派もいた。しかし、ホタク次官をはじめとする穏健派勢力は発言力を失い、ついにはビンラディンに政権を乗っ取られた形となって大仏破壊に及ぶのである。

著者は「大仏破壊」を半年後に起きる九・一一の「前奏曲（プレリュード）」と位置づける。実際、大仏破壊を機にビンラディンはアフガンを実効支配し、反米闘争の出撃基地として使うことが可能になった。大仏とビルという、時空を超えた二つの巨大建造物。著者は取材相手の一人から、「大仏破壊もニューヨークのビルの破壊も同じ精神によるもので、〝非イスラム文明の思い上がり〟をぶち壊すという象徴的な意味がこめられている」という、興味深い言葉を引き出した。

大仏破壊から九・一一につながる一本の線。これこそが著者の考える「大仏破壊」の本質だろう。本書はブラックボックスが広がるアフガン現代史の核心の一部を埋めたというだけでなく、新たな時代への転換点となった九・一一を検証していく上で貴重な情報と示唆を提示している。

ビンラディンと運命共同体となって国際的に孤立し、崩壊の道をたどったタリバンだが、本書が「ポイント・オブ・ノー・リターン」という表現で指摘している通り、実は何度か「本来の道」に引き返すチャンスはあった。穏健派が巻き返せば、大仏破壊も九・一一も起きなかった可能性がある。では、その機会を摘み取ったのは何なのか。

本書は「オマルを含めたタリバン全体にビンラディンについての予備知識が不足し」「あまり深い考えもなしに、ビンラディンの援助（戦闘員や資金）を重宝がっていた」からだと、タリバンの内的要因に力点を置く。

タリバンを支援した隣国パキスタンや、イスラム過激派をアフガンに〝やっかい払い〟したアラブ諸国の責任など外的要因にも触れ、「国際社会」の責任にも言及する。当時のアフガンは「歴史的大干魃」に見舞われていた。これに対し「国際社会」は「アフガンの人々を救え」ではなく「大仏を救え」の大合唱を起こす。

「石の像の方が人間より大切なんだ。そんな国際社会の言うことなど、聞いてはならない」。著者はタリバン強硬派の証言を紹介し、「わずかではあるが、説得力の断片を認めるのは私だけか」と自らの心情を控えめに示しているが、こうした思いは当時のアフガンの実情を知る者の共通の思いに他ならない。

ただ私は、米国がタリバンをアルカイダと同一視して「悪」と決めつけたことで穏健派を苦境に追いやり、強硬派支配が確立して、ビンラディンへの依存を強めていく結果を招いた側面が強いと分析している。九・一一以降の流れを見ると、こうした米国をめぐる外的要因は、先の内的要因とともに重要なファクターだったように思える。

善悪二元論でタリバンを切り捨てた米国の政策への果敢な切り込みがあれば、本書の厚みはさらに増したに違いない。


（新潮社フォーサイト誌〇五年四月号）

私が駐在した当時のインドとパキスタンは、カシミール領有をめぐり半ば戦争状態にあり、神経戦を含めた情報戦について考えさせられる機会が少なくなかった。自国をいかに有利に導き、相手をおとしめるか。印パ両国の情報機関を含めた凄まじい攻防をかいま見た。

私が知り得た情報戦にはさまざまなバリエーションがあった。広い意味では、政府の首脳や高官による舌戦、記者会見の場での発言もその一環ということができる。しかし水面下で、情報操作やニセ情報の発信、さらに、自作自演の爆弾テロを相手のせいにして非難を浴びせるという、何でもありの世界だった。

情報戦の観点から米国とタリバンの関係をながめると、タリバンは無力も同然だった。戦争における情報戦の重要性を認識し、メディアと世論への対策に躍起だった米国に対し、タリバンは政権末期の一時期を除き、主義主張を外の世界に発信しようとはしなかった。

「情報」を見極めるには、だれが、どの筋が出したのか、あるいは漏らしたのかという、発信源をまず見定める必要がある。そして、その情報が与える影響や結果を勘案したうえで、発信源の意図を読み解く作業が重要になる。

タリバン時代、とりわけ米同時多発テロ後、欧米の英語メディアが伝えたタリバンやアルカイダに関する膨大な量の情報は、グローバル化時代の象徴ともいえる衛星テレビやインターネットを通じて瞬時に世界に流れた。真偽の裏付けのない憶測までもが二次、三次情報として加工され、既成事実化されてきた印象がある。

米同時多発テロは、世界が「テロの時代」に本格突入する転換点になったと指摘される。イラク戦争とその後のイラク情勢の混乱、英国での同時爆破テロをはじめ、世界に拡散したテロの脅威を前に、その時代認識は正しいだろう。その意味で、タリバン時代のアフガンは世界史的な重大事件の震源地となった。

にもかかわらず、当時のアフガンについては、多くの誤解と謎が残されたままだ。ビンラディン氏を保護したタリバンを「悪」と断罪するのは容易い。実際、タリバンの治世については大いに問題があったことは確かだ。しかし、タリバンが「悪」なら、それを倒した米国は「善」なのか。そうした一方的な評価からは、歴史の教訓は得られないだろう。

米国は、タリバン政権を軍事侵攻により崩壊させたあと、イラクのフセイン政権を「悪の枢軸」の一角と非難を強め、大量破壊兵器開発を理由に戦争に突入した。イラク開戦を挟んだ時期、私は応援取材で入ったバグダッドで、アフガン取材当時と同様、憂うつな気分にさせられた。

フセイン政権に問題があることは明らかだったが、それ以上に、自らを「正義」と位置づけ、相手を「悪」と決めつける米国の非妥協的な姿勢に空恐ろしさを感じた。それまで局地的だったテロが、タリバン時代に世界規模に拡散する土壌を生み、イラクでそれがより現実化する。そんな確信が気分を滅入らせた。

「テロの時代」の出発点となったアフガニスタン。本書は、タリバン政権の誕生から崩壊、タリバン後のカルザイ政権に至る情勢の中で、自分が現地で何を見て、どう感じ、どう分析してきたかをまとめたものだ。取材ノートをベースに、その後に判明した事実や可能性を付け加える構成にした。随時、自分の記事を引用したが、後知恵をできるだけ排したいとの思いからでもある。

アルカイダを率いる「ウサマ・ビンラディン」の表記について、毎日新聞は当初、米同時多発テロ関与の明確な証拠がないとの理由で「氏」を付けていた。その後、ビデオで自らテロ関与の発言をした段階で「容疑者」に改めた。呼び捨てにしているメディアもあるが、本書では故人を除いて、登場人物にはすべて敬称を付けた。テロリストだからという理由で敬称を省くとすれば、ビンラディン氏はともかく、他の場合で判断に迷うことが少なくない。私自身の立場と主観をできるだけ排除し、テロとは何かを再考する余地を残す意味でも、あえてすべてに敬称を付けることにした。人物の肩書きと年齢は原則、取材当時のものである。

1 「タリバンは悪か?」

アフガニスタンは忘れられ、見捨てられていた。

一九九七年、私がニューデリー支局に赴任した当時、泥沼のアフガン内戦は「忘れられた内戦」と呼ばれていた。国際社会の関心が著しく低かったからだ。

さかのぼれば、アフガンは長く国際社会の注目の的だった。

東西冷戦時代の七九年、ソ連がアフガンに軍事侵攻し、アフガン戦争が始まる。徹底抗戦するゲリラ勢力を米国が支援し、米ソ両超大国の「代理戦争」となった。ベトナム戦争に続いて、国際戦争報道のメーン舞台となる。

十年に及ぶ戦争の果てに、ソ連は八九年に完全撤退し、事実上敗北する。ソ連はこの戦争で疲弊したこともあり、九一年には国家そのものが瓦解してしまう。アフガンのゲリラ勢力は、東西冷戦構造を崩壊に導くという世界史的な役回りを演じたのだった。

しかし、米国はソ連が消滅したことにより、この地域の戦略的関心を失う。メディアの視野からも遠のいていった。

ただし、アフガンの戦乱に終止符は打たれなかった。旧ソ連が後押ししていたナジブラ共産主義政権が九二年に崩壊したあと「権力の空白」が生じる。旧ゲリラの各派は、権力の座をめぐり本格内戦に突入したからだ。

アフガンは「民族の十字路」と呼ばれ、多数派民族のパシュトゥン人、少数派のタジク人、ウズベク人、ハザラ人などで構成されている。それぞれの民族を主体にした旧ゲリラ各派が、主に首都カブールを舞台に、合従連衡を繰り返しながら戦いに明け暮れる。

しかも、周辺の国々がそれぞれの民族的なつながりや政治的な思惑、経済的な利権などを背景に各派を支援したため、内戦は「一人勝ち」などあり得ない「エンドレスゲーム」の様相を示していた。

そんな混乱の中から、九四年に突如出現し、快進撃を続けたのが新興勢力のタリバンだった。九七年に私がニューデリーに着任した当時、タリバンはすでに首都カブールを制圧して、全土の三分の二を支配する最大勢力にのし上がっていた。

しかし、アフガンに関する情報は極めて乏しかった。断片的な戦況情報のほかは、主に欧米メディアが扱うタリバンの「人権抑圧」や「女性差別」についてのニュースがほとんどだった。その統治を「恐怖政治」とも呼んでいた。私自身、アフガンという「辺境の地」で、「イスラム原理主義勢力」と形容される得体の知れない組織が勢力を伸ばしているようだ、くらいの認識しか持ち得なかった。

そんな中で、アフガンが久しく国際社会の注目を集める大事件が発生する。赴任から十ヶ月後の九八年八月。ケニアとタンザニアの米国大使館を標的にした同時爆破テロだ。その「黒幕」として浮上したウサマ・ビンラディン氏がタリバンの支配下にいたのである。

タリバンは、米国によるビンラディン氏の身柄引き渡し要求を拒否する。これを受け、クリントン米大統領は「対テロ戦争」と称して、ビンラディン氏の潜伏先とみたアフガン東部の旧ゲリラ訓練基地を中心にミサイル攻撃を敢行する。

私がアフガンを初めて訪れたのは、「報復攻撃」の余韻がなお残る翌九月のことだった。タリバンはすでに全土の九割を手中に収め、全土制覇に迫る勢いをみせていた。アフガン滞在は一週間。厳しい取材制限があったとはいえ、タリバンについては従来の一般的なイメージとはかなり異なる印象を受けた。連載記事「タリバンは悪か?」（五回シリーズ）を書いた。以下、順次紹介したい。

公開処刑

首都カブールのサッカー競技場で、不定期の金曜日に「見せしめ刑」が執行されている。前日にタリバンがラジオ放送で布告する。「目には目を」の中世を思わせるせい惨な処刑。そんなイメージがつきまとう。

九月十八日。競技場の中央にはイスラムの高僧が並び、その前に息子を惨殺された父親の姿があった。軍事法廷は若いタリバン兵に対し、シャリア（イスラム法）に基づき銃殺刑を宣告していた。

高僧の一人がマイクを通し父親に語りかけた。「（相手を）許してあげなさい。あなたも神の慈悲が得られます」。父親が許せば殺人犯はこの場で放免されるのだ。〝最後の審判〟を前に、一万人を超える市民から「許してやれ！」の連呼がわき起こった。父親がマイクを握る。「いやだ。息子には将来があった」

死刑囚が芝生に座らされる。被害者の兄が、カラシニコフ銃で三発の銃弾を頭部に撃ち込み、処刑は終わった。

タリバンが国際社会を震え上がらせた最初の事件は、一九九六年九月のカブール攻略直後に起きた。国連施設に身を隠していた旧共産政権のナジブラ元大統領を裁判なしで処刑し、街頭でつるしたのだ。

しかし、外科医のワヒードさん（28）は言い切る。「ナジブラは数万もの無実の人間を処刑した。報復は当然だ」。自分の兄もスパイ容疑で投獄され、行方知れずになっているという。

アフガンには犯罪抑止のために、イスラム教と部族社会の伝統が融合した復讐法が根強く残る。イスラム高僧のエサック師（37）は「我々には我々のルールがある。（公開の）見せしめ刑が残酷だと言う者は、密室での処刑と何が違うか、考えてほしい」と語る。

タリバンは九四年秋、内戦でパキスタンに逃れたアフガン難民の神学生組織として結成された。当時、アフガン戦争でソ連軍に抵抗した旧ゲリラ勢力同士が、権力の座をめぐって内戦を続け、アフガニスタン全土は無政府状態に陥っていた。

市街戦の舞台カブールは半分が廃墟と化し、銃弾や砲弾が飛び交うのが日常となった。殺人、強盗、レイプ、そして汚職。旧ゲリラ各派は戦費調達のため、支配地の道路に検問所を設け、通行税を巻き上げた。ゲリラを指す「ムジャヒディン」(イスラム聖戦士)は侮蔑の言葉に転化した。

この惨状に対する世直し運動として出発したタリバンは、平和を願う人々の支持も受け快進撃を続けた。いまや国土の九割を掌握し、支配地域に厳格なイスラム法を導入、治安と秩序を回復させた。だが、国連や西欧諸国はイスラム法による厳格な統治は人権侵害にあたると非難を強めている。

アフマド文相代理(29)は猛然と反論する。「西欧は、我々が治安を回復させたことに目を向けず、治安維持のための刑罰や施策ばかりを責め立てる。罪なき人々が殺りくされる乱世こそ、最大の人権侵害ではないのか」

(九八年十月二十日付)

カブールに到着してすぐの金曜日、公開処刑は行われなかった。このため、前の週の処刑を競技場で見守ったという三人の男性から話を聞いて、事実関係をすり合わせた。

この取材の前後に「ラジオ・シャリア」の代表、エサック師にインタビューした。ラジオ・シャリアの前身はカブール放送である。タリバンは「テレビ」を禁止しており、放送はラジオだけだった。エサック師は、政権内でイスラム法の権威として知られていた。

彼の説明によると、タリバンの司法は「市民法廷」と「軍事法廷」に分かれる。今回処刑されたのはシャリフという三十歳の男で、警備兵だった。親類の男性をおので斬殺したとして殺人罪に問われ、軍事法廷にかけられた。法廷のイスラム高僧たちはシャリフ被告が住んでいた村の複数の住民から事情聴取を行い、被告の犯行と断定した。動機は「怨恨」だった。

死刑は十八歳以上に適用される。記事では、執行に際し家族が罪を許した場合、死刑囚は放免されると書いたが、刑の執行後に一命をとりとめた場合も釈放される。

刑の執行は、復讐法の原則に基づいて被害者の家族が行う。今回はその兄が約三メートルの至近距離から銃弾を放った。死刑囚の家族は銃弾が急所を外れてくれるよう祈りつつ、すぐに助命措置を施せるよう医師を待機させていた。

タリバンの公開刑については以前に、アフガン発の外電を東京に転電したことがあった。それによると、タリバンの若い兵士四人に対し、カブールで公開の絞首刑が行われた。四人は敵方から現金を受け取る「裏切り行為」を働いたとみなされた。処刑後、公衆にさらされたそれぞれの遺体には、紙幣が張り付けられていたという。

また、民家に押し入り女性に暴行したタリバン兵士三人が「タリバンの名を汚した」と絞首刑にされたとのニュースが流れたことがあった。このように、極刑はタリバンへの「裏切り」やその名を「汚した」といった背信行為まで対象になった。

刑罰では、窃盗犯に対する「手首切断」がよく知られていた。エサック師によると、盗みをすれば誰でも適用されるわけではない。アフガン人の多数は極貧の中で暮らしている。生存のためにやむを得ない事情が認められれば、いかなる刑罰も科せられないと強調した。

刑罰の対象になるのは「自分の欲求を満たすため」に盗みをした場合で、刑の種類はその額によって異なる。いちばん軽いのは「厳重注意」で、次いでベルトでの「むち打ち」。最高刑が「手首切断」である。

「厳重注意」と「むち打ち」の線引きはあいまいだが、「手首切断」は九十万アフガニ以上という目安があるという。取材当時の一ドルの換算レートは三万四千アフガニ。日本円にすると三、四千円である。当時の警察官の平均月給は二十万アフガニ程度だから、九十万アフガニは庶民感覚からすれば、それなりの金額だった。切断刑の執行は、医師が局所麻酔の注射を打って無痛にして行うのだそうだ。

エサック師は、公開刑についてこうも語っていた。「人々は刑罰の現場を見ることにより、コーラン（イスラム教聖典）に基づく善悪を理解する。しかし、密室で行えばそうした効果はなく、犯罪の抑止に生かすことはできない」

タリバンの刑罰は、明らかに「見せしめ」が主眼だった。印象的だったのは、執行に至るまでのプロセスだった。私が紹介した公開処刑では、イスラム聖職者が被害者の父親に「許せば神の慈悲が得られる」と執行を思いとどまるよう説得した。

タリバンがカブールを制圧する以前の九六年二月、すでに占領したアフガン東部ホストで、遺

晶文社の読書案内

『アフガニスタンから世界を見る』の読者のために

この目録は2006年1月作成したものです。
定価は税込みです。これ以降、変更がある場合がありますのでご諒承ください。
目録掲載図書のご注文には、愛読者カードの表記の購読申込書が便利です。

★印は日本図書館協会選定図書
☆は全国学校図書館協議会選定図書

晶文社
東京都千代田区外神田 2-1-12
電話 3255-4501
振替 00160-8-62799
URL　http://www.shobunshaco.jp

クリス・スティール＝パーキンス

写真集アフガニスタン　★

マグナムの名カメラマンが、日々存在する戦争のなかで人びとが生きている現実を写しとった傑作写真集。結婚式、市場、祭り、賭事に興じる男たち。タリバン、北部同盟の兵士たち。羊飼いの少年、ブルカ姿の女たち。廃墟で遊ぶ子供。アフガニスタン最高の詩人マジルーによる物語詩が挿入され、この国の人びとの哀しみと希望を伝える。

三七八〇円

ドリス・レッシング　加地永都子訳

アフガニスタンの風

今、世界中の注目をあびるアフガニスタン。「自由の民」という名をもつアフガンの人々は、侵略と征服の歴史を生きのびてきた。現在の混乱の元凶とされるソ連軍の進攻。その七年後のパキスタンの国境の町で、戦士や難民の女性たちの叫びをつぶさに聴きとった、緊張感あふれる思索行。人類をとらえつづける戦争とは何かを改めて見極めるための書。

一九九五円

前田耕作

アフガニスタンの仏教遺跡バーミヤン　★

シルクロードが栄えていた時代、アフガニスタンは東西交流の要衝の地であった。タリバンによって破壊されたバーミヤンの大仏こそは、その輝かしい証しである。アレクサンドロスの大遠征後につくられたギリシャ都市や多くの仏教遺跡が未発掘のまま眠る、戦火やまぬ大地アフガニスタンの歴史と文化を貴重な図版とともに語る。

二五二〇円

綿井健陽

リトルバーズ　★

――戦火のバグダッドから

アメリカ軍によるイラク侵攻以来、「News 23」などで精力的にイラクからの中継リポートを続け数々の賞を受賞したジャーナリスト綿井健陽。その綿井監督が1年半の取材映像から完成させた映画『Little Birds』は、本当のイラク戦争の姿を描いた話題作。その撮影日記、ルポとイラクの現状を伝える衝撃的な写真とで構成するノンフィクション。

一六八〇円

C・ダグラス・ラミス

憲法と戦争　★

憲法第九条は死んだか？　交戦権とはどんな権利か？　国家はなぜ戦争をするのか？　自衛隊はカンボジアに何をしに行ったか？　「日の丸・君が代」強制の隠された意味とは？　日米ガイドラインは何を目指しているのか？　憲法と戦争をめぐる様々な問題を根源から問い直し、これからの「日本国憲法」を考えるために大きな示唆を与える本。

一八九〇円

郵 便 は が き

料金受取人払

神田局承認

4695

差出有効期間
平成19年2月
28日まで
(切手不要)

101-8791

(受 取 人)　5 3 4

東京都千代田区
外神田 2-1-12

晶 文 社 行

◇購入申込書◇

ご注文がある場合にのみ
ご記入下さい。

■お近くの書店にご注文下さい。
■お近くに書店がない場合は、この申込書にて
直接小社へお申込み下さい。
送料は代金引き換えで、冊数に関係なく
一回210円になります。
宅配ですので、電話番号は必ずご記入下さい。

(書名)	¥	(　　)部
(書名)	¥	(　　)部
(書名)	¥	(　　)部

ご氏名　　　　　　　　　　印　TEL.

ご住所 〒

晶文社　愛読者カード

お名前《ふりがな》　　（　　歳）　ご職業

ご住所　　〒

Eメールアドレス

お買上げの本の
書　　名

本書に関するご感想、今後の小社出版物についてのご希望その他

ホームページなどでご紹介させていただく場合があります。（諾・否）

お求めの書店名			ご購読新聞名	
お求めの動機	広告を見て（新聞・雑誌名）	書評を見て（新聞・雑誌名）	書店で実物を見て	その他
			出版ダイジェスト〃	
			晶文社ホームページ〃	

今後、新刊案内〔**「出版ダイジェストの特集版」**〈奇数月１日刊に掲載します〉〕などお送りする際の資料といたしますので、次のアンケートに該当される方は、（　）内に○印をお付け下さい。

1.（　　）既に新刊案内が送られている。
2.（　　）新刊案内が送られているが重複している。
3.（　　）新刊案内が送られているが今後中止してほしい。
4.（　　）新刊案内を送ってほしい。（今まで送られていないので）

ご購読、およびご協力ありがとうございます。なお、2・3および住所変更をお知らせ下さる際は、必ず帯封に記載されているコード番号もご併記願います。

C・ダグラス・ラミス
なぜアメリカはこんなに戦争をするのか ★

9・11からイラク戦争まで、アメリカと日本の行動の底流にあるものを的確にとらえる最新論集。アメリカの新しい帝国主義とはどんな帝国主義か？　有事法制はどこと戦争するための法律なのか？　そして、憲法第九条は本当にあるのか？　新聞やテレビのニュースだけではわからない疑問に答える。

一四七〇円

高橋哲哉
「心」と戦争 ★

この国では「戦争ができる国づくり」への動きが強まっている。しかし、いくら法律を完備しても戦争はできない。それを担う国民の「心」が求められている。教育基本法改正、道徳副教材『心のノート』、有事法制など、平和憲法離れが加速する時代の根底にあるものを分析した、いま生成する哲学。

一四七〇円

高橋哲哉、斎藤貴男
平和と平等をあきらめない ★

現在、強者の論理がまかり通っている。人が人を見下すことが日常化しなければ、戦争はできない。不平等が拡大した階層社会と、自国を疑わない愛国心が整ったとき、戦争は遠くないだろう。自衛隊がイラクに派遣され、憲法改正が迫る現状をどう見るか。平和と平等の理想はどこへ行ってしまうのか。哲学者とジャーナリストの渾身対論。

一四七〇円

森達也
世界はもっと豊かだし、人はもっと優しい ★

日本はオウムで、世界は9・11でむき出しになった。メディアの現場は「右へならえ」的思考停止状態に陥り、憎悪をかきたてられた市民は他社への想像力を衰退させる。世界レベルで広がる思考停止の輪に対抗するため、いま私たちにできることは何か？　気鋭のドキュメンタリー作家による、21世紀への希望を込めたノンフィクション・エッセイ。

一七八五円

姜信子
安住しない私たちの文化 ★

東アジア流浪

戦前の日本の大衆歌謡「天然の美」が、中央アジアで流浪した高麗人によって歌い継がれていた。歌・映画・ヒーロー……大衆文化は旅をする。国家や民族という枠組みからはじかれた人々の声と記憶を追って見えてきた、想像しない考えない私たちが世界のなかで変わるための近代史。「金子光晴『万国放浪』の東アジア版」（東京新聞）

二七三〇円

斎藤貴男、沢田竜夫編著

「治安国家」拒否宣言

「共謀罪」とは何か。犯罪行為が実際になくても、相談・話し合っただけで最高懲役5年の罪になるというもの。その法案が成立すれば、人々への監視・管理が強化され、密告が奨励されるゆるやかな恐怖社会が到来するだろう。一線で活躍する弁護士、ジャーナリスト、研究者、社会運動家が問題点を明確にする。

一七八五円

永井浩

見えないアジアを報道する★

バンコクの街角に「北国の春」が流れ、漫画「ドラえもん」が人気を集める。近代化モデル地区の農村には日本製農機具。だが、アジアは遠いままだ。日本は、みずからの経済的利害に応じたアジア像しか描けないという過ちに陥っているのではないだろうか。第一線ジャーナリストが体験的に語るアジア報道の読み方。

一六五〇円

エマ・ラーキン　大石健太郎訳

ミャンマーという国への旅★

ジョージ・オーウェルのビルマを舞台にした小説を手がかりに、英国人ジャーナリストがミャンマー深部へと旅をする。そこで出会ったのは、小説『一九八四年』さながらの軍事独裁政権が支配する社会主義国であった。仏教国でありながら全体主義・秘密警察・検閲制度にあえぐ、知られざるミャンマーの実像に迫るノンフィクション。

三一五〇円

V・サクヴィル＝ウェスト　田代泰子訳

悠久の美ペルシア紀行

名園シシングハーストの造園家として知られる女性詩人は、一九二六年英国を発ち、「悠久の国ペルシア」に旅立つ。盗賊をかわし、遊牧民と共に荒野をポンコツ車で駆け抜ける。吹雪のなかを、そびえたつ峰々を徒歩で越える。野生チューリップをめで、古代庭園で瞑想にふける。凛として、香り豊かな紀行エッセイの名品。

三三六〇円

細川直子

ふだん着のイスタンブール案内★

東西文明の交差点、イスタンブール。一人の若い女性がトルコ音楽に誘われてこの地を訪れ、すっかり魅了された。「旅行者じゃもったいない」言葉を覚え、仕事を見つけ、この街に住みついて3年。アパート探しから物売りとのかけひき、イスラムの祭、恋愛と結婚、そして湾岸戦争とクルド人問題まで。神秘の都市の素顔をいきいきと描きだす。

二三〇〇円

族が直接手を下す最初の公開処刑があった。当時アフガンから伝えられた報道によると、聖職者は父親に「示談金で済ませられないか」と持ちかけたという。

タリバンは多数派民族のパシュトゥン人が主体である。「タリバンのイスラム」とは、コーランやシャリアをタリバン流に解釈し、そのうえで「復讐」を原則とするパシュトゥンの慣習法を融合させたものだった。タリバン流とは、イスラムの「原理」に立ちかえるという観点から、ムハンマド（マホメット）が創唱した七世紀当時の教えを、そのまま現代に当てはめようとする「試み」だった。

ただし、刑罰の基準や方法などは、次第に変わってきた可能性がある。現地司令官の裁量が入り込む余地もあっただろう。反タリバン勢力を支援するイランからは「コーランやシャリアを逸脱しており、本当のイスラムではない」と非難された。

しかし、タリバン指導部にとって、刑罰の厳しさや残忍さが広く知れ渡ることは、国内を統治するうえでは、むしろ好都合だった。時代状況は、犯罪が横行する何でもありの無秩序社会。犯罪者の多くは武装した旧ゲリラ兵士だった。

「タリバンに逆らえばどんな目に遭うか分からない」。そんな恐怖心が広がれば、武装解除を進め、治安を回復させるうえで絶大な効果を発揮する。また、自軍兵士への容赦のない処罰は、組織の規律を保つだけでなく、反タリバン勢力の士気を萎えさせる相乗効果も生んだだろう。公開刑の件数は治安の回復に伴い、次第に減ることになる。

タリバンに決定的に欠落していたのは、国際的な視野と配慮だった。それは「刑罰」だけではない。連載二回目は、欧米諸国が激しく非難していた「女性差別」を取り上げた。

ブルカの女性たち

カブールは灰色の街だ。女性は職場や学校から締め出され、街から女性の姿がめっきり減った。外出時は全身を覆うブルカの着用が強制されている。

「石器時代のイスラム」。イスラム革命の総本山イランでさえ驚く極端なイスラム化政策。欧米諸国は「女性差別をやめろ」と非難する。だが、タリバンの放送局「ラジオ・シャリア」代表のエサック師（37）は「七世紀のマホメットの時代に回帰するつもりだ」と言い放つ。

局の入口でブルカ姿の女性が行列していた。自宅待機令から二年。月に一度の給与日だった。二人の女性が物陰でブルカを引き上げキスし合った。化粧した美しい顔。おしゃれな洋服にハイヒールがのぞく。

カブールはかつて近代化の漂う街だった。一九六四年の新憲法は男女平等を明記し、翌年には女性国会議員が誕生してイスラム諸国を驚かせた。九六年のタリバン入城まで公務員の四割、教員の七割が女性だった。

放送局は先日、民家に押し入り、女性に暴行した兵士三人を「タリバンの名を汚した」として絞首刑にしたと報じた。女性を男性から隔離する一連の布告は、兵士の規律を保つのが真の狙いだとの指摘もある。

東部ジャララバードの産婦人科病院。顔だけを出したスカーフ姿の看護婦や女医の姿があった。制約はあるが、女性の勤務は例外的に認められているのだ。

「女子を学校から締め出して、どうして看護婦や女医を養成するのか」

モマンド院長(56)の憤りに対し、タリバン政権最高決定機関メンバーのアフマド文相代理(29)は「内戦が終われば、イスラム社会に応じた女性の社会進出のあり方を再検討することになっている」と応じた。

「イスラム教は女性の権利を尊重している。ただ、男性と役割が違うのだ」(同文相代理)

アフガンではタリバンの登場以前から「女性解放」を掲げる欧米の非政府組織(NGO)が襲撃される事件が相次いでいた。胸をあらわに出歩く権利や、男性と連れ立って歩く自由。保守層は欧米的価値観の押しつけに猛然と反発した。

アフガン人の心の奥底に沈殿する欧米への根強い憤り。タリバン幹部の多くがそれを口にする。十九世紀にはロシアと英国に侵略され、今世紀は米ソ代理戦争の舞台になった。その荒廃が今日もなお続くのだと。

アフガンは今、反動の極みに立つ。

(九八年十月二十一日付)

カブールでは、アフガン最大の小児科病院、インディラ・ガンジー病院も訪ねた。突然の訪問にもかかわらず、モハマド・フセイン副院長(38)は院長の不在をわびた。

ベッド数は三百床。これに対し、医師と看護師は総勢約四百人。このうち百五十人ほどが女性だという。女性の就労が一切禁じられているわけではなく、病院では認められているのだった。

病院内を案内してもらう。コンクリート製の入院病棟は大ざっぱな造りの大部屋が並び、粗末なパイプベッドが無造作に置かれている以外、これといった備品はない。入院患者はベッド数の半分程度だったが、冬場に患者が増えると一つのベッドを二人で共用する。

外科病棟で、うつろな表情の少年がベッドに横たわっていた。十二歳。右足は内側に大きく湾曲し、左足は義足。地雷を踏んだ。白衣のフセイン副院長は少年の義足をパチンと手でたたき、笑顔を向けた。少年の表情は変わらなかった。

未熟児用の保育器をいくつか置いた部屋があった。赤ん坊はいない。「かなり以前に寄贈されたもので、古くて使えない」と副院長はこぼした。寄贈したのは、病院設立を支援し、病院名にもなったインドのインディラ・ガンジー政権である。

副院長によると、病院は計画省と外務省の管轄下にあり、カブールには十六の病院と四つの小児病院がある。いずれも公立で、民間は小規模なクリニックに限られる。病院では治療費は無料だが、薬代と、入院する場合は食事代が必要になる。

所管に外務省が入っているのは、病院を国際援助機関が支援しているからだ。外務省は、国連機関や赤十字国際委員会、外国NGO（非政府組織）による支援の窓口になると同時に、入国する外国人スタッフを一元管理していた。インディラ・ガンジー病院も八つの外国NGOから支援を受けてきた。

アフガンで支援活動を行う国連やNGOは、後方支援の拠点をたいてい隣国のパキスタンに置いてきた。パキスタンには、ソ連とのアフガン戦争の時代から、イランと同様に多くの難民が流れていた。

米政府の推計によると、アフガン戦争の被害は民間人百二十万人、アフガン政府軍二十五万人、ムジャヒディン百万人。当時の人口は約二千万人で、十人に一人を超えるアフガン人が戦争で死んだ計算になる。

そして難民は、パキスタン、イランの両国で合計六百万人以上と推定された。現在の日本の人口規模に換算すると、一億二千万人のうち三千万人以上に相当する。国連によると、タリバン時代の九八年当時もなお二百五十万から三百万人と推計されていた。

主に富裕層や親類などツテのある人たちは欧米諸国に逃れていた。タリバンの人権侵害や女性問題で積極的に発言していたのは、こうした階層の女性が中心とみられる。

荒れ果てて何の産業もないアフガンにとどまっているのは、戦時の混乱に乗じて荒稼ぎする、麻薬を含めた密輸業者を除いて、多くは、最も困窮した「非力な人たち」とみられていた。新たな戦闘のたびに国内避難民も生まれていた。

そうした人たちを対象にしたアフガン支援は「タリバンを窓口にしないと成り立たない」というのが、現地の援助関係者の常識だった。国際機関は、タリバンの支配地域拡大とともに、支援の範囲と規模を広げることができた。タリバン統治下は、援助の資金や物資が詐取、略奪されることはまずなかった。途上国への援助には現地政府の個人や組織による汚職がつきものだが、タリバンは汚職に対しても厳罰で臨んでいたからだ。

しかし、国際援助の主体だった国連は、反タリバンの「ラバニ政権」に国連の議席を与えていた。少数派タジク人主体の「ラバニ政権」は、政権としては有名無実だったから、援助の現場では「ねじれ現象」を起こしていた。

さて、インディラ・ガンジー病院の大部屋では、ベッドの上の子供を囲むように、付き添いの家族たちがコンクリートの床に、持ち込んだ三畳相当のアフガンカーペットを敷いて、座ったり寝ころんだり、壁にもたれたりしていた。多くは女性で、室内なのにと言うべきか、ほぼ半数はブルカで全身を覆っていた。顔を露出していた女性は一様に化粧気がなく、突然の異邦人の出現に、あわててブルカをかぶって顔を隠す人もいた。

廊下ですれ違った白衣の女医は聴診器を首にぶら下げ、カラフルな柄のスカーフを頭に巻いていた。スタッフは男女の区別なく医療に当たっていたが、医療活動以外の休憩や食事などの時間に、男女が同じ部屋に居合わせることは禁じられていた。ジャーナリストが女性の病院スタッフを取材することも許されなかった。

タリバン政権下の取材規制について、少し触れておきたい。カブールに到着すると、まず外務省に出向き、取材許可書を申請する。許可書の交付と同時に外務省に登録された通訳リストから一人が割り当てられる。私の場合、最初は外科医だった。連載初回で、旧共産党政権にスパイ容疑で連行されたまま行方不明になった兄のエピソードを紹介したワヒードさんである。

外務省報道局長は、国立カブール大学歴史学部の教授だったというアミンザイさん（51）。イタリアの大学で中東史を専攻して博士号を取得し、イタリアで教授を務めていたこともあるという。そんな彼から一枚の文書を示され、取材上の注意を受けた。禁止事項として「命あるものを対象としたビデオおよび写真撮影」とある。アフガン人宅への訪問、女性へのインタビューおよび女性と同席……なども記されていた。

人物写真は、イスラムの教えが偶像崇拝を認めていないことを根拠に禁じていた。アミンザイさんは「創造主は唯一、神だけであり、写真撮影は体内の魂にとっても好ましくない」と解説した。しかし、取材許可書を申請した時、外務省スタッフから「証明写真の添付」を求められ、持ち合わせていたものを差し出したことを思い出した。「言うことと実際が矛盾していないか」と質問すると、こんな答えが返ってきた。

「パスポートやIDカードなど、どうしても必要な場合は認めている。ただし上半身に限る」。さらに「こうした例外は、食事に関しても同じで、コーランはブタやヘビの食用を禁じているが、生存のために不可欠な場合は問題ない」と続けた。

アミンザイさんは「テレビも、女性の教育や就労についても、今は戦時という非常事態だから厳しく規制しているが、政府内では、アフガン統一後にすべての問題を再検討することになっている」と述べ、あくまで暫定的な措置だと説明した。記事の中で紹介したアフマド文相代理も同じことを言っていた。

文相代理は、インタビューを申し込むと自宅に招いてくれた。インドやパキスタンでは、客に砂糖たっぷりのミルクティーを振る舞うのが定番だが、アフガンは緑茶である。砂糖は入れずに、あめ玉やキャラメル、ピーナッツ入りの金平糖などを茶菓子としてつまむ。彼はお茶を勧め、「女性差別」の問題に触れてこんな話をした。

「国王も母親から生まれた。母親の存在なしに我々はあり得ない。幼いころは母親から知識を学ぶ。そうした尊い存在が女性であり、男女平等はコーランの精神だ。この国に平和が訪れ、女性が『家庭』だけでなく『社会』に必要な時が来れば、それに応じた政策を行う。米国だって一気に進歩したわけではない。我々も徐々に変わる」

ラジオ・シャリアの前で給料の支給を受けるため列を作っていた女性たちの境遇をふと思った。ワヒードさんによると、タリバンは首都制圧から二年、放送局の女性職員だけでなく、教員を含めたすべての女性公務員に自宅待機を命じ、給料を払い続けていた。

タリバン時代になって、役所の勤務は一日八時間から大幅に短縮され、午前八時から午後一時までの五時間になった。予算が乏しくて仕事がない。給与も満足に支給できない。そんな理由からだろうが、ではなぜ、女性を解雇しなかったのだろう。いずれ再出勤を命じる腹づもりがあったとは考えられないだろうか。

外務省のプレス室に居合わせた一人が「戦争が終われば多くのことが変わるはずだ。そう期待している」と口をはさんだ。カブール大学文学部の英文学専攻の教授で、通訳者登録をしている

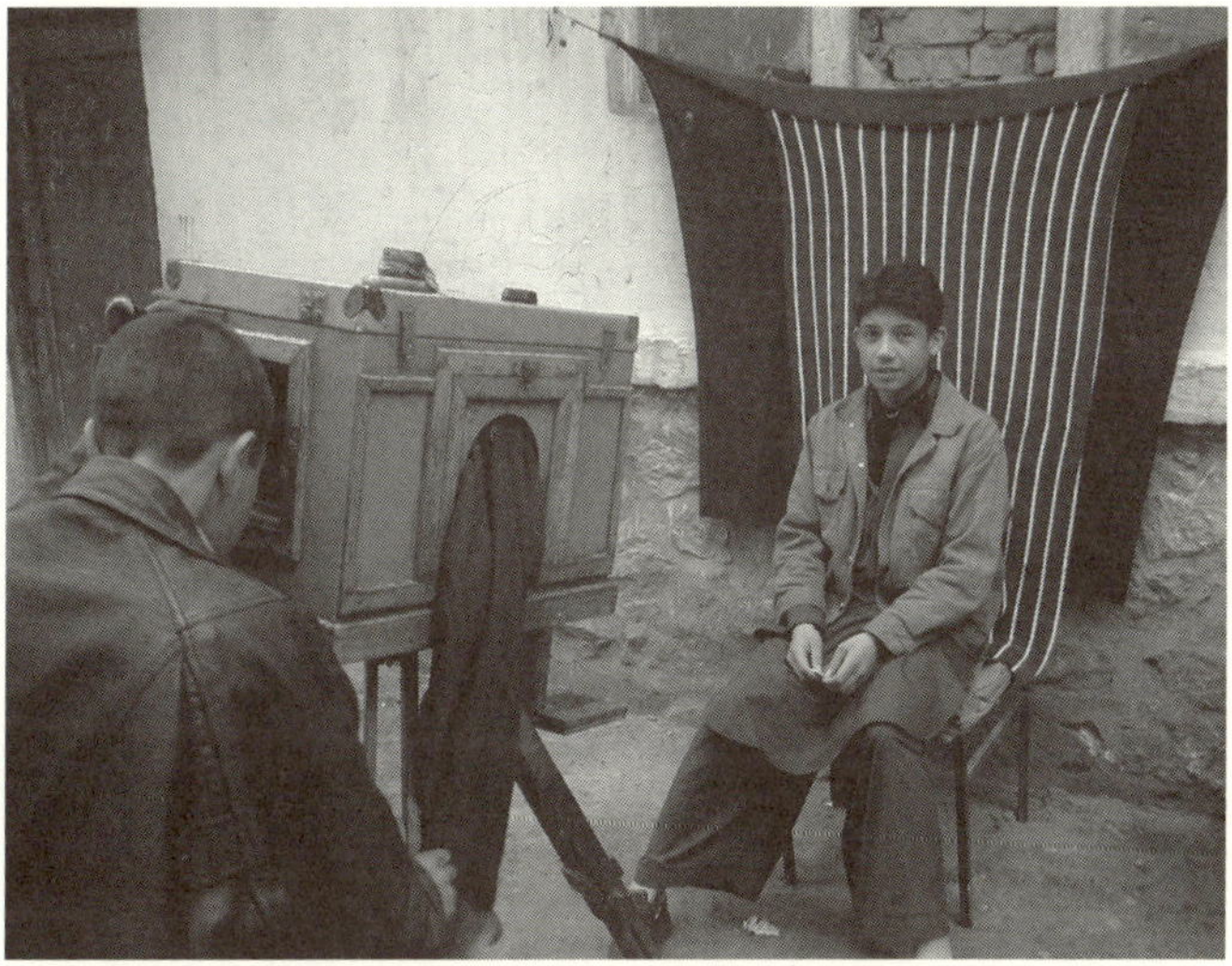

タリバン支配下でも証明写真は認められていた。

アフマド・シンデンディさん（43）だった。

「教育者として言えば、いまの女子教育はダメだ。六歳から八歳までの女児がマドラサ（イスラム宗教学校）に通えるに過ぎない。国内統一後、大学は男女共学、いやせめて女子大を設置してほしい」。シンデンディさんはそう訴えた。

タリバンは首都制圧直後に出した布告の中で、兵士だけでなく男性の公務員にもあごびげを強制した。ひげが伸びるまで猶予は一ヶ月半。その後、一般市民にも同様の布告を出したらしく、どの男性も一様にあごひげをたくわえていた。シンデンディさんは「あごひげが当たり前の我々の中では、あなたのように何もない方が異様な存在に映るよ」と苦笑した。

カブール大学は内戦が本格化した九二年に閉鎖され、九五年に再開した。しかし、シンデンディさんは「いまも機能不全だから通訳で生計を立てている」と言う。通訳代は外務省を通さず直接交渉制である。一日最低三十ドル。戦闘の最前線に行く場合はさらに百ドルを上乗せするのが相場だった。警官の基本月給は公務員としては高給取りの専門医でさえ日給は五ドルだから、通訳報酬は破格だった。メディアの間では「タリバンが上前をはねているのでは」とうわさし合ったが、確証はなかった。

私はタリバン取材の経験があった記者から「通訳はタリバンのスパイに違いない」と聞かされていた。ジャーナリストのカブールでの宿泊先は唯一、インターコンチネンタルホテルに限られる。取材に使う運転手付きの車を借りるのも、指定業者がある。

ただ、外科医のワヒードさんをはじめ、その後のアフガン取材を通して、通訳は人によってかなり融通がきいた。さすがに女性へのインタビューや面会は無理だったが、男性の民間人に対しては、自宅を除いて思いつくままに訪ねて取材した。「写真を撮る必要がある」と通訳に説明すると、たいがいは納得してくれた。車の中からこっそり人物を狙いたい場合、付近にタリバンの気配がないかを探り、「早く撮れ」と合図してくれたこともたびたびあった。

タリバンはトレードマークの黒のターバンを巻いているからすぐに判別できる。通常、市内のパトロールではランドクルーザーかピックアップトラックに多人数が乗り込み、カラシニコフ自動小銃や携帯ロケット砲を装備していた。しかし、私服の宗教警察がときどき群衆に紛れて監視していることがあるのだという。

ある時、カブール空港近くの路上で、警戒中の戦車の写真を撮ろうと車の中でカバンからカメラを取り出した。その途端、近くの車両にいたタリバンに見つかった。カラシニコフを肩にさげて近寄ってきた兵士に通訳が取材許可書を示すと、兵士は「さっさと行け」とばかりに手を振って放免してくれた。取材許可書は、余計なトラブルを避けて身の安全を保証するという側面もあった。

通訳は、ゴチゴチの「タリバン主義者」やタリバンそのものを割り当てられたこともあったが、いずれも外務省に「英語が下手で使い物にならない」と苦情を言うと、別の登録者を手配してくれた。タリバン政権崩壊後にカブールを訪れた時、政権のあるじが「反タリバン」に代わった外務省で、あごひげをそり落としたタリバン政権当時からの通訳と再会した。馴染みの運転手は失職せずに働いていた。

しかし、インターコンチネンタルホテルでは、三分の一ほどのスタッフがタリバン敗走と同時に姿を消したことを知った。タリバンの関係者もしくは内通者だったようだ。

ホテルでは、タリバン時代にこんな経験をした。パソコンの電源プラグが部屋のコンセントに合わないため、適当な接続プラグを貸して欲しいとフロントに頼むと、初老のスタッフが届けてくれた。パソコンを起動させている間、彼は物珍しそうに画面をのぞき込んでいた。次の瞬間、身体が凍り付いた。壁紙にセクシーな女性を貼り付けていたことを忘れていた。彼は白髪の長いあごひげをゆっくりなでながら「タリバーン、タリバーン」と繰り返し、微笑んでいた。何の沙汰もなかった。

高台に立つインターコンチネンタルホテルは、いつも閑散として、せいぜい数組が宿泊している程度だった。ジャーナリストや、たまのビジネス関係者くらいである。国連や援助関係者は国連スタッフハウスに宿泊した。国連ハウスは、アルコール類が自由に飲めて衛星テレビを視聴できる「租界地」だった。

ホテルは電力不足のため昼間でも薄暗く、停電に備えて部屋にはロウソクとマッチを常備していた。電話は内線だけが機能していた。テレビもラジオもなく、夜間は静まり返る。大きなホテルであるだけに不気味だった。エレベーター付近にスタッフが立っていることが多く、見張られているようでもあった。

ただ、いま振り返ると、タリバンは外国人客を一元的に監視する一方で、「遠来の客」の安全確保に努めていたという面も否定できない。アフガンには「客は神の贈り物」ということわざがある。パシュトゥン・ワリ（パシュトゥンの掟）の重要な要素は「メイマスティア」（客人へのもてなしと保護）であり、「ナナワティ」（庇護を求める者の受け入れ）なのだという。

連載三回目は「麻薬」の問題に触れた。麻薬は「戦争の産業」と呼ばれるが、「貧困」とも密接に結びついている。

麻薬と戦争

「みやげにヘロインを持って帰らないか」。カブールのアフガン料理店で、取材で知り合った医師（28）が真顔で尋ねた。

「親類が麻薬を扱っているが、来年からは自分の土地で小作人にケシを作らせるつもりだ」と言ってのける。ケシの実からはアヘンが採れる。アヘンを精製する工場がアフガン各地で確認されている。身近な「麻薬成金」について語る医師は、患者の治療よりも豪邸や高級乗用車に関心が向いているようだ。

国連によると、昨年、アフガンでのアヘン栽培量は二千八百トンを記録し、世界最大の産地になった。

麻薬栽培が本格化したのはアフガン戦争（一九七九―八九年）のさなかだ。ソ連軍に抵抗したゲリラ各派が、戦費調達のため農民にケシ栽培を奨励する。ゲリラを「反共の砦」として支援したのが米国だった。ゲリラ各派はソ連撤退後、内戦に突入し、麻薬栽培は資金源として生き続けた。

九四年秋、アフガン南部に現れたタリバン。「潔白」を象徴する白旗を掲げて進軍し、各地でアヘンを焼き払った。麻薬への厳格な姿勢に、米国は当初、タリバン登場を歓迎した。だが、そのタリバンも貴重な資金源になる麻薬の魅力には勝てなかった。今や麻薬ビジネスを黙認し、麻薬の栽培と取引に十五パーセント前後を課税している。

だが、国連薬物統制計画でアフガニスタンを担当するギャリー・ルイス代表（36）は「タリバンの本質がよく分からない」と首を振る。ケシ栽培を容認する一方で、アヘンの押収や焼却に協力的で、今年六月にも約二トンを焼却処分した。

「タリバンは、国際機関が代替作物を栽培できるよう援助してくれれば正義を実行すると言う。タリバンを新政権として国際的に認知し、責任を果たさせるのが最善の方法だと思う」と、ルイス代表は言う。

タリバン幹部のエサック師（37）は麻薬黙認の理由について、「戦時では産業も興せず、水も電気も供給できない。ケシならやせた土地でも栽培できる。困窮した農民のギリギリの選択は奪えない」と強調する。一握りの大土地所有者と、その他大勢の極貧小作人。黙認の背景にはアフガン農村の現実もある。

ヘロインを勧める医師と料理店から出ると、大勢の物ごいに囲まれた。戦災による孤児や夫を亡くした女性だ。ヤミ経済は一方で、貧富の格差をますます広げつつある。

（九八年十月二十二日付）

ケシの実。ジャララバード郊外のカマ村で。

アフガンの荒廃ぶりは、カブール市街をぐるりと車で回れば十分に見てとれた。内戦で銃弾や砲弾の雨が降り注ぎ、市街のほぼ半分はがれきと化したままだ。大通りをはさんだ廃墟の全景を写真に収めようと、がれきの山に登りかけたところ、通訳のワヒードさんが大声で制した。旧ゲリラ各派は、民家の庭や路地に至るまで対人地雷を埋設したのだという。

国連によると、ソ連のアフガン侵攻以来、全土に埋設された地雷は推計一千万個。地雷による死傷者は計り知れない。多くの地域で畑作業を再開できず、家を再建できない状況は変わらなかった。地雷は、難民に故郷への帰還をためらわせている原因のひとつだった。

カブール市街は、道行く人も車もまばらだが、いくつかあるバザールにモノは結構あった。屋台は野菜や果物が中心で、どこも山積みである。国内産とパキスタンからの輸入ものがほとんどだという。

アフガンはかつて食糧を自給自足していた農業国で、中部から北部にかけてが主産地だ。また、商店や路上で売っている雑貨などの日用品は、大半が中国製である。カネさえあればモノは買える状況だった。

タリバンは九六年九月にカブールを制圧した当時、ホテルや商店、民家からウイスキーやビール、テレビやビデオデッキなどを押収して街角に集め、戦車で踏みつぶした。ピリピリした空気に包まれていたようだ。それから二年余りを経て、私が訪れた時は、首都統治の実績と、全土制覇に迫ろうとする戦況の中で、政権内部にそれなりの余裕と自信が生まれていたのだろう。緊張感はずいぶん和らいでいるようだった。

交通量が少ないから信号機の必要は感じないが、最近メーンの交差点の数カ所に信号機が設置された。ほかの二、三ヵ所で、警官がぎこちなく手旗を振って交通整理をしていた。ただ、街全体は色彩感覚に乏しい「灰色」の印象だった。たまに見かける女性も、くすんだ薄いブルーのブルカで覆っているため、むしろ街の生気のなさを増幅しているようだった。

夜十時以降、市内は外出禁止。市外からのアクセス道路は郊外の検問所が封鎖されて人も車も出入りできなくなる。街頭の灯りは絶えて、空恐ろしいほどの暗黒に包まれる。

それに引き替え、空は美しい。その美しさは荒廃と貧困の裏返しでもある。灯りがなく、車の排気ガスも、工場からのばい煙もない。砂塵さえ舞い上がらなければ空気は澄み切り、夜空には満天の星がきらめく。流れ星や人工衛星にみとれる夜もあった。


アフガンの荒廃を象徴するもう一つの光景は、荒れ放題の道路網だ。アフガンへの玄関口となるパキスタンのペシャワルからカブールに向かう場合、赤十字国際委員会が週に数便、セスナ機を運航していた。空席があればジャーナリストは無料で乗せてくれたが、私はほとんど陸路で移動した。「アフガン」を体感できる極めつけの悪路に病みつきになった。

タリバン時代の入国の手順と、陸路のルートを紹介しておきたい。まず、アフガンの在外公館で「入国査証(ビザ)」(出国時には別途「出国ビザ」が必要)を取得する。

九八年当時、タリバンを正式に政権承認していたのは、パキスタン、サウジアラビア、アラブ首長国連邦の三ヵ国。いずれかの国でビザを手に入れる。ジャーナリストの場合、サウジへは入国自体が極めて難しく、たいていはパキスタンの首都イスラマバードのアフガン大使館、通称タリバン大使館で得ていた。インドのアフガン大使館でも取れたが、反タリバン連合の「ラバニ政権」のものだから、原則的にタリバン支配地域には入れなかった。

アフガンの各国大使館は大半が閉鎖され、外交官を引き揚げていた。観光目的で入国する者は皆無に近く、私がタリバン時代に見たのは、東部ジャララバード近郊ですれ違った「白人」のバイクツーリスト一人だった。テントやキャンプ用具を満載し、サングラス姿で上半身は裸。タリバンも呆気にとられていただろう。

私の最初の入国ビザには、タリバン外務省が指定した訪問可能都市が手書きしてあった。カブールとジャララバードの二都市で、有効期間は二週間だった。

カブールへは、パキスタンのペシャワルを起点にジャララバードを経由し、二百キロほどの道のりだ。アジア・ハイウエーの一区間である。ペシャワルはパキスタン北西辺境州の州都で、古代は仏教文化のガンダーラの中心都市だった。アフガン戦争時代、ソ連軍に抵抗していたゲリラ勢力や、これを支援した米国とパキスタンの前線基地となった。

市街を北進すると、まもなく右手にアフガン難民キャンプ、その先に大小およそ三千店がひしめく大規模バザールが見える。日用品から電化製品、衣類、ペット、食品などたいていのものが手に入る密輸市場だ。この先に「部族地域」に入るゲートがある。部族地域はアフガン国境に沿って広がり、パシュトゥン系部族の自治権が認められている。

パシュトゥンの各部族は慣習法に基づき統治する。慣習法はパシュトゥン人主体のタリバン同様に「復讐法」が基本だ。連邦政府の権限は、政府が管理するハイウエー上を除いて及ばない。アフガン、パキスタン両国にまたがるパシュトゥン人の分布や、部族地域の存在、複雑な統治形態導入の背景には、のちに触れるが、大英帝国の植民地支配がある。

部族地域のゲートからカイバル峠を経て、アフガン国境の町トルハムまでの区間はおよそ六十キロで、一帯はアフリディ、シンワリといったパシュトゥン系の八つの部族が居住する。外国人は、ペシャワルにある北西辺境州カイバル管区事務所で通行許可書を取得する。その場合、安全上の理由からトルハムまでの道中を、地元部族民で構成する「管区カイバル特別部隊」所属の武装警官が護衛する決まりだ。カラシニコフを構えて助手席に座り、各検問所で通過手続きを代行してくれる。

街道途上のカイバル峠は、歴史上、多くの征服者が西のアフガン側から東のインド亜大陸を目指した。古くは紀元前十五世紀のアーリア人に始まり、古代マケドニアのアレキサンダー大王、ペルシャ人、モンゴル人、トルコ人、アフガン人……と足跡を残している。

通路の最も狭まった地点は「アリ・マスジッド」と呼ばれ、そこに立つ石碑には過去に通過した「侵略者」たちの名前が刻まれ、人類史の何たるかを教えてくれる。沿道にはかつて隆盛を誇った仏教の遺跡、ストゥーパ(仏塔)を見ることもできる。

「歴史のロマン」と表現するのはよそ者の勝手な言い草かもしれない。一帯は低草木の緑がまばらに生える程度の荒涼とした半砂漠地帯である。ここに暮らす人々の生活と文化には、現実の厳しさが染みついているようだ。家々は背丈の三倍以上もある土塀に四方を囲まれ、壁にはいくつもの銃口がのぞく。外敵に備えるためだ。「パキスタン国内」とは異なり、ここでは銃器の売買も所持も合法である。

車窓には時折、ラクダやヒツジを連れた遊牧民のほかに、背中をくの字に折って、大きな冷蔵庫やテレビなどの密輸品を担いで山肌を行く男たちの姿が流れる。部族地域はアフガン戦争を経て、麻薬や密造銃器の聖地にもなった。

峠には鉄路もある。大英帝国が敷設して一九二六年に開通した。今は通常の運行はなく、主にパキスタン在住の外国人客を対象に、地元旅行社が当時の蒸気機関車を月一回程度運行していた。かつて乗車した際、旅行社のドラニ社長（49）は乗客を前にこう案内した。「『銃』は部族文化の一部で、部族の復讐法は犯罪防止が主眼です。民家の武装は遠来の客へのもてなしが、第一に安全な夜を提供することにあるからです」。数台のランドクルーザーが多数の武装警官を乗せて街道を走り、遠巻きに蒸気機関車を警護していた。

カイバル峠をなだらかに下ると、まもなくトルハム国境である。パキスタン側の検問所で出国手続きをしたあと、荷物を担いで徒歩で国境ゲートをくぐりアフガンに入る。白旗を立てた小屋のような国境検問所で入国手続きをする。最初に訪れた時、ほこりだらけの木机に書類やはんこ、コーランなどが雑然と置かれていた。

道路沿いにコンテナを利用した商店が並ぶ。客待ちの車はマイクロバスを含めてすべてが日本の中古車だ。ざっと見回しただけで、車体には「まこと幼稚園」「島田美容商会」「社会保険神戸中央病院」「片井電気店」……の文字が残されたままだ。ドライバーと料金交渉をする。ジャララバードまではおよそ七十五キロ。一時間半ほどだが、そこからカブールまでの百四十キロは七時間以上かかる。平均時速は二十〜三十キロがせいぜいだ。

舗装は半分以上がはだけ、魚のウロコを爪で引っかいたように大小無数の陥没が生じている。ドライバーは少しでも衝撃を弱めようと、右に左にハンドルを切り、ときに道路を大きく外れてあぜや河川敷を走る。対向車とすれ違った後や、前方を走る車が巻き上げる砂塵は、窓を閉めていても容赦なく吹き込み、全身ほこりまみれになる。陥没は、アフガン戦争中の対戦車地雷による破壊と、雨による長年の浸食が原因だ。

時折、道路わきに赤ペンキで塗られた石が目に付く。「地雷注意」の目印だ。旧ソ連軍の戦車や装甲車の残骸にも出くわす。所々で、粗末な服装の幼い子供や老人がスコップを手に穴ぼこに土や砂を入れている。あるいは入れているふりをする。施しを求めているのだ。

この街道を通るたび、灼熱の太陽の下、ときに冬場の凍てつくような寒気の中、どういうわけか周囲に何の遮蔽物もないところにそんな姿があった。ほとんどの場合、彼らが受け取るのは砂煙と排気ガスだけである。

連載四回目は、そんな荒廃と貧困の大地から出現し、怒とうの勢いで進攻した軍事組織としてのタリバンを取り上げた。意外だったのは、練達の旧ゲリラ勢力を相手に、ほとんど戦わずして制圧地域を拡大してきたという事実だった。

戦争のプロ

カブールから車で北に一時間。岩石の転がる丘陵地にタリバンの最前線陣地があった。塹壕から敵地をにらむ対空機関砲。その傍らに、意外な顔があった。日本人に似たモンゴル系ハザラ族の兵士だ。

タリバンはアーリア系パシュトゥン族が主体で、イスラム教スンニ派。これに対し、ハザラ族は同じイスラム教徒だが、タリバンが「異教徒」とみなすシーア派だ。ハザラ族主体の「イスラム統一党」は反タリバン連合の一角であり、イランから軍事支援を受けている宿敵である。

だが、最前線のハジ・マリーム司令官(50)は「オマル師(タリバン最高指導者)から(敵兵を寝返らすための)事前工作に最善を尽くせと指令が出ている」と明かす。

タリバンの基本戦略は「策略」だ。戦闘回避のため敵軍司令官に大金を投じて抱き込み、無血で占領地を広げる。最後まで応じない相手には徹底攻撃を加え、過酷な報復も辞さない。

こうしてタリバンは、異教徒であろうと敵兵であろうと、次々と部隊に取り込み、勢力を拡大してきた。一般兵士に月給五~二十ドル、最前線兵士には最高七十ドルを支給する。公務員の平均給与五ドルと比べ、破格の待遇だ。

一九九四年十月。アフガン南部カンダハル近郊で、約三十台の物資輸送トラックが旧ゲリラ勢力に襲撃された。そこに突如、ターバンを巻いた数十人の武装グループが現れ、物資の強奪を阻止した。アフガン情勢の英国人専門家、ピーター・モスデン氏によると、これがタリバン最初の決起だった。

それから四年。旧ゲリラ出身のハジ司令官が「ゲリラ同士の内戦と腐敗に嫌気がさしたから」と言うように、タリバンには、旧ゲリラ出身者や旧共産政権の軍幹部が続々と参集した。今や総兵力は数万単位に膨れ上がり、日本の一・六倍にあたる国土の九割を手中にした。

「タリバンは、イスラム原理主義の旗印の下に集まった戦争のプロ集団。見方を変えれば、烏合の衆だ。だから、人間をつなぎ留めておくための大量の資金と鉄の規律が必要なんだ」

パキスタンの英字紙「ニューズ」で政治漫画を描くアクタル・シャー氏はそう解説する。イスラム原理主義を学んだ学徒集団は、強大な軍事組織に変ぼうした。パキスタンが軍事面で、サウジアラビアが資金面で、援助をしてきたことは公然の秘密である。

（九八年十月二十三日付）

カブール市街を抜けて北進すると一本道となり、見渡す限りの平原に入る。両側はカラコルム山脈。九月も残すところ三日間というのに、太陽が照りつけ、空は真っ青。細い竜巻が数本、移動しているのが見えた。

土とレンガでできた破壊された家々が所々にある。ロバやヒツジ、ラクダを連れた遊牧民の姿と彼らの粗末な灰色のテントが点在する。女性たちは派手な原色の服を着て素顔をさらし、ブルカをまとっていない。タリバンの統治とは無関係に生きている。

戦車や装甲車の残骸を日よけに、休息する遊牧民の姿もあった。日差しは避けられても、地雷は避けられないのではないか。大地とともに生きる彼らの素朴な表情や仕草に、戦争の無情を感じる。

前線司令部は道路沿いの塹壕の中にあった。八畳ほどの床にゴザを敷き、壁際に薄手の座布団が並ぶ。天井部分の一部に錆びた鉄骨と朽ちた木材をわたして崩落を防ぐ構造で、採光窓からは十分な明かりが差し込んでいるが、ひんやり涼しい。黒のターバン姿のハジ・マリーム司令官は、無線機に向かってひっきりなしに甲高い声を上げていた。

司令官によると、当面の任務は北方のバグラム旧空軍基地を制圧することだ。バグラムは、反タリバン連合を事実上率いるマスード将軍の手にあり、ロシアやイランなど反タリバン支援国が武器などの補給基地に使っており、どうしても攻略しなければならないという。

バグラムの北方五十キロ先は、マスード将軍の本拠地パンジシール渓谷の入り口で、その後背地のバダクシャン州にかけては、反タリバン連合に残された「最後の支配地域」になっていた。約二週間前に他の部隊がイランの支援を受けるハザラ人勢力の拠点バーミヤンを陥落させたばかりで、バーミヤン周辺の平定作戦が終われば、オマル師からバグラム基地への進撃命令が出るはずだという。

旧空軍基地を制圧すれば、パンジシール攻略に向け、ここの部隊を含めて南方の四ルートから一斉に攻め上ると説明した。それまでの間、敵の前線司令官に対し、親類縁者、知人などさまざ

カブール郊外のタリバン最前線陣地。

まなルートを通じて「寝返り」を働きかけているという。

前線司令部から最前線の陣地までは五キロほどの距離だ。マリーム司令官に「視察」を申し入れると、武装兵士五人を護衛に付けてくれた。先に進むにしたがい、道路はアスファルトをえぐる真新しい砲弾の着弾痕が増え、車は蛇行運転を続ける。

少し高台になった陣地に七人の兵士がいた。肉眼でも見えるマスード部隊の最前線陣地に、塹壕から長い砲身を向けている。兵士たちに挨拶を交わすと、突然、轟音を響かせ相手陣地に砲撃を始めた。間髪を置かず、相手が応戦してくる。私と通訳は身を隠す場所もなく、その場にひれ伏した。兵士たちの何人かが微笑んでいた。

「私たちへの挨拶代わりに相手を挑発したらしい」と通訳が解説した。そんなタリバン兵士の中に、タリバンが敵視しているはずのハザラ人がいた。旧共産政権部隊から合流した幹部兵士や、砲撃手、戦車兵など熟練を要する傭兵を高給で遇していたらしい。

マリーム司令官はアフガン戦争時代、ゲリラ勢力の一派であるイスラム党ハリス派の司令官の一人だった。九四年のタリバン結成後まもなく戦列に加わったという。

タリバンがなぜ厳格なイスラム法を導入したのか、ふと思った。それは制圧地の治安を回復させるだけでなく、軍規の乱れを一番に懸念したからではないか。タリバンという組織が「一枚岩」でないことの裏返しだとも解釈できる。組織にはさまざまな考えや利害を異にするグループがあり、それを糾合する何かが必要だった。

当時、タリバン指導部は大半が多数派のパシュトゥン人だったが、例外もあった。支配下におさめた二十七州の知事を調べたところ、パシュトゥン人は十六州、非パシュトゥンの少数民族も十一州を数えた。タリバンと反タリバン連合の戦いは「パシュトゥン人VS少数民族連合」という構図で語られることが多かった。大筋では正しいが、単純化してしまうと、タリバンという組織の本質を見誤りかねない。

アフガン人口に占めるパシュトゥン人の割合は約四割。パシュトゥン人が多数派であるとはいえ、少数民族が束になれば、逆にパシュトゥン人は少数派になる。少数民族を取り込まない限り、タリバンの全国制覇が絵に描いた餅に終わることは明らかだった。

マリーム司令官が解説してくれた進撃の陣形を紹介したい。最前線の一列目は歩兵が並ぶ。二列目は、ピックアップトラックやランドクルーザーなどの自動車隊。銃器やロケット砲を積んで数人の兵士が乗り込む。そして三列目に戦車、ロケットランチャーなどの重器隊が続く。驚いたのは、車はすべてトヨタ製で、絶大な機動力を発揮していることだった。マリーム司令官は「ランドクルーザーは戦車以上の働きをする最強の兵器だ」と絶賛した。砂漠地帯や険しい山岳部を疾走し、奇襲にはなくてはならないという。

アフガンで最大のステータスシンボルはランドクルーザーだ。タリバンも反タリバン連合も、幹部は必ず乗っていた。ランドクルーザーの数百万円という値段はちょっとした豪邸よりも高く、庶民には天文学的な数字である。

連載五回目は、そんな庶民から「娯楽」をことごとく奪ったタリバンの施策について取り上げた。

娯楽の禁止

「たこ揚げ禁止」――。タリバンは一九九六年の首都カブール攻略後、こんな布告を出した。アフガニスタンで、たこ揚げは大人、子供を問わず最も人気のある遊びだった。

カブール市内の一角。小さな店構えのたこ屋を訪ねると、たこ糸だけが棚に置かれていた。店主のアーカさん（52）は「先週、タリバン兵が『一切売るな』と通告しに来た。それまでは黙認されていたのに……」とこぼす。開店休業。たこは倉庫にしまい込んだ。

アーカさんらによると、アフガンでは互いのたこを空中で格闘させて相手の糸を切る「けんかだこ」が盛んで、大人たちの間でギャンブル化していた。タリバンの最大の目的はこの取り締まりだった。

子供たちのたこ揚げ遊びは当初、半ば黙認していた。しかし「暇があればコーラン（イスラム教聖典）を学べ」と、子供にたこを買う小遣いを与えることを親に禁じた。すると、たこ欲しさに親のカネを盗む子供が激増し、供給源封じに乗り出したというわけだ。

アーカさんは「今は戦時。タリバンの政策に従うしかない」と困惑顔だ。

「漫画的」と皮肉られる極端なイスラム原理主義政策。庶民の娯楽はないに等しい。たばこもアルコールも禁止。テレビを見ることも出来ない。ビデオ店も映画館も閉鎖された。

だが、医師のワヒードさん（28）は「隠れて楽しんでいる」と言う。富裕層は、外から見えないよう敷地内にアンテナを張って海外の衛星放送を受信し、庶民はラジカセで、ご法度の西欧音楽を音量を下げて聴いている。

「アフガン人は独立心が強く、他から強制されることを極端に嫌う。原理主義とは相いれない。庶民はタリバンを、治安維持という一点においてのみ支持している。ただし、時がたつにつれて『治安』に対する庶民の優先度は低下し、不満が噴出する。問題はその時だ」。アフガン問題の専門家は指摘する。

タリバン最高政策決定機関メンバーのアフマド文相代理(29)は「庶民の欲求は心得ている」と述べ、内戦終結後の政策転換を示唆する。だが、最終決断は「独裁者」とも呼ばれる最高指導者オマル師にゆだねられている。

多民族国家アフガン。国土の九割を掌握したタリバンだが、その盛衰は、人心をどう治めていくかにかかっている。

(九八年十月二十四日付)


アーカさんの店では、たこの値段はピンキリで、安いものは一つ千アフガニで手に入った。日本円で二~三円程度である。一方、最も高価なものは一万八千アフガニ。警官の基本月給が二十万アフガニだから、月給のほぼ十分の一。そこそこの値段である。

子供のたこ揚げはカブール市街でもチラホラ見た。タリバンも目くじらを立てているわけではなかったようだ。問題はギャンブルを目的にした大人たちのたこ揚げだった。空中格闘に勝つためにいろいろ工夫を施す。細かく砕いたガラスを糸に張り付けたり、粘土状のものを塗り付ける。

当然、たこそのものにも擬っていたから値が張った。アーカさんは、タリバンがたこを「ぜいたく品」ともみなして規制に乗り出したのだろうと推測した。

市街の一角に「バード・マーケット」がある。アフガン人はカナリアが好きで、食堂の軒先や店内で見かけることもある。田舎の街道で、乾いた大地に取り残されたような食堂から、透き通るようなさえずりが聞こえると、その殺伐とした風景とのギャップに妙に心が浮き立った。私はカブール訪問のたびにバード・マーケットに出掛けることになる。

狭い路地は泥造りの小さな平屋がぎっしりと並ぶ。軒先に鳥かごをずらりと吊した鳥屋。茶店もある。馴染みの茶店は薄暗い。天井が崩落寸前で、波打つ泥の床は踏み固められてツルツル。テーブルも長椅子も手あかなのか黒光りしている。カナリヤの音色を聞きながら緑茶をすすると、中世にタイムスリップしたような不思議な感覚に浸れた。

カナリアはチェコやドイツなどから輸入して繁殖させ、人々は音色を競っていた。バード・マーケットでは、闘鶏ならぬ闘鳥の野鳥たちも主役だった。アフガンに生息する気性の荒い野生の鳥を闘鳥に仕立て、大人たちはその勝敗に賭けていた。大きさは鶏ほどのものや、中型インコほどのもいた。

タリバンはこのギャンブルも禁じ、マーケットを定期巡回して取り締まっていた。しかし、鳥屋の店主によると、人々はマーケットの周囲に見張りを立て、店の屋根上などで密かに「闘鳥会」を催しているのだった。厳しい監視社会の中で、こうしたささやかな「悪事」が、庶民には結構な憂さ晴らしになっているようだった。

カブールには動物園がある。ここに「盲目のライオン」がいると知って出掛けてみた。二千アフガニの入園料を払って入ると、子供の物乞いがつきまとう。園内は、水族館もサル山も、砲撃でメチャメチャに破壊されたままだった。

シール・アーカ園長(48)によると、動物園は内戦の最前線となった。動物たちの犠牲も多く、内戦が本格化した九二年に五十二種いた動物のうち、シカなどイスラム教で食用が禁じられていない動物はムジャヒディンが射殺し、食べてしまった。クマやサル、オオカミなどが生き延び、最近仲間入りしたヒョウ二頭を含め、今は十四種三十四頭。一年ほど前にアフガン人の篤志家が再建したという二十基の檻で暮らしていた。

ライオンは唯一の看板動物で、屋外の遊び場付きの広い空間を与えられていた。「盲目」になったのは九五年春。見学の男性がライオン舎に飛び降り、雌をなで始めた。その瞬間、怒った雄に襲われ、かみ殺された。殺された男性の兄が復讐のため手榴弾を投げつけ、その破片が片目に突き刺さり失明したという。

園長によると、一日の入園者は平均百人。多い日で百五十人ほどだという。私が訪ねた時も園内はがらんとして、「盲目のライオン」をニコニコ眺めている十人ほどのグループがあっただけだ。いずれも黒のターバン姿、タリバンである。リーダーのジャバ・ハーンさん(23)はアフガン北部プルフムリという地方役所の幹部で、観光旅行なのだという。戦時のアフガンを観光しているアフガン人の存在に驚いたら、さらにもう一つ驚かされた。

「カメラを持っているなら記念写真を撮ってくれないか」という。プラスチック製のごついクシで頭髪やあごひげを整える者、身だしなみを繕う者。カメラに収まったあと、一人一人がお礼の握手を求めてきたが、だれも「写真を送ってほしい」とは言わなかった。

記事で紹介したカブール北方の最前線でも、タリバン兵士たちは「厳禁」のはずの写真を撮らせてくれた。「顔は撮らないから」と頼むと、「それならいいだろう」と許してくれた。しかし、誰もが顔を撮られていることを承知でポーズを取るのだった。アフガン人は元来「撮られ好き」というのは本当だった。

動物園からホテルに戻る途中、街角の写真屋に立ち寄った。三坪ほどの狭い店内に小さなガラス製のショーケースと長いすがある。意外にも、「見本用」だという人物写真がショーケースの中だけでなく壁中に「これでもか」と言うくらいに貼ってある。

パスポート用の見本として、米国スペースシャトルの女性宇宙飛行士の顔写真もあった。「タリバンがカブールに来た当初は厳しかったが、最近は『大きな人物写真は貼るな』と言うくらいで、サービス判サイズなら全身写真でも文句をつけない。それより、タリバン以前は店によく盗人が入り、用心のために毎晩、長いすの上に寝ていたが、いまは自宅は戻れるよ」。店主のモハメド・ヤシンさん（30）はそう語った。

2　「顔のない」最高指導者

アフガニスタンからインドに戻ると、次のアフガン行きの準備にとりかかった。目指したのは、タリバンの最高指導者ムハマド・オマル師との接触である。

タリバンに保護されていたウサマ・ビンラディン氏については、その素顔も主張もそれなりに知られていた。米国から「国際テロの黒幕」と名指しされ、追われる身だったが、欧米のテレビや新聞のインタビューを何度も受けてきた。

しかし、オマル師は「謎の人物」と呼ばれ、外国人と面会することはほとんどなく、当時はその顔写真すらメディアに流れたことはない。年齢は三十代半ばとみられていた。

タリバンは文字通り「顔の見えない政権」だった。オマル師の「独裁」なのか、オマル師を中心とした幹部の「合議」なのか、あるいはオマル師は単なる「みこし」なのか。また、政権中枢は一枚岩なのか、そうではないのか、さまざまな憶測があった。

さらに、豊富な資金とイスラム過激派のネットワークを持つとされたビンラディン氏が、タリバンにどういう状況、条件で保護されているのか、あるいは居座っているのか乗っ取っているのか、判然としなかった。

タリバン政権の「悲願」は、国家として国際的に認知されることだとみられていた。実際、幹部たちは会見や声明に際して「承認してほしい」と繰り返していた。首都カブールを含む全土の九割を制圧したのだから「承認されるべきだ」とも主張した。常識的には、首都を追われて政権機能を失った「ラバニ政権」に代わり、タリバンが国連の議席を得ているはずだが、そうはならなかった。

連載「タリバンは悪か?」の初回が掲載された九八年十月二十日、国連議席の代表権を審議する国連信任状委員会が、この年もタリバンを政権承認しないことを決めたとのニュースが流れた。首都を制圧してから三年連続で承認を見送ったのである。米国の意向が強く反映されていることは容易に想像できた。タリバンの人権、女性問題に加え、最大のネックは、ビンラディン氏を保護し、身柄の引き渡し要求を拒んでいることだった。

タリバンは「政権承認」と「ビンラディン氏の身柄」の問題をどう天秤にかけているのだろう。この二つの問題は、二〇〇一年九月十一日に米同時多発テロが発生し、米国がアフガンを軍事攻撃してタリバン政権が崩壊するまで、アフガン情勢を見極めるための核心であり続ける。いま振り返れば、この二つの問題が早い段階で解決していたら、歴史の大きな転換点となった九・一一は起きなかった可能性さえあるのだ。

私はタリバンの「真意」を探ろうと、動き始めた。

オマル師に至る足がかりは意外と早く得られた。タリバンの本拠地である南部カンダハルの、オマル師の元につながる電話番号を支局スタッフが手繰りあてくれたのだ。

アフガンの電話回線は長い戦乱の影響でズタズタになっていた。私が最初に訪れた九八年九月当時、カブールの市内回線はごく一部で使われていただけで、そもそも役所や一般家庭のほとんどに電話機すらないのが実情だった。国際回線は中央郵便局に二台の衛星電話が設置されているだけだった。米国とドイツの電話会社がそれぞれ無償提供したという。カブール滞在中、日本へ連絡するたびに中央郵便局に出向き、順番を待った。平日の日中以外、「外部世界」との通信は完全に絶たれるのだった。

だから、海外からオマル師につながる一般回線の存在を知って気持ちが躍った。なにしろパキスタン西部のクエッタと同じ市外ダイヤルで通じるパキスタンの国内回線だったのである。パキスタンはタリバンへの軍事支援について全面否定していたが、パキスタンが敷設したことは疑問の余地がない。パキスタン政府は必要ならいつでもオマル師と連絡を取り合えた。大国インドと張り合うだけの諜報機関を擁するパキスタンのことである。逆にタリバンの動きを盗聴によって、ある程度監視することも不可能ではなかったはずだ。

電話口で対応してくれたのは、タイアブ・アガという英語の出来る側近だった。九・一一後のタリバン政権崩壊後、国際メディアの前に姿を現し、逃走したオマル師に代わり、インタビューに応じた青年である。いつもソフトな口調で誠実に受け答えをしてくれるが、オマル師との面会については「無理だ」と繰り返した。次善の策として、ムタワキル報道官との書面インタビューを受け付けてくれた。報道官はその後、外相に就任し、タリバン政権の「穏健派」として国際社会に広く知られることになる。

外相時代のムタワキル氏と何度か顔を合わせたが、その場に応じて本音と建前を巧みに使い分けていた。雑談の中では、タリバンが厳禁したテレビやインターネットの必要性を認めるような人物だった。本音と建前の使い分けは、長い戦乱の中で生き抜くアフガン人の知恵だと聞いたことがある。

しかし、私の書面インタビューに対するムタワキル氏の回答は、いかにも公式的だった。約三ヶ月前、ケニアとタンザニアの米大使館で発生した同時爆破テロを受け、米国がアフガンにミサイル攻撃を敢行した余韻が残っていた時期である。

「ウサマが首謀者だと立証されるなら、裁判のために引き渡す用意がある」。そうは述べながらも、「彼の行動はジハード（聖戦）であり、テロではない」と言い切った。事実上、身柄の引き渡しはあり得ないと明言していた。

カンダハルからのファックスを受け取る五日前（九八年十一月四日）、米司法省は大使館同時爆破テロをめぐり、米連邦大陪審がビンラディン氏を身柄なしのまま、殺人罪などで連邦地裁に起訴したと公表した。同じ日、米国務省はビンラディン氏の逮捕につながる情報の提供者に、米史上最高額の五百万ドルの懸賞金を支払うと発表していた。

しかし、その一方で、米国とタリバンの「歩み寄り」をうかがわせる報道も流れていた。「密約説」である。米誌「USニューズ&ワールド・リポート」は、米国の意向を受けたサウジアラビアの仲介で、タリバンは政権承認と引き換えにビンラディン氏の身柄を米国に引き渡すことに合意したと報じていた。

この報道についてムタワキル氏は全面否定した。政権承認とビンラディン氏の身柄問題は別次元だとの認識を示し、こう強調した。「ウサマは対ソ連のアフガン戦争でジハードに参加し、ソ連撤退に功績を残した。そんな重要な人物を他国には引き渡さない」

私はムタワキル氏とのインタビュー記事（九八年十一月十日付夕刊）を英訳してカンダハルに打ち返し、タイアブ・アガ氏に改めてオマル師との面会を求めた。何度目かの電話で「書面なら応じてもよい」との返答が来た。書面という制約が付いているとはいえ、オマル師が西側の新聞社にその意思を表明する初めての機会となった。

実は、オマル師と面会できるジャーナリストがいた。パキスタンの英字紙「ニューズ」のペシャワル支局長、ラヒムラ・ユソフザイ記者である。同じパシュトゥン人で、「ユソフザイ」という名前はパシュトゥン系のユソフザイという氏族名である。

のちにユソフザイ記者に聞いたところ、オマル師と初めて会ったのは、タリバンが結成されて半年足らずの九五年三月。カンダハルのオマル師の事務所だった。狭い自室はカーペット敷きで、アフガン式に靴を脱いで上がった。オマル師が小さな座布団にあぐらを組んで座ると、周りの者に比べ背丈は頭ひとつ高かった。右目に負傷の跡があった。
数台の電話があり、前線の各司令官に衛星電話で直接指示を送っていた。本人がすべてに目配りしているようだったが、インタビューには終始、言葉少なで、シャイな印象を受けたという。

タリバンの関係者は自由に部屋に出入りし、面会中にも一人の若者が入ってきた。「(自分の)車が壊れた。六人の兵士の面倒を見ているが、カネが足りない」と訴えた。車はトヨタのピックアップである。オマル師は身の回りの世話をする人物に「適当に頼む」と促すと、彼はオマル師のポケットをまさぐって鍵を取り出した。ベッドのそばに置かれた大きな箱を開け、アフガニ紙幣の束を取り出し、若者に差し出した。

ユソフザイ記者が「カネをそんな風に与えるのもあなたの仕事か?」と聞くと、「みんな私のタリバンだから自分で面倒をみる」と答えた。私は、その後の旧ゲリラ勢力司令官との取材で、同じような場面に出くわす。主従関係を示す典型的な光景のようだった。

オマル師はアフガン戦争時代、穏健派の「イスラム党ハリス派」の地区副司令官だったと伝えられていた。カブール北方前線で会ったハジ・マリーム司令官もハリス派だった。

ユソフザイ記者は、オマル師が外部の人間と接触しない理由について、「精神的指導者として自らの重みを増すために、意図的に距離を保っているのでは」と推測していた。

オマル師への書面インタビューの回答はおよそ二週間後、二枚の用紙にタイプ打ちされてファックスで送られてきた。オマル師の署名はなかったが、末尾にやはりタイプで「アミル・ウル・ムミニーン」の英文字が記されていた。

これは、イスラム教の預言者ムハンマドの後継者であり、すべてのイスラム教信徒の指導者もしくは司令官を意味する。カリフを称した最後の王朝はオスマン帝国の支配者で、カリフ制はトルコ共和国成立に伴い一九二四年に廃止されていた。オマル師は、タリバンがカブールに入城する五ヶ月前（九六年四月）、初めて「アミル・ウル・ムミニーン」を名乗った。この報道が流れると、イスラム諸国の間からその「不遜」を非難する声が相次いだのである。

タリバンは、アフガンの新国名を「アフガニスタン・イスラム首長国」に変更（九七年十月）していたが、「アミル・ウル・ムミニーン」はアフガンの「首長」を超越した存在であり、オマル師が「拡張主義者」と呼ばれる理由の一つになった。

オマル師からインタビューの返答を待っている間、米国とタリバンの関係をめぐり新たな展開があった。ビンラディン氏を起訴してその身柄に懸賞金をかけた米国に対し、タリバン最高裁がビンラディン氏に「無罪」を宣告（九八年十一月二十日）し、対決姿勢をより鮮明にしたのである。タリバンはそれまで「有罪と言うならその証拠を示せ」と主張していたが、「期限までに何の回答もなかった」として、無罪宣告の正当性を訴えた。

さて、私は手にしたオマル師の回答を読み進むにつれ、先のムタワキル報道官の書面とは違って、微妙なニュアンスを含んでいることに気づいた。オマル師は、ケニアとタンザニアの米大使館爆破テロに、ビンラディン氏は「関与していない」と述べていた。しかし「我々が入手した情報では」とただし書きを添えていたのである。

また、ビンラディン氏を保護していることについては、「彼はゲストであり、希望すればいつまでも保護し続ける」としながらも、「テロ活動はしないと約束した」との一文があった。「ビンラディン氏はテロ活動をしていない」と擁護するのではなく、「テロ活動はしないと約束した」のだという。「約束」がなければ、守られない可能性が生じるとの疑念の表れと解釈することもできた。

ただし、ビンラディン氏の身柄引き渡し問題をめぐり、米国の意向を受けたとされるサウジとの密約説について、オマル師もムタワキル報道官と同様に否定していた。しかも「保護は一時的でない」と主張している。このため、インタビューを掲載した紙面(九八年十一月二十六日付)ではこう解説した。「(ビン)ラディン氏を第三国(サウジ)に追放する可能性があるとの報道もあり、処遇は流動的要素があった。しかし今回の発言により、当面ラディン氏の身柄は動かないとみて間違いなさそうだ」

この時期、つまり米大使館爆破テロが発生し、米国がミサイル攻撃をした前後の九八年後半期、ビンラディン氏の身柄問題は重大な岐路を迎えていた。それは、最近になって出てきたいくつもの新たな情報から、より鮮明になりつつある。

当時から、オマル師とビンラディン氏の「溝」を推察するような状況はうかがい知れた。まず、米国のミサイル攻撃の翌日にビンラディン氏が出した反米声明に対し、オマル師が即座に反発した一件がある。ビンラディン氏の声明は、「戦争は始まったばかりだ。米国人はどんな答えが出るか待つがいい」と、米国への「報復」を宣言した。

パキスタン各紙によると、オマル師は翌日、ビンラディン氏に特使を送る。「(あなたを) ゲストとして迎え入れているだけであり、アフガンを拠点に外国を攻撃するようなことは控えるべきだ」と批判した。「米国の攻撃に対する適切な措置は、アフガンの政府である我々が行う」とも述べ、「アフガンに二つの政府は存在しない」とくぎを刺したという。

こうした状況の中、タリバンがビンラディン氏の身柄を米国に引き渡すことで、秘密裏にすでに合意したという最初の密約説が、インドとパキスタンで流れる。

それによると、ビンラディン氏は反米感情を抱くイスラム教徒の英雄的存在で「イスラムの大義」を貫く人物である。タリバンがビンラディン氏を米国に引き渡すことは「イスラム」への裏切りであり、密約が発覚した時のダメージは計り知れない。ところが、密約説は「だからこそ、引き渡さざるを得ない状況を演出するため、米国がミサイル攻撃を敢行した」というのである。実際、この攻撃を受けてオマル師とビンラディン氏の亀裂が表面化したのだが、この説については突飛な印象が否めなかった。

その後の翌九月、タリバンがビンラディン氏をカンダハル近郊の自宅で軟禁状態に置いているとの情報が流れる。ビンラディン氏と親交があるとされる、英国のアラビア語紙「アルグッズ・アルアラビ」のアトワン編集長が、英BBCのインタビューに述べた。

こうした軟禁情報を、なぜビンラディン氏の親交者が発信したのだろう。本当にビンラディン氏が軟禁下に置かれていた可能性も否定できないが、タリバン政権内にそうした動き、気配があったため、それを封じる形で機先を制したとの見方もできる。

そして、翌々月の十一月、オマル師への書面インタビューでぶつけた米誌「USニューズ&ワールド・リポート」の報道が出る。それまで流れていたビンラディン氏をめぐるタリバンと米国の密約説に、軟禁情報と「米国の意向を受けたサウジが秘密交渉に当たった」とする情報を加えた内容である。

しかし、これらの情報、というより憶測の信憑性について、私は判断の材料を持たない。ただ間違いないと思うのは、この時期、オマル師とビンラディン氏の関係はぎくしゃくしており、身柄問題の解決に向け、サウジが水面下で動いていたということである。

サウジの関与については、いくつかの傍証がある。サウジ国営通信によると、ビンラディン氏の「軟禁情報」が流れた十日後の九月二十二日、サウジ政府はアフガン駐在の外交官に即時帰国を命じた。事実上の外交関係凍結である。サウジ各紙は「タリバンがビンラディン氏の身柄引き渡し要求を断ったためだ」と伝えていた。

九・一一後、サウジの対外情報機関の長官だったトルキ・アルファイサル王子に私の同僚がインタビューをしている。それによると、トルキ王子はケニアとタンザニアの米大使館爆破テロを目前にした九八年六月、ファハド国王の指示でカンダハルを訪れ、オマル師にビンラディン氏の身柄引き渡しを求めた。

「ウサマはタリバンとサウジの関係を害している」。そう説得したところ、オマル師は「分かった」と返答した。この二ヶ月後、ケニアとタンザニアでのテロがあり、米国がミサイル攻撃した。王子は再びカンダハル入りする。この時、オマル師は「サウジは米国の植民地だ」などと言って非難したため、王子は席を立ち、引き渡し交渉は決裂したという。

一方、パキスタンもビンラディン氏のタリバンからの「引き離し」に腐心していたことをうかがわせる情報が、九・一一後に出ている。

パキスタン紙ニューズのアスラム・カーン記者の記事（〇一年十月七日付）によると、米大使館爆破テロの少し前、当時のアジズ外相がタリバン首脳と接触した。ビンラディン氏が秘密裏にアフガンを出国し、望むところにたどり着けるようチャーター機の手配など「あらゆる支援」を約束して、交渉を続けたという。

米大使館爆破テロ後も、アジズ外相はタリバンの当時のムラー・ハッサン外相にこう言って説得した。「タリバンが国際的な政権承認を望むなら、そしてウサマが本当にアフガン人のためを思っているなら、自主的に出国してもらうよう要請すべきだ」。ハッサン外相は「検討すると回答した」という。アジズ外相は、オマル師と「ホットライン」を通じて数回話し合い、オマル師も検討を約束したが、最終的に断ってきたという。

タリバン支援の「両輪」となってきたパキスタンとサウジが、「米国の意向を受けて」いたかどうかはともかく、タリバンとビンラディン氏の「決別」に向けて動いた可能性は極めて高いのである。

米大使館爆破テロを受け、米国が敢行したアフガンへのミサイル攻撃を、私は、その三年後の九・一一を機に米国が宣言した「テロとの戦い」の「前哨戦」と位置づけている。

それまで米国は、リビアやイラクなどの国家を「テロ支援」を理由に軍事報復することはあっても、個人や組織には法に基づき対処するのが原則だった。その意味で、一線を踏み越えて「新たな戦争」の時代に突入したのだった。当時のクリントン大統領は攻撃に際し、国民に「テロに対する長く継続的な戦争」への参加を呼びかけた。のちにブッシュ大統領から同じ文言の演説を聞くことになる。

米国の「テロとの戦い」の宿敵となったビンラディン氏にとって、アフガンとの関わりは、アフガン戦争にさかのぼる。ソ連の侵攻にジハードを掲げて抗戦するゲリラ勢力にアラブ諸国からの義勇兵が加わった。その数は約三万五千人とも推計される。ビンラディン氏もその一人だった。

義勇兵は長期戦をくぐり抜けてゲリラ戦のノウハウを身につける。ジハード思想に傾倒したアフガンからの帰還兵は「アフガニ」と呼ばれ、一部が過激派に転化した。国境を超えて連携したのが「アルカイダ」のネットワークである。

アフガン戦争では、「反共主義」が「イスラムの大義」と重なり、「反共」の目標で一致する米国は、大量の資金と武器をゲリラ勢力に供与し、ゲリラは米国の支援で建設された軍事キャンプで訓練を受けた。

オマル師と面会したパキスタン紙ニューズのユソフザイ記者によると、米国が九八年にミサイル攻撃した対象は、かつてＣＩＡ（米中央情報局）が建設を支援したアフガン東部ホストにある軍事基地だった。

この軍事基地は、パキスタン国境から数キロ離れた険しい山岳部にあり、アフガン戦争では抜群のロケーションを発揮した。ソ連軍に追撃された場合、いざとなればすぐに国境を越えてパキスタン側の「部族地域」に逃げ込むことができた。軍事基地には「アラブ」「ザファル」「アル・バダル」の三つのキャンプがあった。

CIAはこの地にアフガン最初の「自由アフガン放送局」（八五年）を設置し、アフガン国民に広く「反共」を呼びかける拠点にした。このため、ソ連軍は何度も空爆を行ったが、ゲリラや義勇兵は地下トンネルを掘り、とりでをより堅牢なものにした。この際、サウジアラビアの大建設会社を率いていた父親を持つビンラディン氏が、土木・建設工事などを指揮する。頻繁に訪れた「アラブ・キャンプ」は「ウサマ・キャンプ」とも呼ばれたという。

こうした背景から、米国は九八年のミサイル攻撃に際し、標的の状況を把握していたようだ。米国は攻撃当日に「ウサマ・キャンプ」でビンラディン氏主催の大きな集まりがあるとの情報をキャッチし、アラビア海上に展開する二隻の軍艦から数十発のトマホークを発射したとみられている。

ユソフザイ記者によると、奇妙なことに米国の攻撃直前、ビンラディン氏の「代理人」であるエジプト人から記者の元に衛星電話がかかった。「ウサマは私のすぐ横にいる。ホストから五百キロほど離れた場所だ。（ケニアとタンザニアの米大使館爆破テロに）ウサマは関与していない」と言うのだった。

ユソフザイ記者はそれまでに一度だけビンラディン氏と面会したことがあった。以来、英語が話せないビンラディン氏に代わり、連絡はこのエジプト人から来たという。唐突な電話からおよそ三十分後、攻撃が始まる。攻撃が終了した約一時間後にも再び、連絡があった。エジプト人はアイマン・ザワヒリ氏で、「ウサマは無事だ」と告げたという。ザワヒリ氏はエジプトのイスラム過激派「ジハード団」の指導者で、のちにアルカイダのナンバー2として知られることになる。

ホストからタリバンの根拠地カンダハルまでは約五百キロの距離だ。このときビンラディン氏は確かにカンダハルにいたと、私はのちに別ルートの取材でも聞くことになる。ミサイル攻撃の前後にあったという不可解な電話の真相は分からない。

ユソフザイ記者によると、米国の攻撃により、計二十六人が死亡した。このうち五人はアラブ人。パキスタンのイスラム武装組織「ハルカト・ムジャヒディン(イスラム聖戦士運動)」の六人も含まれていた。ユソフザイ記者が率いるニューズ紙のペシャワル支局は、メディアとして唯一、攻撃を受けた現地に記者を送り込むことに成功している。

当時、ホスト軍事基地のキャンプのうち「アル・バダル」を使っていたのは、タリバンと、パキスタンの武装組織ハルカト・ムジャヒディンで、「ザファル」にはタリバンの駐屯地やマドラサ(イスラム宗教学校)があった。

アフガン戦争中、アル・バダルはアフガン最大のゲリラ勢力だったヘクマティアル派の軍事訓練キャンプとして使われていた。アル・バダルは、ヘクマティアル派を支援したパキスタン最大のイスラム原理主義政党「イスラム協会」傘下にある武装組織の名前で、この組織を通じて米国とパキスタンはヘクマティアル派に強力なてこ入れをしていた。

武装組織のアル・バダルはアフガン戦争終結直後の八九年、「アフガン」から完全に手を引いて、パキスタンがインドと領有を争うカシミールへの武装闘争に転戦した。この年を境にカシミール紛争が激化することになる。

先に触れた別の武装組織ハルカト・ムジャヒディンは、パキスタンによるタリバン支援の先兵として、さらにカシミールでの反インド武装闘争においても、極めて重要な役割を担っていることを、まもなく知ることになる。ハルカト・ムジャヒディンは米国から「テロ組織」の指定を受ける。ハルカト・ムジャヒディンを背後で操っていたのは、パキスタン三軍統合情報部（ＩＳＩ）。パキスタンの「国家内国家」とも呼ばれる諜報機関で、私の最も重要な情報源の一つとなり、新聞紙面では「パキスタン情報機関」と表記してきた。

ここで、タリバンと米国の関係史について簡単に触れておきたい。米国は当初、タリバンの快進撃を「歓迎」していた。最大の理由は、タリバンの伸張が、アフガンの西隣のイランを抑え込むのに好都合だったからだ。米国はイスラム革命を経たイランを警戒してきた。イランの主流はシーア派。タリバンはスンニ派で、シーア派を「異端」とみなしていた。

一方のイランはタリバンの勢力拡大を警戒し、反タリバン連合への支援を強化する。イランは、タリバンの背後に「米国」の気配を感じていたようだ。しかし、九八年の米国のアフガン・ミサイル攻撃を境に、イランはタリバンへの姿勢を軟化させる。

米国のタリバン支持は、当初のタリバンが麻薬の栽培と取引に厳しい姿勢で臨んだことも大きい。タリバンは「汚職一掃」を掲げ、その清廉潔白ぶりも好印象を与えた。

アフガン国内では、米石油資本のユノカル社が中央アジアのトルクメニスタンからアフガン経由でパキスタンに天然ガスを送るパイプライン敷設計画を進めていた。計画実現は、米国の一企業の利益のみならず、中央アジアから自国ルートのパイプライン敷設を目指すイランやロシアなど周辺国にダメージを与えることになり、米国の国益につながるのだった。

しかし、タリバンの厳格なイスラム法統治の内実が知れるにつれ、女性や人権問題の観点から、米女性団体が反発ののろしを上げる。クリントン米大統領夫人もこれを強力に後押しし、「人権外交」を掲げるクリントン政権は対タリバン政策の転換に踏み切る。タリバンが「麻薬」の容認姿勢に転換したことも、両者の亀裂を深める要因になった。

そして、決定的な要因となったのが、九八年八月のケニアとタンザニアの米大使館爆破テロ事件後、タリバンがビンラディン氏の身柄引き渡し要求を拒否したことだった。ただ、当時のタリバン支配地域には、ミサイル攻撃を敢行したクリントン大統領を冷笑するような雰囲気が覆っていた。攻撃の数日前、大統領は連邦大陪審で、ホワイトハウスの実習生、モニカ・ルインスキーさんとの「不適切な関係」を認める告白をした。

攻撃当日の米ワシントン・ポスト紙は社説で「大統領は辞任を」の見出しを掲げ、不倫疑惑報道一色の中でクリントン大統領は窮地に追い込まれていた。それが、大統領の「アフガン攻撃命令」を受けて一転、アフガン戦局報道に切り替わる。ロイター通信が報じた米ＡＢＣテレビの世論調査（対象者五百十人）によると、クリントン大統領が主にテロと戦うために攻撃命令を下したとみる人は六四％、不倫疑惑から国民の目をそらすことを狙ったとみる人は三〇％だった。米国民の三人に一人が「不倫疑惑」とみていた。

当時、カブール市民の多くは、米国民以上に「不倫疑惑」が攻撃の直接の動機だとうわさし合っていた。タリバンのアフマド文相代理は、不倫疑惑に触れて「将来のアフガンは女性に最高の人権を与える」と語り、男女平等をうたう米国の現実を皮肉った。

ラジオ・シャリア代表のエサック師は「クリントンがアフガン人なら、石打ちの刑に処せられる」と説明した。周りを囲んだ多くの人から石を投げつけられ、体中が石で埋まるまで投石を浴びる過酷な刑だ。実習生に対してはむち打ち百回だという。

タリバンに限らず人々は雑談の中で、「今のアフガンでは、あんなハレンチなことは起こりえない」「米国のようにエイズがまん延することもない」などとアメリカ文化の倫理観や欧米文明の退廃ぶりを言外にほのめかした。表向きタリバン批判などできない監視社会の中で、人々は不満のはけ口を、当たり障りのないクリントン批判に向けていた印象もある。

振り返れば、この時期はビンラディン氏の身柄問題の行方を大きく左右するヤマ場だった。タリバンがクリントン大統領を「その程度」と見透かし、身柄問題に真正面から向き合わなかった面があったとしたら、タリバンにとっても米国にとっても不幸なことだった。

3　タリバン伝説

最初のアフガニスタン取材からインドに戻って一年後の一九九九年九月、毎日新聞は南アジアの取材拠点をパキスタンの首都イスラマバードに移す。日本の新聞記者として初めて、アフガン情勢と密接に連動するパキスタンに足場を置くことになった。

過去一年、アフガン内戦はこうちゃくしていた。タリバンは全土の九割以上を支配しながら攻めあぐねていた。反タリバン連合で唯一、徹底抗戦していたのはタジク人勢力のラバニ派最高司令官、アフマド・シャー・マスード将軍の部隊だった。ラバニ派は当時、マスード将軍の故郷パンジシール渓谷、その後背地のアフガン最深部バダクシャン州とその周辺部を支配していた。将軍はアフガン戦争時代、全長百二十キロに及ぶこの渓谷に陣取り、ソ連軍の再三の攻勢を撃破して「パンジシールの獅子」と呼ばれ、武勇をはせていた。

しかし、パンジシールがいかに「難攻不落」でも、内戦の決着がつかない理由が他にあった。

国連アフガン問題担当のブラヒミ特使が「アフガンのすべての国境線を鉄条網で囲まない限り終わらない」と語ったように、タリバンにはパキスタンが、ラバニ派にはイラン、ロシア、インド、タジキスタンなどが何らかの軍事支援をしているとみられていたからだ。

空軍力などないに等しいタリバンに、パキスタンが戦闘機や爆撃機を大量動員して支援していれば、内戦はすぐにでも決着したかもしれない。しかし、米国ならいざ知らず、国際法を公然と無視した露骨な支援は難しく、「一人勝ち」は極めて難しい状況だった。

「タリバンの親」

パキスタンに「タリバンの親」と呼ばれる人物がいる。

アフガン戦争末期の八八年八月、軍政のジアウル・ハク大統領が死亡し、これを受けて実施された民政復帰の総選挙で、第一次ベナジル・ブット政権が誕生する。その後、政権は第一次ナワズ・シャリフ、第二次ブット、第二次シャリフと交互に入れ替わる。

その人物、ナセルラ・ババル氏は女性のベナジル・ブット首相の懐刀だった。第二次ブット政権は九三年十月から九六年十一月までの三年余りで、タリバンはこの間に誕生し、カブールを陥落させた。タリバンの誕生から躍進の時代にアフガン政策を仕切ったのだ。

ババル氏の自宅はペシャワルにある。芝生の広い庭付きで、床は総大理石張りの豪邸だが、パキスタン富裕層の平均的住まいである。室内は仏像、絵画、織物、刀剣、銃器、コインに至るあらゆる美術品で埋め尽くしている。特に圧巻は、何百体にも及ぶ仏像のコレクションで、部屋に収まりきらない大きな仏像を玄関先やテラスに所狭しと並べていた。

ガンダーラ仏教文化はパキスタンからアフガン、中央アジアにかけて栄えた。ペシャワルはその中心地だった。仏教は当初、偶像崇拝を禁じた。しかし、紀元前四世紀、アレクサンダー大王の東征に伴い、ギリシャ彫刻の技術が持ち込まれる。仏陀の像が彫られ、人々はこれをあがめるようになった。シルクロードを通って中国や日本に伝わった仏像の発祥地で、ババル氏は発掘現場から直接、仏像を入手してきたのだという。

仏像と言えば、こんな出来事があった。支局を開設してまもなく、事務室の暖炉の上に手の平ほどの大きさの仏像の頭部を飾った。もらい物の模造品だが、見るたびに顔が後ろを向いている。元に戻したはずなのに、なぜか後ろに向き返っていた。ふと、イスラム教が偶像崇拝を禁じていることに思い至った。スタッフたちに尋ねると、暗黙に「撤去」を求めていたのだった。敬けんなイスラム教徒でなくても、仏像の存在は気にかかるらしい。

そういうこともあり、ババル氏のコレクションには驚かされた。同行のパキスタン人記者は「イスラム教徒として常軌を逸している」と舌打ちした。仏像に興味を示す私に、ババル氏は「とっておきの逸品がある」と寝室に案内してくれた。高さ六十～七十センチ。これだけがガラスケース入りで、枕元に置いていた。「断食する仏陀」像である。ババル氏によると、この秘蔵品はガンダーラ美術の最高傑作とされるラホール美術館所蔵のそれと同じ作者のもので、しかも保存状態ははるかに良く、「天文学的価値がある」と誇らしげだった。二千万ドルは下らないとささやいた。本当なら二十億円を超える額である。

「なぜ、これほどまでに仏像を収集するのか」。ババル氏は「仏像は父祖の代から受け継いだ貴重な文化遺産だ。海外に流出しないよう私が守っている」と答えた。そんなババル氏が「タリバンの親」と呼ばれていた。タリバンはその後、皮肉にもバーミヤンの大仏をはじめ、あらゆる仏像を「ただの石だ」と喝破し、破壊してしまうのである。

私は、ババル氏がタリバンの「生みの親」なのか「育ての親」なのか、見極めたいと思った。それは、タリバンの誕生にパキスタンが直接関与したのか、あるいは土着に生まれたグループに着目し育てていったのか、決定的な違いがあった。タリバン誕生から関与していたのなら、タリバンとはパキスタンが仕組んだ「遠大な陰謀」と言うこともできる。ババル氏は親しいジャーナリストに「タリバンは我々の子供だ」と漏らしたとも伝えられていた。

欧米メディアの一般的な見方は「生みの親」説だった。米ABC放送のジョン・クーリー記者が九九年に出版した『UNHOLY WARS』の中で記した「フランケンシュタイン論」に象徴される。明確な根拠は示していないが、タリバンは「ISI（パキスタン軍情報機関）が自らの実験室で生み出したフランケンシュタインだ」と指摘した。

「生みの親」説に対して、「タリバンは必ずしもパキスタンの意に添うように動いていない」という反論があった。タリバンは、バーミヤンの大仏を破壊し、九・一一後も米国へのビンラディン氏の身柄引き渡しを拒否し続け、政権崩壊を招く。いずれもパキスタンの説得を無視しており、パキスタンの「操り人形」でなかったことは確かである。

ただし、「生みの親」説を主張する人たちは「子供は三歳にもなれば反抗期を迎え、親から自立しようとする。一心同体でなくても不思議ではない」などと説明していた。

ババル氏は一九二九年七月生まれのパシュトゥン人。その語り口はエネルギッシュで、細かな月日や人名を次々と挙げながら、ものすごい早口で話し続けた。

ババル氏は「タリバンを支援してきた」と認めたが、創設関与については言下に否定した。「タリバン運動は土着のものだった。無法地帯に住む人々の、平和への強い欲求が生み出した」と言う。「育ての親」というわけだ。「アフガン情勢の安定化はパキスタンの経済的な利益になると考えた。和平はパキスタンの国益であり、和平を導くことができる勢力はタリバンしかないという判断だった」。支援の理由をそう説明した。

ババル氏がアフガンに目を向ける直接の契機は、七二年にパキスタン国境警備隊のトップに就任したことだという。

歴史をさかのぼると、欧米列強が世界の覇権を競った十九世紀、アフガンはいわゆる「グレート・ゲーム」の舞台となった。南下政策を進めるロシアと、インド亜大陸を植民地にしてさらに領土拡張を目指す英国が対峙したのだ。

結局、ロシアと英国は、直接の交戦を回避するためアフガンを「緩衝地帯」にする。英領インドは一八九三年、半ば強制的に当時のアフガン政府と国境策定協定を締結する。インダス川を国境にとのアフガン政府の求めに対し、インダス川から百五十〜二百キロほどアフガン寄りに線引きしたのだった。

デュラント・ラインと呼ばれる国境線は、パシュトゥン人の居住地域を東西に二分した。この地域がパシュトゥン人の「反英闘争」の温床にもなり、英領インドは懐柔策として、領内のパシュトゥン人居住地域を「部族地域」に指定し、高度の自治権を認める。この線引きは、現在のパキスタンとアフガンの国境線となり、部族地域もそのまま引き継がれた。これらは、今に至る両国のさまざまな問題の根っこにある。

アフガンの歴代政権はデュラント・ラインを国境と認めていない。パキスタンはアフガン政策を「国内問題」と位置づけ、アフガン内政に干渉し続けてきたが、その背景の一つには、パシュトゥン人の間にくすぶる「大パシュトゥニスタン構想」と呼ばれる独立運動があり、これをアフガン政府が支援してきたという不信と警戒感がある。

ババル氏の国境警備隊は、この部族地域の警備が任務だ。国境警備隊も印パ両国の分離独立（一九四七年）に伴い、英領インドからパキスタン政府に引き継がれていた。

ババル氏が警備隊長に就任した翌年の七三年七月、アフガンでクーデターが発生する。ザヒル・シャー国王をいとこのダウド氏が追放し、王政を廃止して共和制に移行する。ダウド新政権は閣僚の半分が共産党員となった。パキスタンのアリ・ブット首相（のちのベナジル・ブット首相の父親）は、クーデターがソ連の後ろ盾によるものだと警戒を強める。

アフガン国内では、六十年代後半ごろから共産主義が浸透し始め、これに抵抗する動きが広がりつつあった。その中核を担っていたのが、カブール大学の有志がイスラム回帰運動の拠点とした「イスラム協会」という組織だった。

クーデターから三ヶ月後の七三年十月、イスラム協会の主要メンバー三人が、ババル氏を訪ねてきた。教授のラバニ氏、その教え子のヘクマティアル氏とマスード氏だった。三人は「ソ連へのジハードを支援してほしい」と申し入れてきたという。

ダウド政権はパキスタン政策について、ザヒル・シャー国王時代の融和路線から強硬路線に転換していた。ババル氏は「共産主義の流入を防ぐためにもアフガンのイスラム勢力と共闘する必要がある」とアリ・ブット首相に進言した。このため、イスラム勢力の軍事訓練をパキスタン国内で支援することになったという。

ソ連軍のアフガン侵攻（七九年）に伴い、パキスタンはゲリラ支援を本格化させる。多数派パシュトゥン人のヘクマティアル氏は、タジク人のラバニ氏、マスード氏との路線の違いや個人的確執からイスラム協会を脱退、強硬派の「イスラム党」を結成する。

ババル氏によると、ソ連侵攻の半年ほど前から、CIAとアフガンゲリラ勢力の間に自分が入り、米国がゲリラ支援をするためのパイプ役を果たしていた。当時のブレジンスキー米大統領補佐官（安全保障担当）は、ゲリラ支援はソ連侵攻を誘引する「罠《わな》」だったと自ら証言している。米国が泥沼に陥ったベトナム戦争。ソ連を同様にアフガン戦争の泥沼に引き込むのが目的だった。ババル氏の発言は、これを裏付けるものだった。

すでに触れたように、軍事支援の実務はパキスタン軍情報機関（ISI）が担い、米国はISIを通じて、ペシャワルに拠点を置く主要ゲリラ七派に資金と兵器を注ぎ込んだ。一番の供与先となったのが、最大勢力のヘクマティアル派だった。

ヘクマティアル派には、ビンラディン氏など多くのアラブ義勇兵が参集した。アルカイダに転化していく強硬派を米国が積極的に支援、育成したこともあり、のちに「ビンラディンを育てたのは米国だ」と言われることになる。

ババル氏はアフガン戦争末期の第一次ベナジル・ブット政権（八八年十二月—九〇年八月）の誕生とともに、首席秘書官としてソ連撤退後のアフガン和平を模索する。

イタリアに亡命していたザヒル・シャー元国王に特使を送り、帰国を促す。新政権構想では、元国王を参画させようとしたが、その権限を限定的にしたことから、完全な「王政復古」を望んだ元国王は帰国を拒否し、工作は失敗に終わったという。

第一次シャリフ政権（九〇年十一月—九三年四月）が成立してババル氏は下野する。しかし、アフガン戦争終結後も政権を担っていた共産党のナジブラ政権が、九二年にゲリラ勢力の大攻勢により崩壊すると、今度はゲリラ各派の指導者と旧共産政権勢力に働きかけ、和平会談の設定に向けて水面下で動くが、結局は挫折する。ババル氏は「ゲリラ指導者の誰もが主導権を握りたがっていたからだ」と振り返る。

こうしたババル氏の一連の和平工作は、新政権の担い手として、アフガン戦争でソ連撃退の主役を演じたゲリラ勢力だけでなく、元国王、旧共産政権勢力のいずれもが参画する「連合政権」を志向していた。三者のパワー・シェアリングである。

これは米国の「意向」でもあり、米国は九・一一後のタリバン政権崩壊に伴う政権構想でも、各勢力の「パワー・シェアリング」を目指す。

しかし、ゲリラ各派は、自ら血を流して勝ち取ったアフガン戦争終結という功績に対し、自分たちだけが新政権に参画する資格があると考えた。亡命していた元国王や親ソ政権にすり寄った旧共産主義勢力の政権参加は、とうてい納得できなかったのだ。

タリバンの擁護者

アフガンゲリラ勢力のこうした意思を「代弁」してきた人物がいる。アフガン戦争末期の八七年三月から八九年六月にかけて、ISI長官を務めたハミド・グル氏だ。ISIは戦争当時、米国やサウジアラビアからの資金をアフガンゲリラの各派に配分したり、アラブ義勇兵を含めて軍事訓練を施し、対ソ戦を事実上、指揮していた。ハミド・グル氏は「CIAスタッフも自分の指示の下で動いていた」という。

アフガンゲリラとは一定の距離を置いたババル氏に対し、ハミド・グル氏はアフガン戦争後も、とりわけ強硬派勢力の「よき理解者」となり、アフガンへの影響力を確保していた。アフガン戦争後の新政権構想については、ババル氏が目指した「連合政権」に反対し、ゲリラ勢力だけの「ムジャヒディン政権」樹立を断固として主張していた。

パキスタンのイスラマバードに隣接するラワルピンディは、軍司令部が置かれた軍都である。その一角にハミド・グル氏の自宅や事務所がある。自宅応接室にちょっと変わった盾がある。ごぶし大のベルリンの壁のがれきを取り付けたものだ。対ソ戦を指揮してソ連を撃退し、共産主義陣営の弱体化を導き、結果としてベルリンの壁を崩壊させた功労者として退役後にドイツの情報機関から贈られたのだという。盾にはドイツ語で「多くのアフガン人が血を流して勝ち取ったソ連撤退がなければ、決して壁は壊れなかった」と刻まれている。

ハミド・グル氏は「長いソ連との抵抗闘争で、百六十万ものアフガン人が殺された。抵抗闘争に参加しなかった者に、どうして新政権に加わる資格があるのか」と語った。

パキスタンはもともと親米国家だ。冷戦時代、ソ連がインドを支援し、米国がパキスタンを支援するという構図の中、米国はアフガン戦争で、パキスタンをアフガンゲリラ支援の「前線国家」にした。ところが戦後、米国はアフガン政権構想で「連合政権」を志向したため、多くのアフガン人、パキスタン人は「米国の裏切り」と憤激した。ハミド・グル氏も「反米主義者」に転じた。

米国はアフガン戦争後、パキスタンへの経済支援を打ち切り、巨大市場として発展が見込まれるインドに接近し始める。「パキスタン用済み」論である。米国と連携してきた軍政のジアウル・ハク大統領は戦争末期（八八年）に飛行機事故で死亡するが、事故をめぐり不可解な謎が多く、多くのパキスタン人は「用済みでCIAに抹殺された」と疑うのだ。

パキスタンでの反米意識は、九一年の湾岸戦争で、米国がイスラム教の聖地があるサウジアラビアに進駐したのを機にさらに高まる。その後の米国のイスラエル寄りの対パレスチナ政策への反発と相まって、イスラム原理主義の急速な台頭を招く。ハミド・グル氏はそうした原理主義勢力の指導者の一人として、発言力を強めてきた。米国について、「嫌いな国ではない。その政策が嫌いなのだ」と強調してきた。米国の外交姿勢が変われば「親米」に転換するのに、というニュアンスを込めている。これはパキスタンの原理主義者に共通する米国評である。

ハミド・グル氏は、やはり湾岸戦争を機に「反米」に転じた元アラブ義勇兵のビンラディン氏とも、長く親交を保った。九三年と九五年には、サウジを国外追放となったビンラディン氏を、亡命先のスーダンに訪ねたという。

さて、アフガンでは九二年、ハミド・グル氏が望んだように、旧ゲリラ勢力各派によるムジャヒディン政権が誕生する。翌九三年には、かつてババル氏を訪ねた三人、つまりラバニ氏が大統領、ヘクマティアル氏が首相、マスード氏が国防相という体制になる。しかし、ラバニ派とヘクマティアル派を中心に旧ゲリラが戦闘を続け、九四年、ついにタリバンが出現する。

ババル氏とハミド・グル氏は、互いの人物評を聞けば「犬猿の仲」だとすぐに分かる。ただし、タリバン支援については二人とも「創設には関与していないが、支援はしてきた」との主張だ。「タリバンはISIの実験室で誕生したフランケンシュタインだ」と書いたクーリー記者の本をハミド・グル氏に示すと、血相を変えて「そういういい加減な本が誤った既成事実を作る。アフガン社会を理解すれば、そんなことはあり得ないとはっきりわかる」と怒気を込めた。

パキスタンがタリバンを支援し、アフガンを安定化させることの「経済的利益」とは何なのか。裏を返せば、アフガンで混乱が続くことによるパキスタンのマイナス影響である。

第一に、密貿易の繁栄だ。混乱に乗じたアフガンからパキスタンへの密貿易は、パキスタン経済の足を大きく引っ張っていた。密貿易は、パキスタンに陸揚げされた物資を内陸国のアフガンに無税で運べるという両国の通過貿易協定（六五年）を悪用していた。いったんアフガンに持ち込んだあと、パキスタンに密かに逆流させる。電化製品をはじめ、あらゆる物品が流れ込み、パキスタンの産業に打撃を与えていた。政府の税収減にもなっていた。

第二に、アフガン戦争以来、パキスタンにとどまるアフガン難民の存在である。二百五十万人とも三百万人とも言われる大量の難民は、多くは定住化してパキスタン人の雇用機会を奪っていた。

第三に、アフガン戦争中に米国がアフガンゲリラに供与した大量の武器がパキスタンにも拡散し、とりわけイスラム教のスンニ派、シーア派の過激派が互いにテロ合戦を繰り広げ、治安を極度に乱していた。武器の氾らんする社会状況は、旧ソ連製自動小銃の名前を取って「カラシニコフ文化」と呼ばれていた。

麻薬もアフガンから流入し続け、大きな社会問題の一つとなっていた。アフガンとパキスタンの国境線は全長二千二百キロに及ぶ。アフガンが安定化しない限り、「災い」はいつまでもアフガンから「流入」し続けるのだった。

パキスタンは親パキスタン勢力のヘクマティアル派を支援してきた。しかし、やっかいなことにヘクマティアル派は、カブールを舞台とした本格内戦の端緒を開き、市街地に無差別砲撃を繰り返して、民衆の求心力を急速に失っていた。パキスタンとしては、ヘクマティアル派に託す限り内戦を収拾することも、アフガンへの影響力を確保することも困難な状況に直面していた。

そうした中、第二次ブット政権でアフガン和平プロセスについての論議が高まり、着目したのが、アフガンの後背地にある「中央アジア」だった。ババル氏の説明によると、中央アジアの天然ガス、石油の埋蔵量は中東をしのぐとの予測もある。アフガン経由でパキスタンに至るパイプラインが敷設できれば、エネルギー資源に乏しいパキスタンの工業化に恩恵をもたらすばかりか、敷設・使用権料による安定的な収入も見込める。

パキスタンは主食の小麦を主に米国から輸入してきたが、中央アジア産は格安だ。しかも中央アジアには小麦の精製工場がなく、いったん輸入した小麦を精製してアフガン向けに輸出できる。パキスタンの基軸産業は「繊維」だが、これに欠かせない原綿も、中央アジア産は豊富で安い。

アフガンルートのパイプラインと通商路の開設、それにアフガン和平はコインの表裏の関係にあり、パキスタンの国益にかなうものだった。ルートは、内戦の主舞台だったカブールを迂回し、パキスタンのチャマン（アフガン国境の町）―アフガン南部カンダハル―同西部ヘラート―トルクメニスタンのトゥルガンディ（アフガン国境の町）の全長約千六百キロが想定された。

しかし、アフガン内戦は「忘れられた内戦」である。パキスタンは、アフガン和平プロセスへの関与を求めるためにも、主要国にそのメリットをアピールする必要があった。九四年十月二十日、ババル内相はパキスタンに駐在する主要国大使をアフガン視察旅行に招待する。内相一行は、パキスタン空軍機でヘラートに入り、帰途にカンダハルを訪れた。

内相は、ルート上を支配する軍閥（旧ゲリラ勢力）を各国大使に紹介し、「我々はこの国を安定化させ、鉄道を敷設し、道路を整備して中央アジア諸国との貿易を活性化させるべきだ」と訴え、アフガン復興に向け、支援を求めたという。

この視察旅行に続いて、パキスタンは大々的な「セレモニー」を打ち上げる。十月三十日、「ブット首相から友人への贈り物」と銘打ち、食糧や薬品、衣類などの物資をアフガンや、その先の中央アジアに届けるためのキャラバン隊をパキスタンから派遣する。

ババル内相は事前にブット首相とともにトルクメニスタンを訪問し、キャラバン隊がトルクメニスタンからの帰路、高品質の原綿を積んで戻ることで合意を交わしていた。中央アジア諸国に対しては「ソ連崩壊により政治的独立は達成したが、アフガンを経てパキスタンのアラビア海に通商ルートがつながれば、世界への輸送路が開けて、ロシアの経済的なくびきから真の独立を達成することができる」と訴えたという。

十一月一日、物資を満載したキャラバン隊のトラックおよそ三十台がカンダハルに迫っていた。そこで、突如「盗賊」に襲撃される。当時の報道によると、この事件を受けて同四日、三十人ほどのイスラム神学生グループが決起し、盗賊を撃退する。これが「最初のタリバン出現」とされるものだった。

パキスタンにとって、キャラバン隊の派遣を前にしたルートの安全確保は前提条件だったはずだ。障害は取り除いておく必要があった。カンダハルから西のヘラート、そしてトルクメニスタンにかけての広大な地域は、アフガン戦争時代のゲリラ戦の英雄であるイスマイル・カーン将軍が支配していた。しかし、そこに至るまでのパキスタン国境に近いスピンブルダックからカンダハルまでの約二百キロには七十を超える検問所があり、それぞれの地域を支配する大小の軍閥が通行税と称して通行車両から現金を巻き上げていた。

ババル氏によると、キャラバン隊派遣の一～二ヶ月前に自身がこのルートを走り、各地の勢力と交渉した。当時、タリバンはすでに存在していたのか。ババル氏は「交渉した中にオマル師がいたかどうか……。どこかの会合で一緒だった可能性はあるが、私は気づかなかった。オマル師は当時よく知られた人物ではなかった」と答えた。

ISIの元長官、ハミド・グル氏は、キャラバン隊を襲撃したのは旧ゲリラのグルアガ、アミール・ラライ、ハジ・アフマドといった人物だと証言した。グルアガ氏は、九・一一後のタリバン政権崩壊後に発足したカルザイ政権でカンダハル州知事に就任し、南部の最有力者にのしあがる人物である。

ハミド・グル氏によると、興味深いことに、キャラバン隊を率いたのが、当時のパキスタン軍のイマンという大佐だった。イマン大佐はハミド・グル氏がISI長官を務めたアフガン戦争末期、長官の腹心として、米国やサウジから得た資金や兵器をゲリラ各派に配分する任務を統括する責任者だった。イマン大佐はその後、カンダハルのパキスタン総領事として派遣されることになる。総領事館とオマル師の自宅は目と鼻の先にあった。

ブット政権とISIの連携については、ブット首相の父親のアリ・ブット元首相が軍事クーデターで処刑されたことから疑問視し、むしろ内相直属の諜報機関「IB」の役割を強調する指摘もある。しかし、アフガンルートの開設をめぐっては、ブット政権が軍部と連携して動いていたことに疑問の余地はない。

しかし、タリバン誕生をめぐる謎は膨らむばかりだった。タリバン最初の出現とされる九四年十一月四日を起点にすると、「それ以前」にタリバンがいつ、どういう経緯で結成されたのか。その際のパキスタンの関与も依然わからない。さらに、タリバンによるキャラバン隊救出劇とはいったい何なのか。背景に何があるのかも謎だった。

「それ以降」については、三十人ほどの神学生グループが、どうして怒とうの勢いで進撃を続けることが可能だったのかが最大の疑問だった。アフガンウオッチャーの多くは「パキスタンがひそかに武器を供与した」と指摘する。

パキスタン政府はそうした疑惑を一貫して否定し、ババル氏もハミド・グル氏も同様に否定した。ババル氏は「(武器を供与しなかったのは)国際的なスキャンダルを望まなかったからだ。アフガン南部には、ソ連が残した豊富な武器・弾薬があり、タリバンはこれを奪ったのだ」と説明した。

私はタリバン誕生の秘史を探るため、アフガンを再訪した。

タリバン誕生の地

〇〇年三月十一日。私はタリバンの本拠地カンダハルから、西部ヘラートにのびる幹線道路を西に向かっていた。アジアハイウエーの一角で、かつてパキスタンのキャラバン隊が走った街道である。破壊し尽くされた幹線道路の中にあって、路面状態は良く、高速で疾走できる。目指すは、カンダハル市街から約六十キロ。カンダハル州マイワンダ地区サンゲサー村である。サンゲサーとは、石打の刑で処刑するという意味だという。その村のマドラサで、タリバンが旗揚げされたと聞いたのだった。

澄み切った青空の下、視界に続くのは、わずかな草木が点在するだけの半砂漠地帯である。土塀で囲まれた民家、遊牧民の粗末なテント、ラクダやヒツジ、ヤギの群れが時折、車窓から流れる。道路は緩やかな蛇行を繰り返しながら水平線に向かって伸びていた。

しばらく走ると、タリバンの検問所があった。泥で造った小屋の軒に、押収したカセットから抜き出した何百、何千本もの音楽テープが千羽鶴のように吊され、風になびいていた。屋根には「潔白」を示すタリバンの白旗がはためく。

さらに進むと、幾筋ものうねが連なるブドウ畑がどこまでも続く。すでに収穫を終えて見渡す限り土色の大地である。そんな中に墓地が点在していた。わずかに土を盛って小石を置き、小さな旗をくくりつけた細い竹を突き立てただけである。旗はタリバンの「白」やイスラム教の聖なる「緑」のどちらかで、どれもボロボロにすり切れ、風になびいていた。

イスラム教の礼拝の時間が近づくと、道路脇の大地にマットを敷き、祈りを捧げる人々の姿が目立ち始める。マイクロバスから降りた何十人もの乗客が、一列に並んで祈っていた。トラックの運転手が岩場の影で日差しを避けながら祈っている。アフガンの街道の日常的な光景である。

私たちの運転手は、ひたすら走り続けた。そのうち、運転席の下をもぞもぞと手探りをし、カセットテープを取り出した。バックミラー越しにニヤリと笑い、カセットボックスに差し込むと、インドのヒンズー音楽が流れた。女性の甘い歌声はこう奏でていた。「おお、私の愛する者よ、私のために祈りを捧げておくれ……」

幹線道路から細い道を左に折れる。運転手が自転車に乗った若者に道を尋ねると、若者はその場に自転車を横倒しにして、車に乗り込んできた。道案内をしてくれるらしい。恐ろしくガタガタな道を右に左にと蛇行しながら一キロほど進むと、集落に入った。何の変哲もないアフガンの小さな農村、サンゲサー村である。

マドラサは約八十メートル四方の泥の塀に囲まれていた。取材を申し入れると、教師のムハマド・シャーさん（30）が歓迎の意を示してくれた。シャーさんによると、ここを訪ねてきたメディアは、ニューズ紙のユソフザイ記者に次いで二人目だという。

このマドラサには、イスラム指導者のムラーのほか、パキスタンのマドラサで学んだ教師が五人、生徒は六十人いる。生徒はアフガン人だけで、カンダハルにタリバンが設立した「ジハード（聖戦）マドラサ」の分校のような存在になっているという。

入り口のすぐ前にムラーが住む泥造りの小さな家屋がある。以前は、オマル師の家族の住まいだった。その奥の角には敷地内で一番大きな建物のモスク（礼拝堂）がある。左手には、一部屋六畳ほどの教室兼宿舎が並ぶ。やはり泥造りで、刑務所の独房のような感じだ。夜間は生徒たちの相部屋の寝室になる。その並びの前庭は野菜畑になっていて、トマト、ジャガイモ、タマネギを栽培していた。

入り口から見て、対角線上の角に井戸がある。鉄パイプに十六もの蛇口が取り付けられ、礼拝の前に、おのおの丸太の椅子に座って手足を清め、うがいをする。シャーさんによると、オマル師はアフガン戦争中、夕暮れの祈りを前に、この洗い場で手足を洗っている最中、爆撃機が投下した爆弾の破片が右目に突き刺さり、失明したという。報じられていたように、戦闘中の負傷ではなかったようだ。このとき学生三人が犠牲になり、洗い場のすぐ前に葬られた。そばにベリーとバラの木が植えられている。

探していた家屋は、その洗い場の手前、東側の塀に面してあった。オマル師が使っていた「離れ」である。泥造りのトタン屋根で、木製の開き戸がある。十五人も入れば窮屈な広さの土蔵で、野菜などの貯蔵庫になっていた。野菜の詰まった麻袋、布団、イスラム教の本が一冊、雑然と置かれていた。タリバンはこの場所で、産声を上げたという。

ここを訪れるのに先立ち、私はカブールで、タリバン結成当時のメンバー、ムラー・モハマド・アバス厚生相（41）に会った。アバス氏によると、九四年初夏、オマル師のマドラサに「コーラン暗誦会」を名目に約五十人が集った。治安状況に危機感を募らせていた学生たちが各地で小グループをつくっており、結集を呼びかけたのだという。

暑い夜だった。オマル師の自室に入ってコーランを暗誦し、夕食をとる。その後、誰をリーダーにし、どういう形で決起するかを話し合った。リーダー候補に二人の名前が挙がる。オマル師とアブドル・サマッドという旧ゲリラの地区司令官だった。サマッド氏は「オマル師が適任だ」と表明したが、オマル師は「任務を全うできない」と固辞する。

タリバン旗上げの場所となったオマル師旧宅の「離れ」。

こうした場合、いったん固辞するのがアフガンの習わしらしい。結局、賛成多数でオマル師が選ばれる。タリバン誕生の瞬間だった。最初のタリバン出現とされるより数ヶ月前のことだった。サマッド氏は早い時期に戦死したという。

この夜の会合は、引き続いて最初の攻略地を決める。パキスタン国境に近いスピンブルダックになる。タリバンは早速、スピンブルダックを支配していた軍閥と二十日間にわたり明け渡し交渉を続けたが、受け入れられず、軍事作戦で占拠する。その後、カンダハルに戻りつつ街道沿いの大小の旧ゲリラ勢力の占拠地を次々と無血で制圧していった。

しかし、一派の支配地だけを攻め切れずに、いったんカンダハルに入城したが、その数週間後、パキスタンからのキャラバン隊がカンダハル近くで襲撃されたため、タリバンの一部部隊が駆けつけ救出したのだという。

のちに、パキスタン人ジャーナリストのアフマド・ラシッド氏はその著書『タリバン』(講談社から同名の邦訳)の中で、最初の攻略地はスピンブルダックだと書いた。約二百人がヘクマティアル派の兵舎を攻撃して郊外の武器貯蔵庫を占領し、「自動小銃一万八千丁、数十の砲、大量の弾薬、そして車」を獲得したという。

それまでパキスタンはヘクマティアル派を支援していたのだから、スピンブルダック攻略は、常識的に考えれば、その後ろ盾であるパキスタンへの攻撃を意味する。しかし、そうはならなかった。つまり、スピンブルダック攻略は、パキスタンの指示もしくは同意がなければ起こりえなかったのだ。パキスタンはその支援をタリバンに乗り換えたことになる。しかも、タリバン最初の攻略が、自分たちの「拠点」であるカンダハルではなく、カンダハルから最も離れた、パキスタン国境に近いスピンブルダックだったことは興味深い。

タリバンはスピンブルダックで大量の武器・弾薬を入手し、カンダハルに「攻め戻って」きた。こうしたことから、タリバンがスピンブルダック攻略を決めた段階で、パキスタンの影が見え隠れするのだ。タリバンは、パキスタンのキャラバン隊通行の「露払い」をするかのようにカンダハルに向け進軍した。ほとんどは無血による制圧だ。この絶妙のタイミングは、ババル内相をはじめISIが、「カネ」を背景に話をつけたからではなかったろうか。

アフマド・ラシッド氏は『タリバン』の中で、パキスタン軍将校の興味深い証言を紹介している。パキスタンのキャラバン隊を襲撃した「盗賊」は、金品の奪取だけでなく、人質を取り、パキスタンにタリバン支援をやめるよう要求したのだという。

ISIはアフガン国内で、すべての村落に至るまで協力者を配置していると言われるほどの諜報・情報収集網を築いている。とりわけパシュトゥン人の分離運動に連動する恐れがあるアフガン東部・南部の「パシュトゥン・ベルト」は重点地域だ。

私が推測したタリバン誕生の経過はこうだ。内戦下の無秩序社会に、学生たちを中心に義憤を感じる若者たちの小グループが生まれた。それは、ババル氏やハミド・グル氏が主張するように「土着」だったのかもしれない。

流布した「伝説」によると、オマル師の最初の決起は、ある事件がきっかけだった。自分の暮らすサンゲサー村で、女の子二人が旧ゲリラ兵士に連れ去られ、レイプされる。オマル師はマドラサの学生を率いて被害者を救出し、旧ゲリラ兵士を殺害する、というものだ。

こうした出来事がＩＳＩに伝わる。ブット政権とＩＳＩは、民心の離反が著しいヘクマティアル派に変わる第三勢力として育成できないものかと検討を重ね、決断する……。パキスタンの関与は、「タリバン誕生」をどの時期と定義するかで違ってくるが、いずれにしろ極めて早期の段階であることは間違いない。

ババル内相は、キャラバン隊に先立つアフガン訪問で軍閥と交渉した際に、「オマル師がいたかどうか。私は気づかなかった」とあいまいに語ったが、「オマル師など知らなかったし、会ってもいない」と否定はしなかった。オマル師もパキスタンも、内戦を終結させ、アフガン和平を実現したという究極の目的で一致した。それは「義」にかなうことである。そのためには、互いに相手の協力を必要とし、相手を利用できると判断したのではないか。

アフガン人は独立心が強い。それは歴史上、外国勢力の侵略の舞台になり続けてきたことと無縁ではないだろう。タリバンはその躍進の過程で、パキスタンとの密接な関係を指摘されればされるほど、むしろ自らのアイデンティティ、つまりパシュトゥンの民族性を、極端なイスラム主義という形で打ち出したのではないだろうか。

タリバンの「イスラム」とは、シャリア（イスラム法）の教えにパシュトゥンの慣習法を融合したものであることは、すでに述べた通りだ。農村部が大半のパシュトゥンの伝統的な部族社会では、タリバン流の統治は大きな違和感もなく受け入れられた。それは、カオスが覆う戦乱という時代背景があったからでもある。

タリバンはパキスタン人を「わが兄弟」と呼ぶ一方、パキスタンの意に添うようには動かなかった。アフガン歴代政権と同様に、パシュトゥン社会を分断するデュラント・ラインの存在も認めなかった。タリバンの深層心理には「反パキスタン」感情が潜み、本音と建前を使い分けていたように思えるのだ。

本拠地カンダハル

〇〇年三月。時は二十一世紀へと刻んでいるのに、タリバンの本拠地カンダハルは街全体が中世にとどまっているような印象だった。泥造りの建物が雑然と並ぶ市街地はどの道も未舗装で、砂塵が舞う。物乞いが至る所で目につく。女性の姿はほとんどない。首都カブールが「灰色の街」なら、カンダハルはそれに加えて陰うつな感じがした。

街を歩くと、通行人の男から「なぜあごひげを生やしていないのか」ととがめられ、バザールに入ると、物売りの男から、なぜか果物を投げつけられた。広場では、何人もの武装兵士を乗せたピックアップトラックが近づいてきて、一人が私のアフガン人通訳を怒鳴りつけた。「この外国人に写真を絶対に撮らせるな」

ホテルは見当たらず、ゲストハウスに入った。一階にパン屋がある二階部分だった。トイレ、シャワーは共同で、「寒くて湯が必要ならバザールで薪を買って来るように」と念押しされた。この宿にしたのは、パン屋の隣の食堂が軒先に鳥かごを吊し、カナリアのさえずりが聞こえていたからだった。そばの椅子の上に置かれたラジカセから、抑揚の効いた「音楽」が流れ、カナリアの音色と相まって絶妙なメロディーを通りに響き渡らせていた。

食堂の店員に「音楽は禁止のはずでは」と聞くと、タリバン推奨の詩の朗読テープなのだという。言われてみれば、コーランの朗読に似ている。パシュトゥン語の詩の一節を通訳に訳してもらった。

「ラバニ（反タリバン連合の元大統領）を引きずりおろせ／お前はインドの手先だ／インドの手先になってまで／権力が欲しいのか」

「タリバンがやって来た／この国に／平和と安定をもたらすために／タリバンは民衆の救済者だ」

パシュトゥン語の言い回しは格調高いというが、内容はタリバンのプロパガンダである。

タリバンが支配する以前は「音楽店街」だったという界わいを訪ねると、小さなどの店もカセットテープを山積みにしている。どれも詩の朗読テープだった。カンダハルで最も人気があるという「吟遊詩人」の所在を教えてもらった。

サイード・アブドル・カリク・サディクさん（60）。粗末な泥造りの民家の屋上にある「スタジオ」に招いてくれた。機材は何もないが、小さな部屋の壁一面にカラフルな何十種類ものカセットテープのラベルを張って飾り付けている。

タリバンお抱えの詩人である。自ら作詞をするが、タリバンの担当者が持ってくる他の詩人の作品を、語感とリズムを修正し、完成品として渡すこともある。テープは「タリバン賛歌」一色だ。

サディクさんは十歳のころから作詞を始めた。アフガン戦争中は作品にソ連への批判を込めた。二年間投獄されたこともある。内戦以降は権力闘争に明け暮れるゲリラ指導者を痛烈に皮肉った。作品はカンダハルの人々の心をとらえ、慕われてきたらしい。

サディクさんは「昔話」は生き生きと語るが、いまについては言葉少なだ。私の帰り際、かつての反体制派詩人が、繰り返し詫びた。「いまは貧しくて、もてなしが出来ない。本当に申し訳ない」。アフガン戦争中は副業に不動産業を営んでいたが、いまは作詞でしか身を立てられないのだという。


市中心部のオマル師の官邸は、白いコンクリート壁に囲まれ、内部はうかがい知れない。正門にタリバンを象徴する白地の旗がなびく。旗にはアラビア語で「アッラー以外に神はなし。ムハンマドはアッラーの預言者なり」と書かれている。

道路を挟んで少し奥まったところにイスラム聖堂がある。祈りの時間になると、大勢の男たちで敷地は埋め尽くされる。聖堂の名は「ハルカ・ハズラテ・モハメド」。ハルカは「ガウン」の意味で、ムハンマドが着たと伝えられるガウンが保管されているという。アフガンで最も聖なる場所である。

街でオマル師と聖堂にまつわる「伝説」を聞いた。それによると、ムハンマドのガウンと杖が小部屋に置かれた大きな箱に収められている。小部屋も箱も、幾重もの南京錠がかけられ、これまで小部屋を開けることはできても、箱の鍵は外れなかった。ところが、オマル師が箱の鍵穴に鍵を差し込むと、鍵はすぐに外れ、聖衣と杖を取り出した——。

オマル師は一年ほど前に、その聖衣を着て、人々の前で演説をしたという。「伝説」を口々に語る男たちは、オマル師を「聖なる絶対的指導者」だと言った。

先祖代々、聖堂を守り続けてきた聖堂主のカリ・モハマド・シャフィさん（45）を近くの自宅に訪ねた。箱の鍵を保管している人物だ。路地に面した玄関をくぐると、子供たちの元気な声が響いていた。小部屋をのぞくと、あぐら姿で上半身を上下に揺らしながらコーランを暗誦している。自宅の一角をマドラサにしているのだった。生徒は約六十人。女の子の姿も少なくない。オマル師の「お膝元」で女児も学んでいた。

聖堂の入り口の壁面は青、赤、緑、紫など多様な色彩のタイルに細かい金色の模様が施されている。入り口の扉は頑丈な鉄条で覆われ、扉には大小四つの南京錠をかけるという念の入れようである。入堂は金曜日だけ許される。

シャフィさんによると、「伝説」通り二階に小部屋があり、常時三つの南京錠をかけている。銀色の大きな箱があり、やはり南京錠をかけている。この中に別の金属製の箱がある。この箱の鍵を外すと、木箱があり、ガウンは何枚もの布で包まれて収められている。杖は存在しないという。

約四十年前、シャフィさんの父親がザヒル・シャー国王の命令でこの箱を開けた。国王は当時、眼病を患っていたが、途端に治癒する。のちに父親から「ガウンは天国からの贈り物だ」と聞かされた。今はオマル師の指示でのみ開けることが許される。前年（九九年）のイード（生け贄の祭り）期間中に二回、開けたという。

最初の時、オマル師は聖堂の屋根に立った。シャフィさんは木箱を持ってオマル師に従った。聖堂を埋めた数千人を前に、オマル師はマイクを通してコーランの一節を暗誦し、語りかけた。

「アフガンからあらゆる困難を取り除くため、みんなで祈りを捧げて欲しい」

シャフィさんは木箱の鍵をはずし、ガウンを取り出してオマル師に手渡した。このとき初めて目にした衣の色はブルーにも白にも赤にも見えたという。オマル師は涙を流しながらガウンを高々と掲げ、ガウンの向きを逆にして両袖に腕を通した。男たちもみな、泣いていたという。後日、別の場所でもう一度、このガウンを参集した男たちに示した。そのときは説教はせずに、ただガウンを高々と掲げたという。

私はオマル師との接触の可能性をなおも探っていた。しかし「アミル・ウル・ムミニーン（信仰者たちの指導者または司令官）」を名乗ったように、オマル師は自らを神格化しているような印象だった。聖なる者が異教徒の外国人に面会するなど、自らの地位をおとしめるに等しい行為かもしれない。

ただ、私はカンダハルに「切り札」を持参していた。

パキスタンで、オマル師につながる二本の太いパイプを見つけていた。一つはイスラム原理主義政党の「イスラム聖職者協会（ＪＵＩ）」を率いるサミュル・ハク氏。もうひとつは、同名の別組織であるＪＵＩを率いるファズル・ラフマン氏である。組織的にはラフマン氏のＪＵＩが本流だ。

サミュル・ハク氏はペシャワル近郊のアコラハタックで「タリバンのナーセリー（養成所）」と呼ばれるマドラサを運営している。ISI関係者の仲介でいつでも会えるようになっていた。サミュル・ハク氏は、オマル師の秘書官として絶大な影響力を持つというタイアブ・アガ氏と、タリバンの事実上のナンバー2と言われたカンダハル州知事のモハマド・ハッサン・アハンド氏に、オマル師への取り次ぎを求める紹介状を書いてくれた。

タイアブ・アガ氏は、かつてオマル師の書面インタビューをアレンジしてくれた人物だが、メッカに巡礼中だった。ハッサン知事に託すことになった。知事のゲストハウスを訪れると、彼はアフガン戦争中に負傷し義足だという右足を引きずって階段を二階に上がった。応接室で紹介状をいちべつすると、「オマル師は私の自宅で寝起きすることも少なくない。最大限努力をする。しばらく滞在して欲しい」と言った。案内された一室で、一日、二日、三日と待機する。知事のゲストハウスから一歩も出ることなく、提供される食事を食べるだけの日々。そして四日目になっても、何の連絡もない――。

タリバン養成所

タリバン幹部クラスの多くは「タリバン養成所」と呼ばれるマドラサの出身と言われる。学生は約三千人。うち二千五百人が寄宿生活である。年齢は十代から三十代と幅広く、通常は八年間で卒業する。イスラマバードとペシャワルを結ぶ幹線道路に面した広大な敷地に、本校舎のほか、モスク、教師の家、付属小学校（生徒数約千人）などを併設する。

さらに「シャリア（イスラム法）コンプレクス」と呼ばれる大きな建物を建設中で、出来上がった二階部分の大教室で、サミュル・ハク氏は六百人もの学生を前にマイクで講義をしていた。内容はハディス（ムハンマドの言行録）に関してで、西欧とイスラム社会の食習慣の違いを説明していた。カメラを向けると、黒のターバンを巻いた何人かが顔を覆った。

教室は大小さまざまあり、学生は薄手の赤いカーペット敷きの床にあぐらをかいて座る。小さな座机に置いた教科書を前に、教師の講義に耳を傾ける。寺子屋の風情である。夜は教室が寝室になる。授業は聖典コーランのほか、イスラム教史、数学、公民、哲学、アラビア語などがある。大学院に相当する上級コースにはファトア（宗教令）研究科があり、政治と宗教の関係について専門研究をしている。アフガン南部カンダハル州に隣接するヘルマンド州の副知事の姿が学徒の中にあった。

教材費も授業料も寄宿費も、すべて寄付金で賄われる。卒業年限の「八年」はあくまで目安で、弾力的だ。タリバン政権の幹部や前線兵士は、アフガンでの戦闘状況をながめながら、ここで寄宿している事情があるからだという。

サミュル・ハク氏は二代目。初代は父親のモラナ・アブドラ・ハク氏で、英領インド時代、現在のインド中北部にある「デオバンド・マドラサ」の教師だった。一九四七年の印パ分離独立に伴ってパキスタン側に移住し、この地にマドラサを開設した。タリバンのイスラム原理主義は

「デオバンド派」と呼ばれる。

最初は生徒八人から出発したが、アフガン戦争中、対ソ連へのジハードを宣言するファトアを出したことから、多くのムジャヒディンが学び、規模が次第に大きくなったという。サミュル・ハク氏は七〇年に事実上、学長職を引き継ぎ、かたわらでパキスタン下院議員を十二年間務めた。応接室の壁には学長が「右手にコーラン・左手に銃」を掲げたパネル写真を飾り付けている。学長は「銃はパワーのシンボル。我々は誰をも恐れない」と語った。

九・一一を目前にした時期から、壁のパネルは、学長とウサマ・ビンラディン氏が一緒に映ったいくつものスナップ写真に取って代わることになる。学長には二人の妻と四人の息子がいるが、二番目の妻との長男の名前は「ウサマ」である。

サミュル・ハク氏のジハード論、対米批判に耳を傾ける。

「ジハードとは、侵略者の攻撃から自己防衛することだ。数千年来、キリスト教徒もユダヤ教徒も自己防衛のために戦い、それを正当化してきた。しかし彼らは、我々イスラム教徒が侵略者の攻撃に反撃する時、それをテロと呼ぶ」

「過去二十年の間に、イスラムの国が非イスラムの国を侵略したことがあったろうか。だれが本当のテロリストか。第一次、第二次世界大戦で二億五千万人（一般的には六千万とも七千万とも言われる）が殺りくされた。米国は広島や長崎に原爆を落とした。イスラムの国は決してそんなことはしない」

「アフガンでのジハード運動がソ連を崩壊に導いたように、米国は、ジハード運動が今度は自

サミュル・ハク氏のマドラサで、ハク氏の講義に耳を傾ける学生たち。

らを脅かすものと恐れている。米国は世界の覇権を握る上でジハード運動が大きな障害になった。我々は攻撃的ではないが、米国が攻撃的なので抵抗しているに過ぎない」

サミュル・ハク氏に「あなたのマドラサはタリバン養成所と呼ばれているが」と聞くと、「養成しているだけではない」と言って、こう続けた。「タリバンが戦闘員を必要とするときは、臨時休校にして学生を前線に送り出している」。パキスタン政府はタリバン支援について「精神的なもののみ」と主張し続けてきた。それを覆す証言だった。

サミュル・ハク氏によると、九九年八月、タリバンのムタワキル報道官がオマル師の手紙を携えて来校した。戦闘員の派遣要請である。学長は自校の寄宿学生の八割にあたる二千人をただちに派兵した。マドラサは四十日間、休校となる。この時は、北西辺境州、バルチスタン州にある数千ものマドラサに「援軍」を呼びかけた。パキスタンのイスラム原理主義勢力の実力者の要請に、大量のパキスタン人学生が戦地に向かった。

さかのぼれば、九七年のアフガン北部の拠点都市マザリシャリフ攻略でも、自校を三十日間休校にし、大量派兵したという。マザリシャリフ攻防戦では、捕虜になった数千人のタリバン兵が大量虐殺される事件が起きており、学生もかなり含まれていただろう。

本章冒頭の「タリバン誕生」で、九四年十月の最初のスピンブルダック攻略段階でタリバン兵力は約二百人だったと紹介した。実はそのわずか二ヶ月後、兵力は一気に一万人を超える。マドラサの学生がタリバン快進撃を支える原動力になったことは間違いない。

タリバンのハッサン知事に託したオマル師に面会を求める紹介状は、そのサミュル・ハク氏が自筆でしたためてくれた。ハッサン知事もタリバン結成時のメンバーである。この「切り札」が通用しなければ、あきらめるしかなかった。

知事のゲストハウスで待たされること四日。ようやく姿をみせた知事に詰め寄った。ハッサン氏は「申し訳ないが、外国のＶＩＰ（重要人物）が滞在中で、当分は時間が割けそうにない」と返答した。体のよい断りだった。

だが、ＶＩＰの滞在は本当なのだろうか。本当なら、誰なのだろう。ゲストハウスの管理人に聞くと、ファズル・ラフマン氏だという。パキスタンとオマル師を結ぶもう一つの太いパイプとみていた人物である。

ラフマン氏は、アフガン戦争時代に義勇兵として参戦し、ジハード思想に触れた。サミュル・ハク氏のマドラサで八年間学んで卒業する。両者の関係はその後、悪くなるが、もともとは師弟関係にある。

ラフマン氏とは以前、イスラマバードの議員会館にあるラフマン氏の自室で会っていた。「タリバンの親」ことババル氏が内相を務めた第二次ブット政権時代、自ら率いるイスラム原理主義政党「イスラム聖職者協会」は連立与党となり、自身は国会外交常任委員長の要職に就いた。アフガン政策やタリバン支援で大きな役割を果たしていた。

私が会ったときはすでに国会議員を失職していたが、引き続き、政府から部屋を貸し与えられていた。発言のすべてはオフレコ。質問のたびに鋭い視線を返した。「もし米国がウサマを捕まえたら、世界中で米国の利益を報復攻撃してやる」。米国への敵意はサミュル・ハク氏以上にむき出しにした。

ビンラディン氏の身柄引き渡し問題についてはこう語った。「米国はタリバンを政権承認していないし、犯罪人の引き渡し条約も結んでいない。だからもともと交渉する道理もないのに、タリバンはウサマがテロに関与した証拠を示せば、引き渡しを検討するとまで言っている。なのに米国は証拠も出さない。ただ『引き渡せ』の一点張りだ。これで交渉になるか？　お話にもならない」

政権承認問題では「かつて国連は、ラバニ政権を五州を制圧した段階で承認した。タリバンはいま二十七州だが承認しない。ブラヒミ（国連アフガン問題担当特使）に聞くと、『政権承認には国連加盟国の半分の同意が必要だ』と言うので『一カ国（米国）ではないのか』と言い返した。ブラヒミは『分かっているのなら、どうしてそんな質問をするのか』と言って苦笑した」と述べた。

結局、オマル師との接触はかなわなかったのである。

4 タリバン主義

ウサマ・ビンラディン氏の身柄問題は、一九九八年後半期が大きな「ヤマ場」だったと第二章で触れた。この年の八月にケニアとタンザニアの米国大使館で起きた同時爆破テロを受け、米国はビンラディン氏を「テロの黒幕」と断じ、タリバンに身柄の引き渡しを求める。これをタリバンが拒否したため、米国はミサイル攻撃を敢行する。

ところが、ビンラディン氏がミサイル攻撃に対して「反米」声明を出したことを契機に、タリバンの最高指導者オマル師とのぎくしゃくした関係が浮かび上がる。

九八年十二月、ビンラディン氏は米国のタイム誌、ABC放送とのインタビューで、「米国への敵対行為はイスラム教徒にとって宗教的義務である」と、改めて対米ジハードを宣告する。タリバンは対抗措置を取った。アフガン・イスラム通信によると、翌九九年二月、ビンラディン氏にメディアを含む外部との接触を禁じ、電話や無線など一切の通信手段を没収したと発表し、在パキスタンの米国大使館にもその旨を書面で通知した。

ところが、ビンラディン氏は、またもメディアに顔を出す。九九年六月、カタールの衛星テレビ「アルジャジーラ」の番組で、「すべての米国人は敵だ」と、ジハードの継続を呼びかけたのだ。

こうした動きは、オマル師とビンラディン氏が実は連携して、米国に対する「陽動作戦」に出ているとの見方もあった。当時、オマル師の娘の一人がビンラディン氏の妻の一人になったとか、オマル師の息子がビンラディン氏の娘と結婚したという未確認情報が流れていた。実は仲がいいから姻戚関係を結ぶのか、逆に不仲を改善するための「政略結婚」ではとも解釈できた。ただし、オマル師がビンラディン氏の行動を抑えきれていないという印象はどうしても拭えなかった。

そうした中、クリントン米政権は九九年七月、タリバンへの経済制裁を発動する。タリバンが米国内に所有する資産を凍結し、タリバンとの貿易・投資を禁止するものだ。制裁解除の条件は、ビンラディン氏の「身柄の引き渡し」だった。

オマル師は制裁発動の翌日、「制裁など気にしない」と声明を出すが、当時のムタワキル報道官は「(身柄問題について)米国と協議する用意がある」と表明。その際に「我々は問題解決を図りたいのだが、耳を傾けてもらえない」と訴えた。

事態が進展しない中で、米国はその三ヶ月後の九九年十月、タリバンへの圧力をさらに強化する。国連安全保障理事会へのタリバン制裁決議案の提出だ。「米国」単独から、今度は「国連加盟国」全体による制裁を目指したのである。米国が起草した決議案は、「加盟国はタリバンが運航する航空機の乗り入れを全面禁止する」「海外資産を凍結する」という内容で、安保理は同月、全会一致で採択する。決議は「身柄引き渡し」に猶予を与えるため、発効を一ヶ月後に設定したが、タリバンは採択の翌日には早々「引き渡し拒否」を表明し、その後、米国との引き渡し協議の打ち切りを発表したのだった。

米国主導の国連制裁は、アフガン情勢にどんな影響を及ぼすのか。制裁対象に人道支援が含まれていないため、「影響は限定的」との見通しもあった。しかし、アフガン問題をフォローしてきたパキスタン・ニューズ紙のイスマイル・カーン記者は、タリバンの最大の税収源の一つであるアフガン中継貿易に大きな打撃を与えると予測した。

中継貿易を手がけるパキスタン人商人のラフィク・シェヌワリさん（54）によると、タリバン支配地域の貿易の大動脈は、アラブ首長国連邦のドバイからアフガン東部のジャララバードに空輸するルートで、主に日本の電化製品を扱う。ジャララバードで課税後、パキスタンへ輸送されるが、制裁により、このルートが完全に遮断されるという。

経済制裁は、タリバンを国際社会の中で孤立させ、窮地に追い込んで「譲歩」を引き出す狙いがある。しかし、カーン記者は「赤字を補うため、タリバンはますますビンラディン氏に依存してしまう」と分析した。

制裁発動後の〇〇年三月、タリバンが状況をどう受け止めているのか、カンダハルの外務省事務所でファザアル・サビル外務次官代理（37）に話を聞いた。オマル師との面会を求めて、カンダハルに滞在した際の取材である。

――タリバンは国連で政権承認されていない。

◆我々は（結成から）六年間でアフガンに平和と秩序を回復させた。内戦下のテロや略奪などあらゆる悪を終焉させ、国土の九割を統治下に置いた。人々は安全を享受している。承認に向けた努力は続けているが、問題は、我々にではなく国際社会にある。

――米国が「国際テロ」の黒幕とみなすウサマ・ビンラディン氏を保護している理由は。

◆彼は「客人」であり、「難民」として暮らしている。テロには関与していない。アフガンの地から他国や他者に対しテロ行為をすることは、我々が許さない。ウサマ氏から通信機器を取り上げ、行動を制約している。我々がウサマ氏（の思想と行動）を支持している（から保護している）わけではない。

――タリバンは「テロ支援勢力」とみられ、麻薬栽培の黙認や女性差別でも非難されている。

◆我々こそテロと対決してきた。麻薬に関しては、広い範囲でケシ畑を焼き払い、精製工場を破壊した。アフガンは貧しく、麻薬栽培を生き残りの最後の手段にしている極貧農民にやめろとは言えない。女性に関しては、イスラムの教えの範囲内で十分な権利を与えている。非難の大半は西欧の宣伝だ。

――米国はウサマ氏引き渡しを要求、タリバンが拒否したため国連は昨年末、経済制裁を発動した。

◆米国に対し、ウサマ氏の犯罪を立証する証拠を示せば我々が公正な裁判を開き、厳正に裁くと言っている。制裁は極貧農民を窮地に追い込んでいるだけだ。

――米国は永久にタリバンを承認するつもりはないとみているのか。

◆米国は、我々がイスラム本来のあり方（原理主義）に基づく統治を行っていることに脅威を感じているのだ。我々は米国に敵意はないが、米国は敵意を抱いている。タリバンのイメージが悪いとすれば、それゆえだ。

――米国はタリバンがイスラム原理主義を「輸出」しているとみている。

◆我々はアフガンを治めるだけで手いっぱいだ。戦闘は続いているし、行政機構の整備もこれからだ。他国へのイスラム革命の輸出など考える余裕もない。

（〇〇年四月一七日付）

サビル外務次官代理は、身柄問題について「（米国がテロ関与の証拠を示せば）我々が公正な裁判を開き、厳正に裁く」と言った。ハッサン・カンダハル州知事も「証拠を出せば（タリバンの）宗教裁判所で審理する」と答えていた。以前は「証拠を出せば引き渡しを検討する」であり、引き渡し条件の敷居をさらに高くした印象を受けた。

サビル氏の回答で私が最も注目したのは、紙面事情で削除されたこんなやり取りだった。「身柄問題は対米関係上の最大のネックでは」との質問に「身柄問題が解決してもテロ、女性、ヘロイン……と、米国は新たな難癖を次々と突きつけてくるだろう」と答えていた。

言い換えれば、米国のタリバンへの敵意は、ビンラディン氏の問題だけが原因ではない。「イスラム原理主義勢力」であるがゆえに敵視している。だから、身柄を引き渡したとしても、米国がタリバンを政権承認することはない。新たな要求を突き付けてくるだけだ。それなら、あえてこちらから妥協する道理はない――。そんな姿勢が感じられた。

タリバンの「後見人」とみられたISIの元長官、ハミド・グル氏は、タリバンの置かれた状況を次のように解説した。「タリバンは、米国がウサマの疑惑に対する証拠を示せば検証すると約束している。有罪になれば、国際法廷または偏見のない第三国に身柄を引き渡すとも言っている。実に合理的な提案だ。ウサマはアフガンがソ連と戦ったとき、助けてくれた人物だ。客人の扱いを心得ている。米国の不合理で理不尽な要求に正論で対抗できるのは、世界広いといえどもタリバンだけだろう。米国は何の証拠もなしにウサマを『犯罪者』と呼んで身柄を渡せと要求する。立場が逆だったら、米国は応じると思うか?」

タリバン脅威論

タリバン政権はすでに、アフガンのすべての拠点都市を制圧し、全土制覇の地歩を固めていた。これに対し周辺諸国では、イスラム原理主義の浸透とタリバンの領土的野心への警戒感が高まっていた。いわゆる「タリバン脅威論」だ。全土を制圧すれば、次は周辺諸国へ侵攻するに違いない。タリバン流の過激なイスラム主義を「輸出」しようと目論んでいる、という見方である。

『タリバン』の著者のアフメド・ラシッド氏も「タリバン脅威論」を唱えていた。「タリバンはウズベクなどの反政府イスラム武装組織に『聖域』を与えており、タリバンが穏健化するか勢力を減退しない限り、タリバンの存在自体が中央アジアの不安定要因となり、脅威であり続ける」タリバンを支援していたパキスタンでも「タリバン化現象」という表現で、タリバン主義のパキスタン国内への浸透を警戒する声があった。

こうした中、ISI元長官のハミド・グル氏は「タリバン脅威論」を、「新たなグレート・ゲーム」と呼ばれる、アフガン周辺国が介入する地域紛争という枠組みの中でとらえるべきだと主張していた。十九世紀のグレート・ゲームは領土的野心を背景にした英国とロシアの覇権争いだった。現代のグレート・ゲームは、中央アジアの天然資源の争奪が絡んだ経済権益をめぐる争いだと指摘されていた。

ハミド・グル氏は、タリバンの全土制覇によって経済権益が侵される国々がタリバンの脅威を唱えるのは当然で、それゆえに脅威論は誇大に喧伝されていると解説していた。

アフガンの安定化は、ビンラディン氏の身柄問題や人権、女性問題の観点からタリバンと敵対していた米国は別にして、ロシアとイランの国益を損なうというのがハミド・グル氏の指摘だった。つまり、中央アジアからアフガン経由のパイプラインが敷設されれば、ロシアやイランは自国ルートの権益が侵される。このため、反タリバン連合を支援し、アフガンの混乱を出来るだけ長引かせようとしている、というのである。

ロシアに関しては、過激なイスラム思想の国内への波及は、チェチェンのイスラム勢力による分離独立運動をいっそう盛り上げる。しかも、タリバンもビンラディン氏もチェチェン独立派を支持、支援しており、看過できないと映っていたのだろう。

中央アジアのタジキスタンとウズベキスタンは、直接アフガンと国境を接しており、過激なイスラム思想の流入に対する警戒感は強い。タリバンは両国の反政府イスラム武装勢力と連携しており、その危機感はなおさらだった。

「タリバンの親」として知られるパキスタンの元内相、ババル氏は「タリバンがアフガン以外に『イスラム革命』を輸出する能力はない。そんなビジョンも野望もない。アフガン人は民族的に限られた範囲で動く。不幸なのは西欧メディアの認識不足だ」と指摘した。

欧米メディアの現地特派員も務めるパキスタン紙ニューズのユソフザイ記者はこう述べた。「パシュトゥン人は狭い部族社会に生きている。部族主義を色濃く反映した統治手法をみれば明らかだ。タリバンは国内での活動に限定しているのに対し、ムジャヒディン（ビンラディン氏をはじめとするイスラム過激派）は国際的なイスラム復興運動と連動している」

ユソフザイ記者の指摘通り、「タリバンの脅威」はタリバン単体としてとらえるか、ビンラディン氏とそのグループを含めるかによって決定的に違ってくる。当時、タリバンがビンラディン氏の影響をどの程度に受け、連携していたのか、このあたりの見極めは第六章に譲りたい。

「柔らかい原理主義」

タリバンと米国の関係は、ビンラディン氏の身柄引き渡し問題で抜き差しならない状況になっていた。これはタリバンの政権承認の可能性をますます遠ざけていた。ところが、タリバンは国連制裁（九九年十月）を機に、意外にも、外交、内政のさまざまな局面で「柔軟な顔」をのぞかせるようになる。

まず中国との関係である。中国にとってタリバンの存在は、過激なイスラム思想の波及を懸念するロシアと同様、快くはなかった。イスラム教徒が多数を占める新疆ウイグル自治区の独立運動に神経をとがらせていたからだ。実際、自治区のイスラム教徒がパキスタンのマドラサで学び、軍事キャンプで訓練を受けて、一部はタリバンの部隊に参加していた。

しかし、中国がタリバンに敵意を示せない事情があった。友好国のパキスタンがタリバンを支援していたからである。このため、アフガン内戦に介入していた他の周辺国とは違い、中国は「中立」の立場を取っていた。

こうした中、中国からタリバンに接近する形で、両者の関係が始まる。「出会い」の契機は、九八年八月に米大使館で起きた同時爆破テロである。米国が報復のミサイル攻撃を敢行した数日後、アフガン南部カンダハルで「出会い」に立ち会ったパキスタンのウルドゥー語夕刊紙「オーサフ」のハミド・ミル編集長が証言してくれた。

中国側が「トマホークの不発弾がある」との情報を得て、軍事顧問や科学者ら二十四人を極秘に派遣したのだ。次のような会話があった。

中国側「不発弾を譲って欲しい。代わりに道路を補修し、ダムを造ろう」
タリバン側「米国はあなた方の敵か」
中国側「そうだ」
タリバン側「ロシアもか」
中国側「そうだ」
タリバン側「インドもそうか」
中国側「その通り」
タリバン側「それなら、我々は良い関係を築けるはずだ」

当初、タリバンは中国の存在など眼中になかった。しかし、米国のタリバン封じが進む中、米国の対抗軸になり得る中国からの接近は「渡りに舟」だった。一方の中国は、米国の極めて重要な軍事情報の一つであるトマホークをいとも簡単に手に入れた。復興支援の見返りに「新疆ウイグル自治区にゲリラを送り込まないよう」求めることもできたのである。

オーサフ紙のハミド・ミル編集長は、米国のミサイル攻撃直後、潜伏中のビンラディン氏と急きょ面会するため駆けつけたカンダハルで、偶然にタリバンと中国代表団の会談に同席することになったという。オーサフ紙はパキスタンのイスラム武装勢力のいわば「広報紙」で、ＩＳＩともつながっている。編集長はパキスタン国営テレビのニュース解説番組でしばしばコメンテイターを務めていた。九・一一後にビンラディン氏と唯一単独会見を果たしたジャーナリストとして、世界的に知られることになる。

この時の中国代表団の極秘訪問から四、五ヶ月後の九九年一月末、中国外務省の公式代表団がカブールを訪問する。表向きの目的は「国民的和解政権樹立」の働きかけだった。

私が翌〇〇年三月にカブールを訪れた際、タリバンの誕生秘話を話してくれたアバス厚生相は、米国主導の国連制裁（九九年十月）を機に、中国との関係構築が急速に進んでいると語った。タリバンはパキスタンのイスラマバードで、新たに道路補修と地下資源（希少鉱物）のバーター（交換）取引をめぐり、中国企業との間で交渉を本格化させていた。

アバス厚生相によると、アフガンのハイウエー網は全長一万八千キロ。第一期工事として、首都カブール―西部ヘラート―北部マザリシャリフ―南部カンダハルの四大都市を環状につなぐ。さらに、各拠点都市から近接周辺国の国境を結ぶ総延長五千キロの整備計画を立案中だという。

その後の〇〇年十月、米国は、イエメン・アデン港で米駆逐艦が爆破される事件を受けて、タリバンに対しビンラディン氏の身柄引き渡し圧力をさらに強めようと、国連制裁「強化」に向け動き始める。タリバンを孤立化させる究極の制裁案である。

タリバンは主要各国に「制裁強化反対」の書簡を送る。滅多に外国人と会わないオマル師が、アフガンを訪問した駐パキスタンの陸樹林中国大使と会談（〇〇年十二月）し、「異例の会談」

と報じられた。国連の安全保障常任理事会で拒否権を持つ中国に、制裁強化に反対するよう要請したのではとの観測が流れたのは当然だった。結局、中国は決議案に対し、非常任理事国だったイスラム国家のマレーシアとともに採決を「棄権」する。中国としては、タリバンに示した最大限の「誠意」だった。

イランは当初、米国がタリバンを後押ししてイランを封じ込めようとしていると疑っていた。疑念を晴らしたのは、九八年八月の米大使館同時爆破テロに伴う米国のアフガン攻撃だった。実はこの時期、イランとタリバンは全面戦争突入の危機に直面していた。

タリバンが反タリバン連合の拠点都市だった北部マザリシャリフを攻略した際、イラン総領事館にいたイラン人数十人が殺害される事件が発生する。外交官が捕虜になったとの情報が流れ、イランはイラン革命(七九年)以来最大という七万人規模の大軍事演習をアフガン国境付近で実施する。その後、タリバンのムタワキル報道官が「殺害した可能性あり」と発表すると、イランは「正当防衛の権利を有する」と主張し、アフガン侵攻の構えを示した。さらにイラン史上最大の兵力二十万人規模という演習を実施し、一触即発の事態を迎える。

結局、事態は国連の仲介で、殺害された外交官らの遺体送還、拘束された民間人の解放が実現し、沈静化に向かう。この事件から半年後の九九年二月、イラン外交官とタリバン高官がアラブ首長国連邦のドバイで会談したとの報道が流れる。外交ルートを通じた初めての直接会談で、タリバンの対外的な融和策の一環とみられた。

タリバンは、国連制裁発動翌月の九九年十一月、西部ヘラートのイラン領事館の業務再開を認める方針を表明する。これを受けて、イランはヘラート州との国境を開放し、アフガンには小麦や食用油などの生活物資が運び込まれる。イラン経由の交易ルートの再開は、タリバンにとって制裁後の「生命線」の一つとなった。

私がアフガンを再訪した〇〇年三月、サビル外務次官代理はインタビューで、イラン企業がアフガンの国内電話回線分野に進出し、ヘラートですでに四千回線を設置。さらに北部マザリシャリフでも事業展開する計画だと語った。

タリバンは、ビンラディン氏の身柄問題を抱えて国際的に孤立化を深めながらも、隣国の中国に加え、敵対していたイランとも関係構築を進めていたのである。

インドもタリバンを敵視し、反タリバン連合を支援しているとみられていた。その理由は、インドの敵国パキスタンがタリバンを支援しているからだった。そのインドが、タリバンを称賛する出来事が起きる。

国連制裁発動直後の九九年十二月二十四日。ネパールのカトマンズからニューデリーに向かったインディアン航空機が乗っ取られる。日本人の女性一人も搭乗していた。インディアン機は、インド北部アムリツァル、パキスタン東部ラホール、アラブ首長国連邦ドバイの空港をそれぞれ経由し、最後にアフガンのカンダハル空港に緊急着陸した。

タリバンのムタワキル外相は、カンダハルへの着陸許可について「インド政府が燃料切れを理由に着陸を認めるよう要請したため受け入れた」と、人道的配慮を強調した。犯人グループはパキスタンのイスラム武装組織メンバーで、インドで投獄されていた組織の指導者の釈放を要求した。

こうした中、ムタワキル外相は犯人側との交渉を拒否し、国連と当事国のインドに交渉するよう求めた。犯人グループと無関係であることを国際社会にアピールする狙いだった。犯人側が乗客殺害を予告して組織メンバーの釈放を迫る中、国連調整官とインド政府交渉団がカンダハル入りし、きりぎりの交渉が続く。私はイスラマバードからタリバンの対応ぶりについて次のような原稿を送った。

インディアン航空機ハイジャック事件で、乗っ取り機の駐機を許可しているアフガニスタンのイスラム原理主義勢力タリバン政権が、犯人グループとインド政府の交渉妥結に向け、支援と圧力を強めている。米国から「テロ支援勢力」のレッテルを張られ、国連制裁を科せられているタリバンとしては、反テロの姿勢を鮮明にし、国際的な政権承認につなげたい、との思惑もあるようだ。

タリバンのムタワキル外相は（十二月）二十九日、記者団に対し「インド政府が平和的に解決できないなら、乗っ取り機を強制的に国外退去させる」と発言、三十日には武装した多数のタリバン兵士が乗っ取り機を包囲し、交渉の進展を迫った。

タリバンは、インド政府が当初、交渉開始に消極的な姿勢を示していたことから犯人側が

「人質の殺害」を最後通告したことに対し、「一人でも殺害すれば兵士を機内に突入させ、射殺する」と繰り返し強調してもいる。

また子供と女性、病人の無条件解放を迫る一方、人質に食料や医薬品を供給してきた。イスラム教徒は今、ラマダン（断食月）のため日の出から日の入りまで、客人に対しても食事やお茶のもてなしをしないのが原則。しかも、タリバンはイスラムの教義に厳密な原理主義勢力。しかし、人質の当該国からアフガン入りした外交団やジャーナリストに対し、食事の提供など全面的に協力、西側外交官の一人は「当局はアフガンの伝統である『客人へのもてなし』を最大限尽くしてくれている」と語る。

今回の事件で、タリバンは乗っ取り機に対し「人道的理由」で着陸を許可し、事件を抱え込んだ形となった。インド側は当初、タリバンの事件関与を示唆する発言さえしていたが、インドのシン外相は「タリバンの役割に感謝している」と発言、関与疑惑は払拭された。

タリバンとしては、ジハード（聖戦）を掲げてインドに対抗する同じイスラム教徒の犯人グループと対決する状況は好ましくないが、今回の事件を国際的な信任を得る千載一遇のチャンスと認識し、平和的解決に向けた支援姿勢を強めているようにもみえる。

（九九年十二月三十一日付）

結局、インド政府は犯人グループの要求を受け入れ、武装組織の指導者を釈放するという「超法規的措置」により事件は落着する。インドは国際社会に対し、「乗っ取りを支援していたのはパキスタン。『テロ支援国』に指定すべきだ」と訴えるが、タリバンに対しては、まったく違った対応を示した。読売新聞に掲載された「特派員ノート」(〇〇年一月五日付)の一部を引用したい。

自らは事件の当事者にならないよう慎重に距離を置きつつ、嫌がるインドを交渉に引きずり出し、犯人グループの理不尽な要求を取り下げさせ、自国民の安否を気遣う欧州や日本の外交官に情報を提供する——。

インド上空で発生し、舞台をアフガニスタン南部カンダハルの空港へと移したインディアン航空機乗っ取り事件で、アフガニスタンを実効支配するタリバンが人質解放のカギとなる役割を果たした。大みそかの解決まで間近に見た、タリバンの巧みな立ち居振る舞いは、「ゴチゴチのイスラム原理主義」という先入観を見事にうち砕いた。

「この事件を利用して国際社会から承認してもらおうともくろんでいるのではない。純然と人道的な見地から努力しているのだ」

交渉や報道陣への対応で前面に立ったのは、赤いつるのサングラスがトレードマークのムタワキル外相だった。最高指導者オマル師の側近である外相は、難しい局面でもポーカーフェースを保った。ただ、解放直後にインドのシン外相から「タリバンの支援に感謝する」と称賛され、手をつないで共同会見場を後にする時、ほおは誇らし気に紅潮していた。

アフガニスタンに詳しい西側の外交官は「タリバンは変わった」と感嘆する。

（中略）

最近は、禁止していた女学校を再開し、二年ほど前までは面会すら拒否していた国際機関の女性代表らとも積極的に会うようになった。「アメリカなどから見れば遅々とした動きかもしれないが、タリバンとしては信じられないぐらいの速さで変わっている」（日本の外交官）。国土の九〇％を押さえた自信が、柔軟さを生んでいるのだろう。初めて訪れたアフガニスタンでの六日間の滞在は、行動範囲が空港の中に限定され、言葉を交わしたのもハイジャック中の空港に出入りできた極めて特殊なひとたちだけだった。「偏った観測」のそしりは免れない。

それでも、これだけは問いたい。タリバンに「原理主義集団」のレッテルを張り、事態の変化に目をつぶる硬直した思考もまた、一種の「原理主義」ではないのか、と。

麻薬の全面禁止

タリバンが変わったという実感は、ハイジャック事件の約三ヶ月後の〇〇年三月にアフガンを再訪した私も味わった。その時の通訳は、米ラジオ放送「アメリカの声（VOA）」のカンダハル支局スタッフ、モハマド・アザム氏だった。タリバン外務省の登録通訳の中で「最も優秀な一人」と、日本や欧米メディアから重宝がられ、タリバン政権崩壊後、反タリバン連合（北部同盟）主体の新政権でも外務省の登録通訳になった人物である。

アザム氏が、タリバン「ソフト化」の例として一番に挙げたのは、乗っ取り事件でカンダハルに集結した約二百人の取材陣に写真やビデオの撮影を、政権発足以来、初めて公式に許可したことだった。それまでのタリバンを知るアザム氏には、自らの「原理」を一八〇度転換させた画期的な出来事に映ったという。

さらに女性問題。女性は外出時に男性の同伴が必要だったが、とがめなくなった。教育ではユネスコ（国連教育科学文化機関）と協力し、男女別にそれぞれ十一の学校を設立する方針を固め、女性への教育開放を打ち出した。男性の若者に対しては、禁止していた西洋スタイルの髪型を事実上認める。礼拝については、商店さえ閉めさせて半ば強制的にモスクに車で連れて行ったのを、拡声器で「礼拝に来てください」とアナウンスするだけとなった。公開処刑は犯罪が激減したこともあり、二、三ヶ月ごとに州を巡回する程度になった。

アザム氏が分析するソフト化の背景は、①行政経験を積み重ねてきた②首都統治の実績と全土統一が視野に入り、兵士に余裕が生まれた③国連制裁下、政権内で「孤立からの脱却を最優先すべきだ」との声が強まった——というものだ。ごく短期間の外遊経験しかなかったムタワキル外相が、初めて欧州を歴訪するなど外交にも力を入れ始めていた。

そして、最大の政策転換は「麻薬の禁止」だった。〇〇年七月、オマル師は秋のケシ栽培シーズン到来を前に「栽培すれば厳罰にする」と、麻薬の全面禁止を発表する。

しかし、私はオマル師の真意を図りかねた。アフガンは〇〇年に入り記録的な大干ばつに見舞われ、極貧農民を直撃していた。世界食糧計画（ＷＦＰ）は「百五十万人が飢餓線上にある」と警告した。こうした状況下で「極貧農民のギリギリの選択」（タリバン幹部エサック師）であるケシ栽培の禁止は、一歩間違えば、政権への不満が噴出しかねない。

東京に送った原稿には「全面禁止」の実効性に疑念をにじませた。「真意はケシ栽培の禁止を強く求める国連や米国などから『見返り援助』を期待したものとみられ、国際社会の対応次第で撤回される可能性もある」と記事の前文で指摘した。

ところが、禁止令の発表から十ヶ月後の〇一年五月、国連薬物統制計画（UNDCP）は、アフガンに派遣した米国や欧州連合（EU）の専門家を含めた調査団の報告をもとに「ケシ畑はほぼ完全に除去されている」と発表したのである。

実はこの十ヶ月の間に、事態は行き着くところまで行ってしまっていた。つまり、国連は経済封鎖のとどめとなる「制裁強化」を断行し、タリバンは国際社会の制止を無視してバーミヤンの大仏を破壊していたのである。

〇一年五月のフランスの新聞「フィガロ」の記事（読売新聞が転載）を紹介したい。

アフガニスタンを実効支配するイスラム原理主義勢力・タリバンは、麻薬原料のケシ栽培の一掃を実行しているとの見方がある。

欧米はタリバンの約束を信じなかった。だが、今年、アフガニスタン東部のナンガルハル州と南部のヘルマンド州で、ケシは栽培されていない。

アフガンに派遣された国連の麻薬撲滅調査団長ベルナール・フライ氏は、「タリバンは支配地域での麻薬生産に本当に反対している」と指摘する。

米政府は昨年十二月、アフガンは世界最大のアヘン生産国であり続ける、と決めつけた。地方によって努力は見られるが、世界で消費されるアヘンの四割を供給するヘルマンド州のケシ栽培を阻むものではないとした。だが、同州についての英紙オブザーバーの最近の取材報告はこうだ。「南部全域の実地調査で、ケシ栽培はまったく確認できなかった」。この時期、真っ赤なケシの花を見落とすはずはない。

タリバンの最高指導者、オマル師は昨年七月、イスラムの教えに反するとアヘンの生産と売買を全面禁止する政令を出した。「だが、国際社会は真に受けず、アフガン制裁を強化した。それが、タリバンの逆襲、バーミヤンの仏像破壊の理由だ」と在テヘラン西欧観測筋は嘆く。(以下、省略)

私の手元に、タリバン大使館でもらった冊子のコピーがある。タリバン政権発行の月刊誌「イスラム首長国」だ。西暦二〇〇〇年八月とイスラム暦一四二一年を併記し、第二号とある。創刊号は七月とみられ、オマル師が「麻薬の禁止」を発表した時期である。

私が知る限り、タリバンによる初めての英語の広報誌で、表紙にはモスクの写真をあしらい、左下に「テロリズムか聖戦か?」と記している。アミル・ウル・ムミニーン(オマル師)のインタビューと、ISIのハミド・グル元長官の寄稿文「国連はアフガニスタンの破壊に責任を負う」が特集記事だ。「イスラム世界への西欧の敵意」「アフガニスタンの司法制度」などの記事も並ぶ。

当時のタリバン政権の姿勢を、オマル師へのQ&A形式のインタビュー記事からある程度読み取ることができる。記事は前文でインタビューの主旨をこう記している。

「アフガニスタン・イスラム首長国（タリバン政権）に関しては、誤解を招いてきたさまざまな『主題』がある。これらは長年（国際社会で）論議されてきたが、明確な回答をする者がいなくて、混乱が生じ、うわさだけが広がった。さらにこれらの『主題』は、真実から人々の目を遠ざけようとする敵たちによって利用されてきた。不幸にも、我々の兄弟や友人の多くがこれらのプロパガンダにだまされてきた。麻薬、女性の権利、教育、ウサマといった『主題』は、事実関係の精査が必要なほんの一部に過ぎない。イスラム首長国の姿勢に光を当てるため、アミル・ウル・ムミニーンとともに、こうした『主題』を取り上げる必要性を認識した。当然ながら、彼は答え得る理想的な人物である」

簡単に言えば、タリバンは長く誤解を受けてきたが、「事実は違う」と反論もせずやり過ごしてきた。しかし、それではいけないと感じたので釈明をしたい、ということだろう。

最初の設問は「麻薬」である。オマル師は「首長国は麻薬の生産、使用、取引に反対し、少しずつ段階を踏んで、いくつかの施策を行ってきた」と述べ、九九年から相次ぎ発布した法令を挙げて「現在は生産を完全に禁じるに至った」と強調した。そのうえで「麻薬は世界的な問題であるから、国際的な努力を通してのみ解決できる。そのためには国連や国際社会が、麻薬栽培を放棄したことに伴う損失を補うよう農民を支援する必要がある。しかし（支援は）今までのところ何もない」と訴えた。にもかかわらず「最終的に我々は麻薬生産の禁止に対し（それに伴う）一切の責任を負うことを決めた」と結んでいる。

次いで「女性の権利」について、オマル師は「イスラム法の下で女性の権利を守るため多くの努力をしてきた」と述べ、具体例として、九九年発布の法令を挙げる。死亡した夫の家族（兄や弟）が未亡人を「相続」したり、家族内で再婚を強制させることを禁じる内容で、未亡人の権利擁護はアフガン史上初めてだと自賛する。女性の教育については、イスラム法に従った「コントロールされた教育をしている」と釈明していた。

そして、焦点のビンラディン氏の身柄問題。

「彼は『イスラム移民』であり、アフガン国民の『客人』である。（他国に）追放したり引き渡すことはイスラムとアフガンの伝統に対する裏切りである。また、イスラム首長国とアフガン国民がウサマに関する姿勢を変えるなら、多くの問題が起こり、人々は多くの損失に苦しむだろう。ウサマは首長国の土地からいかなる者も攻撃していない。我々は彼にそう求めたし、首長国と他国の関係に影響を与えるようなことはしないよう、彼は約束を忠実に守ると確約した。実際、ウサマの問題は米国と国連がイスラム首長国を痛めつけようと利用する口実に過ぎない。そうでないのなら、米国や国連はウサマの疑惑に対する証拠を提示するだろう」

最後に、身柄を引き渡さなければ国連が「制裁強化」に踏み切る可能性が指摘されていることについて、「制裁の強化は多くの問題を生みだし、間違いなくマイナスの反動を引き起こす」と断言した。

国連制裁強化

身柄問題の対応について、オマル師は「自分たちの側にこそ道理がある」と確信しているようだった。その理由は、ビンラディン氏がテロに関与したから身柄を引き渡せと米国は要求するのに、肝心の証拠は一切出してこない、という点に尽きる。

何の証拠もなしに身柄を引き渡したとしたら、「裏切り者」のそしりは免れない。「逃れてきた客人の保護」は、伝統的パシュトゥン社会の慣習の核心部分である。

「広報誌」のインタビューで、オマル師はビンラディン氏を「移民」と言った。その四ヶ月前に私が会った政権ナンバー2のハッサン・カンダハル州知事、サビル外務次官代理はともに「難民」と表現していた。「難民」が「一時的避難民」であるのに対し、「移民」には「永住化」というニュアンスがある。身柄問題の進展は、テロ関与に関する明確な証拠が出ない限り、あり得ない事態となった。

とはいえ、タリバンの悲願は国際社会での「政権承認」である。身柄問題を切り離し、政権承認につながる方策はないかと、さまざまな局面で「ソフト化」を試みてきた側面は否定できない。穏健派が巻き返しを図ったのだろう。

国連制裁強化への動きが加速する中、タリバン脅威論者で『タリバン』の著者、アフメド・ラシッド氏と会った。彼は経済・政治専門誌「ファーイースタン・エコノミック・レビュー」などの現地特派員も務める。

その日はイスラム教のラマダン（断食）期間中で、私の知るパキスタン人は誰もが、日の出から日の入りまで食事も水分も口にしない。イスラマバードの高級ホテル「マリオット」のラシッド氏の部屋を訪ねると、昼食に誘われた。この時期、街中の食堂、レストランはすべて閉店していた。ロビー前のレストランだけが、非イスラム教徒の外国人向けに、小さなスペースを仕切って、周りを消灯して食事を提供していた。客は私たちだけだった。

ラシッド氏は、タリバンへの制裁強化に基本的に異論はないが、強硬一辺倒ではなく、アメとムチを使い分けるべきだと主張した。「タリバンを孤立化させればさせるほど、資金力を誇るビンラディン氏への依存度を強めることになる」との理由だった。

タリバンとビンラディン氏の関係については、「すでに緊密な依存関係」にあり、タリバンはビンラディン氏と約三千人に上る「アラブ・ファイター」に安全な隠れ家を提供する一方で、膨大な資金を得ているという。

資金のアフガンへの移動は、ビンラディン氏のグループが構築した「フンディ」と呼ばれる地下の送金システムを使ったり、密貿易商が拠点を置くドバイ（アラブ首長国連邦）からアフガン移民労働者に運ばせる方法がある。だから、経済封鎖はタリバン政権に対してよりも、国民の大多数を占める農民の生活を直撃し、餓死者と難民の激増を招くと指摘した。

制裁強化案は、タリバンへの一方的な武器禁輸を目指していた。しかし、ラシッド氏は、反タリバン連合にも同様の武器禁輸を科し、戦闘そのものを沈静化させる一方で、タリバンを孤立化から脱却させる枠組みを国際社会が協力して構築すべきだと強調した。

一例として「アフガン再建基金」構想のようなものを提唱し、停戦、ビンラディン氏、女性とさまざまな問題について、タリバンがクリアすべき一定条件を設けて逆に復興資金を提供し、国際社会への依存度を高めていくべきだというものだった。

タリバン政権の構造については、権力はオマル師を中心とする強硬派に集中しているが、政権内には現状を理解した「物わかりのいい者」もいるとの認識だった。そうした穏健派は、ビンラディン氏を放り出してマスード将軍と対話し、政権として本来やるべき経済復興に力を入れるべきだと考えているという。ラシッド氏が制裁強化に正面切って反対しない理由は、そうした政権内のパワーストラグル（権力闘争）に着目し、政権分裂の可能性に期待しているからだった。

制裁強化は国民に対し、「ビンラディン氏一人のために犠牲になっていいのか」という疑問を突きつける。不満が噴出すれば、穏健派の巻き返しにつながる可能性がある、と予測していた。

〇〇年十二月、国連安保理はついにタリバンへの制裁強化決議案を採択する。九九年十一月の最初の制裁は、タリバンの在外資産の凍結、航空機の発着制限などに限られていた。しかし、強化案は、①タリバンへの武器の禁輸②タリバン高官の渡航制限③ビンラディン氏の全資産の凍結④テロリスト訓練施設の全面閉鎖――などを盛り込んでいた。

これに対し、タリバンは「国連主導のいかなる和平交渉にも応じない」と表明し、国際社会での孤立は決定的となる。ラシッド氏の予測に反して、タリバン政権内部で穏健派は発言力を失い、強硬論が一気に台頭する。オマル師は、「（制裁強化は）間違いなくマイナスの反動を招く」と警告していたが、一連の流れを見れば、その最大級の反動が、四ヶ月後のバーミヤン大仏破壊（〇一年三月）となって顕在化したのではないだろうか。

国連の制裁強化に際し、アフガンは未曾有の大干ばつに直面して、何百万もの餓死者を出そうとしていた。パキスタンやアフガンに駐在する国連関係者の多くが反対し、あるスタッフは「溺れた犬をむち打つに等しい」と言って、「歴史的愚策」と評した。

5 パキスタンの憂鬱

対インド戦略

パキスタンはどうしてタリバンを支援するのか。表向きは「精神的な支援のみ」だが、額面通りに受け取る者はいない。ウサマ・ビンラディィン氏を保護するタリバンへの支援は、確実にパキスタンの国家イメージを損ねていた。アフガン情勢の安定化は、中央アジアからアフガン経由の通商ルート、パイプラインの開設を可能にする。麻薬や武器の流入を阻止し、アフガン難民の帰還を進めることもできる。

しかし、最も重要なことは、国家安全保障上の理由だ。パキスタンの最大の宿敵は、東のインドである。国防戦略の中心である「インド」に専念するためにも、西のアフガンは、出来るだけ手のかからない状況にしておきたい。パキスタンはアフガンを、インドとの地政学的な観点から

「戦略的深み」と位置づける。インドとの有事の場合、後方支援基地としても想定している。だから、アフガン政権に相応の政治的影響力を確保しなければならない。

そんなパキスタンにとって、インドとの対立の「核心」はカシミール地方の領有権争いに集約される。そして、八九年のアフガン戦争後のパキスタンのアフガン戦略は、このカシミール問題と極めて密接に連動してきた。その意味でタリバンを知るには、パキスタンという国家のありようや行動原理、さらにカシミール問題の背景と現状について、ある程度押さえておく必要がある。

パキスタンのイスラマバードから車で南に一時間。ダミクという村がある。麦刈りを終えた干からびた丘陵地に、レンガ造りの粗末な民家が点在する典型的なパキスタンの農村だ。そんな風景の中、白亜の総大理石の建造物が視界に入る。

パキスタンの英雄、ガウリ王の霊廟である。ガウリは一一九二年、インド・デリーのヒンズー王プリトビを撃破し、インドに史上初のイスラム王朝を築いた人物だ。広い敷地に手入れされた芝生。霊廟の正面左手には、ガウリの霊に捧げるかのように、迷彩色の弾道ミサイルを据えている。インドの弾道ミサイル「プリトビ」に対抗して開発した「ガウリ」ミサイルである。

霊廟を建立したのは、パキスタンで「原爆の父」と呼ばれるカーン博士だ。政府の核・ミサイル開発機関「カフタ研究所」の最高責任者を務め、九・一一後に発覚した「核の闇市場」の中心人物として、その名は一躍、国際社会に知られることになる。同行してくれたカフタ研究所のザイディ広報官（37）は、博士の祖先はガウリ王に仕えた武将で、博士はこの村で暗殺されたガウリ王の簡素な墓を見て心を痛め、霊廟建立を思い立ったと説明した。

伝説によると、ガウリ王は一度はプリトビ王に撃退されたが、捲土重来、敵十二万騎兵の十分の一の戦力で打ち破る。パキスタンはインドとの分離独立以来、圧倒的な戦力差の中で、三次の戦争でいずれも敗退している。ガウリ王の再起の歴史は、パキスタンに大きな励みとなってきた。

霊廟を訪れていた男性に声を掛けた。近くのクロンタ村の村長だというアルタサブさん（70）は「第二次印パ戦争（六五年）中、インド軍機が墓の周辺に五発の爆弾を投下したが、すべて不発だった。この地は霊験あらたかな場所だ」と言った。ダミク村はインドとパキスタンの実効支配線（カシミールの暫定境界線）まで五十キロの距離にある。

クロンタ村に立ち寄ると、小学校で男性が井戸を掘っていた。パキスタンは広い地域で干ばつに見舞われていた。そばにいたメフムドさん（60）は「雨が降らないと農業は辛い。何年経っても政府の給水ポンプは完成しない」とこぼした。

インドもパキスタンも、国民の生活より国防を優先する。極貧の国民が大勢いる国で、膨大な国家予算を注ぎ込む核・ミサイル開発。九八年の印パ核実験後、インドのバジパイ首相は演説で「国家あっての国民だ」と発言した。私は聴衆の中にいて、人々がこの言葉に違和感を感じているようには思えなかった。

クロンタ村の診療所で働くラザクさん（32）も「私たちが飢えても国が強くなくては困る。インドに国を潰されたら私たちも終わりだから」と言った。パキスタンは分離独立以来、インドに「いつ飲み込まれるかわからない」という潜在的恐怖にさいなまれてきた。恐怖を克服するため常にインドに拮抗しようともがく。専門家は「平衡症候群」と名付けた。

パキスタンは、インドが核保有国を宣言すれば、国家存亡をかけて同じ道を歩まねばならなかった。インドを意識し続けることで自らのアイデンティティ（存在証明）を確認しているのかもしれない。「ガウリ」はそんな哀しき国の写し絵だった。

軍事クーデター

私がインドからパキスタンに異動した直後の九九年十月、軍事クーデターが発生する。パキスタンは、印パの核実験の時と同様、日本を含む主に欧米諸国から非難の集中砲火を浴びた。渦中に身を置くジャーナリストとして、ある種の無力感に襲われていた。

非難の多くは、既成概念や固定観念にとらわれた「ダメなものはダメ」式のもので、現実や背景を踏まえたものとは言い難い。「現象」の下には、もつれた糸が交錯する混沌とした世界が広がっていた。何が善で何が悪か、そんな単純な図式など通用しない。パキスタンの軍事クーデターについて、インドとの対立関係を念頭に書き綴ったのが次の記事だった。


パキスタンの軍政移行から一ヶ月余りが経過した。時代に逆行する軍事クーデター、しかも核保有国の軍部が実権を握った事態に、国際社会は「状況の悪化」と受け止めたようだ。

しかし、パキスタン国民の圧倒的多数はクーデターを支持し、軍政が「腐敗を一掃し、経済を再生させて『真の民主主義』確立に道筋をつける」と公約するのに対し、今こそ、国家再生を望める「最良の時期」だと期待を寄せている。

選挙で選ばれた民主政権を、武力を背景に転覆させた軍部。「軍政」などと言うと、民主政権から最も遠い、正反対に位置するような印象もあるが、パキスタン人の受け取り方は全く違う。日本からの電話で「街は平穏を取り戻したか?」とよく聞かれる。「取り戻すもなにも、クーデターで街の様子も情勢も悪化していない」と繰り返している。こうした認識のギャップはどこから来るのか、考えてみた。

軍と言えば、日本では「危険な存在」と受け取られがちだが、パキスタンでは「最も頼れる存在」である。その背景は、大国インドとの敵対関係に起因している。

印パ両国は英領インドからの分離独立（一九四七年）に際し、ヒンズー、イスラム両教徒の「民族大移動」という未曾有の混乱に見舞われ、百万とも言われる人々が虐殺された。そして、三次にわたる戦争。今もカシミールをめぐり衝突を繰り返す。

人口で七倍、国土で四倍の宿敵インドへの異様なまでの敵がい心は、昨年五月の核実験で、制裁に伴う国家経済破綻を覚悟のうえでインドに対抗したことでも証明済みだ。インドと張り合うことで国家を存立させているとの印象さえ受ける。恐怖心の裏返しだと言う人もいる。

インドへの敵対感情が募るほどに、国防を担う軍への依頼心が高まるのは自然の理だ。あるパキスタン人記者は「軍人は命がけでジハード（聖戦）を戦うイスラム戦士。インドから我々の生命と財産を守ってくれるから尊敬される」と解説する。過去四回のクーデターはいずれも無血。国民が軍政を抵抗なく受け入れられるわけである。

軍は今後も、インドと敵対している限り、その存在意義を誇示できる。その意味でカシミール問題が解決される可能性はないに等しい。軍政下では、むしろ衝突が頻発する事態も予測される。ただし、核兵器をめぐっては「軍政の方が危険だとは必ずしも言えない」との見方がある。

軍は「パキスタン最高のエリート集団」と言われるように、高級軍人の大半は欧米留学経験者で、軍政トップのムシャラフ陸軍参謀長も英国王立国防大学に学んだ。父親は元外交官、弟は国連食糧農業機関の本部ローマで勤務し、もう一人の弟は米国シカゴ在住の医師である。

「軍政になって核兵器の管理システムが、統率力のある組織に一元化された。偶発核戦争の恐れが払拭されたとは言えないが、危機が高まったとも言えない」。当地の西側軍事筋はそう指摘する。

さて、そんな軍政に対し、国際社会は「民主政府への早期移管」を求めている。しかし、この国の民主主義とは特権階級の利益を代弁するシステムにほかならない。土地と小作人を基盤にした「封建領主制」が今も生き続けており、国や地方議員の大半は領主である地主層。汚職にどっぷりつかっていた。

クーデターで放逐されたシャリフ前首相は、九七年二月の就任以来、議会での圧倒的多数を背景に、レガリ大統領、シャー最高裁長官、カラマト陸軍参謀長を次々と辞任に追い込み、マスコミを弾圧した。「民主独裁」と呼ばれ始めていたのである。

腐敗まみれの民主独裁政権を、クーデターで葬った軍部に国民が快哉を叫んだのは当然だった。対インド融和政策への反発も強まっていた。

軍政は、中央、地方行政のかなめに実務型の専門家や非政府組織（NGO）の関係者を多数登用した。経済構造、選挙制、官僚制を改革し、国民各層を代弁する民主主義に道筋をつけると打ち上げる。八八年以来、二回ずつ民主政権を率いたブット、シャリフ両氏を対象リストに加えた「不正摘発」にも乗り出した。

だが、軍政下で国家再生は果たして可能なのか。あるパキスタン英字誌の記者は「国民の大部分は軍がクリーンな組織だと信じているが、軍は兵器購入で巨額のリベートを得ている利権集団で、汚職はマスコミが書けないだけだ」と嘆く。さらに「高級軍人の多くは地主層であり、自らも特権階級。過去三回の軍政時代には最も肝心な土地改革は実行されず、今の軍政も消極姿勢だ。不正摘発も国民の人気取りの域を出ないのではないか」と疑問視し、「軍政への過度の期待は失望も大きい」と諌める。

こうした問題意識を持った記者が「それでも軍は、腐れた体に唯一外科治療を施せる『最も頼れる存在』であることに変わりない」と言う。軍が表に出ざるを得ないところに、この国の難しさがある。

（九九年十二月一日付）

カシミール紛争

その軍が、国防の最優先に掲げるカシミール戦略。第三次印パ戦争（七一年）のあと、平穏が続いたカシミールで紛争が再燃したのは八九年。この年、アフガンからソ連軍が撤退を完了し、ゲリラ戦に加勢していたパキスタンのイスラム義勇兵が転戦したのだった。

カシミールはインド、パキスタン、中国に分断されている。領有権争いの最大のポイントは、イスラム教徒が人口のおよそ八割を占めるインド支配地域のカシミール（ジャム・カシミール州）の帰属問題である。従来から、印パのカシミールを分断する実効支配線をはさんだ銃撃、砲撃戦は恒常化し、両軍はこれを「日常業務」と呼んできた。パキスタンはこれとは別に、八九年以降、「民兵」であるイスラム武装勢力を使って、主にインド治安部隊を標的に暗殺、奇襲、爆破攻撃などを始めたのである。

超大国・ソ連を相手に、アフガン戦争に勝利したゲリラ戦は、パキスタン軍情報機関（ISI）が事実上指揮した。自信を得たISIが、今度はインドに対し同様のゲリラ戦を採用したのである。ムジャヒディン（イスラム聖戦士）と呼ばれた義勇兵を含むゲリラに対し、パキスタンはカシミールのゲリラをフリーダム・ファイター（自由戦士）と呼んだ。

パキスタンの新たなカシミール戦略は、インド治安部隊に恐怖心を与え、えん戦気分を募らせるという狙いとは別に、インド支配地域の治安が極度に乱れていることを国際社会にアピールすることにあった。インドのカシミール統治が、住民の意思に反する「不法占領」であり、第四次印パ戦争を誘発しかねない「国際紛争地」であることを訴えて、国際社会に紛争解決への仲介を求めようというのである。

しばらく、インドの支配地域であるジャム・カシミール州に目を転じたい。

ヒマラヤ山脈のふもとに広がるジャム・カシミール州は、日本の東北地方の緯度に相当する。訪れた九七年十二月は、目線を動かすことさえはばかる寒さだった。州都スリナガルは標高約一七〇〇メートル。男たちはポンチョ式の防寒着をかぶり、その中に小さな携帯用の火鉢を抱えて歩いていた。「冬の恋人」と呼ばれる冬場の必携品である。

市街を車で走ると、武装した兵士や警官の姿が視野から消えることはない。鉄条網で囲った土塁の監視小屋が、橋の両側や道路の至る所を占拠し、監視窓からは黒い銃口がのぞく。ヒンズー映画の崩れ落ちそうな看板を掲げた映画館があった。「すべての映画館は国境警備隊の駐屯地になっている」と案内役の学生、ムハメド君(21)は説明した。丘の上に見えるムガール帝国時代の大要塞は司令部になっている。インドは州内に推定兵力五十万～九十万人を配置しているという。

スリナガルから西へ、有名なスキー場があるグルマルグを越えて渓谷を進む。インド国境警備隊の前線基地を過ぎ、さらに標高を上げる。雪に覆われた路面は夕暮れを迎えて凍結し、車は蛇行運転を続けた。標高二千五百メートルを越える実効支配線近くの山岳部で、深い雪に足を埋めた若いインド軍兵士二人の姿を見た。一人が切り立った渓谷を、もう一人が頭上の稜線を見据え、自動小銃を構えていた。カシミールで最も危険な交戦地帯だという。

一人が「ここは地獄だ。生活のためにこうしているが、この任務はクソ食らえだ」と吐き捨てた。先日、パキスタン側からイスラム武装勢力による夜間の越境攻撃を受け、必死で応戦したという。「早く引き返せ」と小銃を振る。

スリナガル東部のダル湖は、湖畔に浮かぶ木造船の宿舎「ハウスボート」で有名だ。その数五百隻。他の大小の湖を含めると二千隻にも上り、英国統治時代から観光客に人気で、以前はカシミール最大の観光収入源だった。「今日の全体の宿泊者数は、十隻足らずに約五十人。みんな蓄えは尽きたよ」。ハウスボート「サンフラワー」を経営する自称九六歳のムハメド・ブドゥーさんは両手を広げた。インド観光省によると、カシミールへの観光客は八九年の約五十五万人から翌九〇年には一万七百二十二人。九一年には六千二百八十七人にまで激減した。治安のいいラダック地方を含めた数字だから、観光客は絶えたに等しい。

取材で使ったタクシーの運転手、バシル・アミドさん(36)は、六年前の体験について話してくれた。夕刻、バスで帰宅途中だった。「ハエの群れほどのミリタント(イスラム武装勢力)」が小銃を乱射しながらインド軍のジープを襲った。前を走るバスに手榴弾が命中し、何人かが肉片とともに宙にはじき飛ぶ。銃撃戦の後、ミリタントは民家や物陰に霧散した。インド軍兵士が見境なく発砲していた。気がつくと、アミドさんはバスに一人取り残されていた。インド軍兵士の一人が自分に照準を合わせ撃っていた。

「バスから出ないと殺られる」。間一髪、民家に飛び込んだ。家にいた数人の女性に銃弾が命中し、血が飛び散った。構わず裏口から逃れ、自宅に駆け込んだ。アミドさんは「三日間は怖くて外出できなかった」と振り返った。武装組織の襲撃と、インド治安部隊の無差別発砲による応戦。市街地での典型的な戦闘パターンである。

夕方になると、通りからは人も車も絶える。武装勢力メンバーと疑われれば連行されるので、リスクを冒さないことが肝心なのだ。そんな夜間、宿泊先のハウスボートに来客があった。行商の男性二人で、「久しぶりに外国人がいると聞いて駆けつけた」という。カシミール絨毯や毛皮製品を抱えていた。

彼らによると、イスラム武装勢力のメンバーはジャム・カシミール州の出身者である場合と、パキスタン側から潜入して来る二つのケースがある。地元メンバーの場合、自身と家族の安全のため、家族にも自分の活動は明かさないという。

パキスタンがイスラム武装勢力へのテコ入れを本格化して以降、州経済は悪化の一途をたどった。観光収入が激減したのも一因だ。州政府の汚職体質はひどくなり、就職できない若者や失業者は行き場を失った。「手当」をもらうために武装組織のリクルートに乗るようになったという。インド側の発表によると、八九年の紛争再燃以来の八年間に、武装勢力による襲撃などにより、武装勢力、インド治安部隊、一般市民を合わせて約二万五千人が命を失った。毎日八~九人が命を落としてきた計算になる。

ジャム・カシミール州の住民の八割近くはイスラム教徒だ。行商の二人によると、当初はパキスタンへの帰属を求める武装勢力を陰ながら支援する市民は少なくなかった。地下のネットワーク構築も難しくなかった。しかし、市民の巻き添えが増え、観光産業が崩壊寸前となり、次第に支持を失ってきたという。

パキスタンは対インド武装闘争を「自治権回復を求めるフリーダム・ファイターの自発的な活動だ」と主張し、軍の支援を否定する。これに対し、インドは「パキスタン軍支援の越境テロ」と呼んで、掃討作戦を進めてきた。

武装組織は「標的はインド治安部隊だけだ」と強調するが、市民の「巻き添え」は避けられない。一方のインド治安部隊は、イスラム教徒の住民の間から「掃討作戦と称して無実の市民を投獄し、拷問を繰り返している」と非難が絶えないでいた。

カシミール領有権争いの原因は何なのか。

第二次世界大戦後まもなく、英領インドは、印パの分離独立を一年後に控えた四六年八月以来、未曾有の宗教間暴動に見舞われていた。国民会議派のネールとムスリム連盟のジンナーの対立が、ヒンズー教徒とイスラム教徒の宗教対立に転化した形となっていた。

そんな中で、カシミールは平穏だった。「この世に楽園があるなら、それはカシミールだ」。のちにインドの初代首相になるネールはそう語ったそうだ。湖と渓谷と山麓の美しさだけでなく、カシミールの民族の融和を称賛したのである。独立運動を率いたマハトマ・ガンジーは、ネールに国民会議派の指導者の立場を譲り、全国の村々を巡り歩いて両教徒の融和を説いていた。分離独立を自らの敗北とみなしたガンジーにとって、平穏なカシミールだけが「唯一の光明」だったという。

大英帝国は、インドを直接統治とは別に、大小五百六十二の藩王国（英領インドの面積の五分の二）を保護国として間接統治していた。英領インド最大の藩王国カシミールは英本国に匹敵する広さだった。藩王国は、ヒンズー教徒が多数を占める世俗主義国家のインドか、イスラム教国のパキスタンのどちらに帰属するかを迫られる。基準は、地理的にどちらの国に近いか、住民の多数派の宗教は何かの二点だった。

帰属作業は順調に進んだが、カシミールには特別の事情があった。藩王はヒンズー教徒だが、住民の八割近くはイスラム教徒。そして領地の多くはパキスタンに接していた。「父はカシミール王国独立の可能性を模索していた」。最後のカシミール藩王となったハリ・シンの長男、カラン・シン氏は取材に対し、そう証言した。

ハリ・シンは「独立」を胸に秘め、帰属表明をしないまま時間だけが流れていた。当時、第二次大戦に英軍の一員として参戦していた領内のイスラム教徒が続々帰還していたが、ハリ・シンは彼らを藩王国の正規軍に迎えず、逆に武器を没収し、少数派住民であるヒンズー教徒に供与して治安を保とうとした。

印パ分離独立に伴って、イスラム教徒はパキスタンへ、ヒンズー教徒はインドへと住民の大移動が起きていた時期である。虐殺、暴行、略奪……。千五百万人以上が難民となり、百万人近くが殺りくされた。ハリ・シンは、カシミールへの混乱の波及を恐れていた。皮肉にも、治安維持を目的にしたイスラム教徒帰還兵からの武器没収が、逆にイスラム教徒の怒りを買い、暴動の引き金を引くことになるのである。

パキスタンは、二つの帰属条件に照らして、カシミールのパキスタン帰属を当然と考えていた。そのパキスタンから武器を供与された北部地域のイスラム教徒が、ハリ・シンのいるスリナガルに向け進軍を始める。こうした事態の中、ハリ・シンはインド政府に救援を求めるが、「インドに帰属しない限り行動は起こせない」と突っぱねられる。

これを受け、ハリ・シンは夏の都スリナガルから冬の都ジャムへ深夜に逃走する。ハリ・シンは自分で車のハンドルを握り、家族は別の車で続いた。ジャムへの行程は一本道の約三百キロ。峠を越え、山肌を縫う悪路続きで、途中に「侵略者」が待ち伏せているとのうわさが流れていた。私も同じ街道を深夜に走った。半世紀を経て、標高三〇〇〇メートル付近の山岳部で防寒服に身を包んだインド軍兵士の行軍に出くわした。街灯もない真っ暗闇の中、小銃や地雷探知機、軍用犬を連れていた。軍用車はひっきりなしだ。満足なガードレールはなく、ハンドル操作を誤れば、落差数百メートルもの渓谷へ真っ逆さまに転落する。

マハラジャ一行は二十時間後、ジャムにたどり着く。ハリ・シンは「われわれはカシミールを失った」と家族に語り、この日インドへの帰属文書に署名する。インド政府は「カシミール領有の法的正当性を得た」と、大部隊をスリナガルに空輸し、インド・パキスタンの正規軍が戦火を交える事態に発展する。これが第一次印パ戦争である。

カラン・シン氏の二男でジャム・カシミール州観光相のアジャトシャトル・シン氏（31）は取材に「祖父が独立を目指した選択は正しかった。最大の悲劇は、カシミールが戦略上の要地でありすぎたことだ」と語った。

カシミール領有権争いを固定化させた最大の原因は米ソの冷戦構造だった。

第一次印パ戦争の翌四九年に国連決議で停戦が実現し、この時の停戦ラインでカシミールは分断される。停戦に際し、国連印パ委員会は「帰属先はカシミール人が住民投票で決めるべきだ」と決議する。しかし、インドの反対で投票はなかなか実施されない。ネール・インド首相の非同盟・中立政策を苦々しく思っていた米国は、パキスタン支援に回る。これに対し、インドはソ連と協力関係を築いて対抗し、国連での紛争解決は事実上閉ざされてしまったのである。

インドは、旧カシミール藩王が署名した帰属文書を領有権の根拠とし、領有権争いを「国際紛争」ではなく「国内問題」と位置づけてきた。国連での論議の道を閉ざすため、国際社会の仲介を「内政干渉」だとして一切拒否する。「住民投票」を明記した国連決議の蒸し返しを警戒しているのだ。

一方のパキスタンは、イスラム教徒が多数を占めるカシミールで住民投票が実施されれば、住民はパキスタンへの帰属を望むはずだとみて、国連決議の履行を訴えてきた。しかし、カシミールへの国際社会の関心は極めて低い。このため、パキスタンはインド支配地域で騒乱を頻発させ、放置できない紛争地として印象づけようと腐心する。国際社会が仲介に動かざるを得ない危機的状況をいかに創出するか、これが八九年以降の対カシミール基本戦略となった。

その危機を象徴する出来事が九九年三～五月にかけて、ジャム・カシミール州のカルギル地区を中心に勃発する。パキスタン軍部が主導して起きた「カルギル紛争」である。

パキスタン支配地域から、大量のイスラム武装勢力が実効支配線を越えて侵攻し、パキスタン正規軍も続いた。大規模戦闘に発展し、印パ両正規軍の交戦は実効支配線の各地に飛び火した。インドは空軍投入に踏み切り、侵攻した勢力の掃討作戦に乗り出す。

この紛争を機に、クリントン米大統領はカシミールを核戦争の起こり得る「世界で最も危険な紛争地だ」と発言し、パキスタンの狙い通りの認識が国際社会に浸透する。が、状況はパキスタンの意図とは違った方向に動き出す。インドがパキスタン支援の「越境テロ」と非難したのを受け、米国も武装勢力の侵攻を初めて「テロ」と認め、非難に加わったのだ。

パキスタンに対して、タリバン支援と相まり「テロ支援国家」という印象が一気に広がることになる。米国は「印パ等距離外交」を基本にした冷戦後の南アジア外交をインド寄りに軸足を移し、パキスタンは国際的孤立を深める結果を招いたのである。

カルギル紛争は、パキスタンのシャリフ首相が訪米してクリントン大統領と会談し、武装勢力の「撤退」を約束して収束に向かう。首相は撤退命令に際し「カシミールに国際社会の関心を集めることができた」と侵攻の成果を強調し、軍部強硬派やイスラム原理主義勢力に「理解」を求めた。しかし、シャリフ首相のこの姿勢が「インドへの弱腰」と非難を浴び、約五ヶ月後（九九年十月）の軍事クーデターの伏線になるのだった。カルギル作戦を指揮したのはムシャラフ陸軍参謀長で、クーデターにより政府の実権を掌握する。

インド機乗っ取り事件

カシミールとアフガンを結ぶ重大な事件が、クーデター発生二ヶ月後の一九九九年十二月に起きる。インディアン航空機乗っ取り事件だ。タリバンの事件対応をインド政府が称賛したとして、先に紹介した事件である。航空機は五人の犯人グループに乗っ取られた後、アフガンのカンダハル空港に緊急着陸する。この間、機内で男性一人が刺殺された。

犯人グループは、乗客を人質に、インドの刑務所に収監されていたパキスタンのイスラム武装組織ハルカト・ムジャヒディン（イスラム聖戦士運動）の幹部、マスード・アズハル師らの釈放を要求した。インド政府は結局、アズハル師ら三人を釈放し、事件は落着する。

事件には「ISIが関与した」とインド政府が主張していたように、実際ISIが背後にいた。というのは、私は情報源のISI関係者を通じ、犯行グループとインド政府との交渉内容を逐一知ることができたからだ。実行グループはハルカト・ムジャヒディン。そのトップのファズドラ・ラフマン・ハリル長官は今も公式には事件関与を否定するが、次のような交渉秘話を明かす。

インドのシン外相は当初、犯人側の要求を、①武装組織メンバー三十六人の釈放②身代金二億ドル（約二百億円）③獄死したメンバーの遺体引き渡し――と発表した。発表の直後、ラフマン長官は電話口で「身代金はでっち上げだ」と言った。翌日、犯人側が「身代金」と「遺体引き渡し」の要求を取り下げ、①のメンバー釈放に焦点が絞られたことが、タリバン政権が発表して明らかになる。インドは、犯人側の要求を水増し発表することで、最終的に「相手に譲歩させた」という印象を国内外に与えたかったのだろう。

逆にハルカト・ムジャヒディンは、インド政府に三十六人の釈放を突きつけていたが、アズハル師らだけで「御の字」と考えていた。結局、両者はアズハル師ら三人の釈放に合意するが、インド政府はしばらく「合意」の事実を否定していた。その間、ラフマン長官は、三人がすでにニューデリーで待機中の政府輸送機に移送されたと語り、「インドに勝利した」と誇った。長官によると、乗っ取りの最大の目的は、カルギル紛争で「テロリストには妥協しない」と宣言したインドに対し、「その威信を低下させること」にあった。

ＩＳＩ関係者によると、イスラム武装勢力がＩＳＩの指示もしくは許可なく、実効支配線を一歩たりとも越えることはできない。その意味からも、ＩＳＩの意向とは関係なく、ハルカト・ムジャヒディンが単独で、しかも綿密に計画された印象のある乗っ取り事件を起こすことは不可能なのだ。

パキスタンには対インド武装闘争を行う約二十のイスラム武装組織がある。「統一ジハード会議」という連合体を形成し、連携している。このうち主力は三～四組織で、中でもハルカト・ムジャヒディンは、ＩＳＩの最も頼りにする「先兵」である。インドは「超法規的措置」により犯人側の要求を受け入れ、屈服する。ＩＳＩは、カルギル紛争で味わった「撤退」という屈辱を晴らしたのだ。

パキスタンには大きく分けると、二系統のイスラム原理主義政党がある。最大勢力は「イスラム協会（JI）」。傘下に「アル・バダル」と「ヒズブル・ムジャヒディン」という二つの武装組織を抱える。

アル・バダルはアフガン戦争中、最大ゲリラ勢力のヘクマティアル派を支援した。九八年の米国によるアフガン・ミサイル攻撃の標的となったキャンプの一つ「アル・バダル」は、当時のJIによるアフガン拠点の一つだった。アル・バダルはアフガン戦争後、カシミールでの対インド闘争に専念し、メンバー数百人程度の非主流派となった。分派だったヒズブル・ムジャヒディンは、パキスタン最大の武装組織に成長し、組織トップのサイヤド・サラウディン長官は「統一ジハード会議」の議長として、カシミール武装闘争を束ねてきた。

もう一つの原理主義政党はデオバンド派の「イスラム聖職者協会（JUI）」で、サミュル・ハク氏とファズル・ラフマン氏のグループに大別できる。いずれもタリバン支援を担ってきた。これらJUIと連携してきたのが、ハルカト・ムジャヒディンである。インテリ層が組織の中核を担うワッハーブ派の「ラシュカル・タイバ（清らかな護衛隊）」と並び、最も過激な武装組織だ。アフガン戦争後にカシミールに転戦し、タリバン結成に伴い、カシミールとアフガンの二正面で活動してきた。

乗っ取り事件で釈放されたアズハル師は組織の理論的支柱とされ、ジャーナリストの身分でインド側のジャム・カシミール州に入り、武装闘争を指揮していた。九四年にインド治安当局に逮捕され、投獄された。当時は、ハルカト・ムジャヒディンの名前は存在せず、「ハルカト・ランサル」といった。九五年にカシミールを旅行中の欧米のツーリスト六人を誘拐し、アズハル師の釈放を要求した。しかし、インド側が拒否したことから、脱出した一人を除き、一人を殺害、四人が行方不明になった。

こうした事件を受け、ハルカト・ランサルは米国が九七年に初めて発表した「世界のテロ組織リスト」で、カシミールを舞台に活動する中で唯一の「テロ組織認定」を受ける。これを機にハルカト・ムジャヒディンに改称したのである。

パキスタンのイスラマバード郊外のラワルピンディ。軍総司令部があるこの都市の一角にハルカト・ムジャヒディンの事務所がある。九八年の米国によるアフガン・ミサイル攻撃で、標的となった「アル・バダル」キャンプにいて負傷したサラウディンという名前の十七歳の少年に会った。「NIKI」と書かれた野球帽姿である。

キャンプには「カリド・ビン・ワリード」というムハンマド(マホメット)時代の有名な司令官の名前を借りたマドラサがあり、他の大勢の組織メンバーと勉強をするため滞在していたという。その夜は、マドラサ近くの平屋の建物で仲間と寝ていた。午後十一時半すぎ、大音響が響いた次の瞬間、建物が崩落。五人が下敷きになり死んだ。サラウディン君もミサイルの破片が頭に二カ所、右の背中に七カ所、左足に三カ所突き刺さった。うち頭と背中の二カ所は手術で摘出したが、他の破片は深くて処置できない。強烈な爆音で左耳がつぶれ、右耳はわずかに聞こえる程度になったという。

サラウディン君が組織に出会ったのは、十歳の時だった。冬場の肌寒い午後、組織が村で集会を開いた。二十人ほどのメンバーがコーランやムハンマドの言行録をもとにジハードの重要性を訴えていた。スピーカーを通して村のどこにいても聞こえたが、数千人が集まり、屋根に登って聞く者もいたという。

私が三年半を過ごしたイスラマバードは政治・外交都市であり、パキスタンの富裕層や外国人が多く居住し、大勢の出稼ぎ労働者が下働きをして故郷の家族を支えていた。私の支局兼自宅でも、掃除、洗濯、料理、庭の手入れ、守衛にと働いてもらっていた。経済的に貧しいパキスタン支配地域のカシミール（アザド・カシミール州）出身者が圧倒的で、彼らは純朴で真面目だと評判がいい。カシミール出身のコックに聞くと、武装組織は村々を巡回してリクルートを続けてきた。イスラム教徒の義務として家族の誰かが「ジハード」に参加し、誰かが出稼ぎで生計を支えるのが家族の一般的なありようだという。

サラウディン君とのインタビューに同席していた広報担当者によると、対インド闘争で「殉死」すると、その村に遺体を戻し、葬儀をし、集会をする。既婚者で子供がいる場合、生活費と学費を月々支払う。両親には生活費を補助する。「出征」した何人かは遺体で戻り、家族、そして村人の「インド憎し」の感情、復讐心が募る。パキスタン国営テレビは折に触れて「カシミール」特集を流す。実効支配線を挟んだインド軍の砲撃で死んだ子供のバラバラの遺体や、泣きわめく家族たちの生々しい映像である。

パキスタンの学校教育は不備で、それに代わるマドラサで多くが学ぶ。全国にマドラサの数は一万とも二万とも言われる。純真な子供たちは感化されやすく、武装組織メンバーを次々に「再生産」している印象だった。サラウディン君も「インド軍と戦って死にたい。両親もアッラーのために犠牲になることを祈っている」と言った。

さて、乗っ取り事件でカンダハルに移送されたハルカト・ムジャヒディンのアズハル師は、釈放後にパキスタンに入国した。組織への復帰を望んだが、ISIは別組織を旗揚げさせる。それが「ジャイシ・ムハマド（マホメットの軍隊）」である。

ISI関係者によると、米国がハルカト・ランサルを「テロ組織」に指定してハルカト・ムジャヒディンが誕生したように、今度はハルカト・ムジャヒディンへのマークが厳しくなったため、ハルカト・ムジャヒディンの主力をジャイシ・ムハマドに移すのが狙いだという。ジャイシ・ムハマドは九・一一後、ハルカト・ムジャヒディンとともにアルカイダ系組織と呼ばれることになる。

アズハル師は釈放後、秘密裏にパキスタン中部バハワルプールの自宅に戻っていた。ISI関係者の仲介で、電話でインタビューした。アズハル師は乗っ取り事件について「支持しないが、カシミールはインドの国家テロにより乗っ取られている」と述べ、事件の責任はインド政府にあると主張した。

こんなエピソードを話した。乗っ取り事件発生翌日、インド治安当局者が刑務所に来て「あなたは宗教指導者で、テロリストではない。乗っ取り犯に人質解放の声明を出してほしい」と要請される。「インド占領下のカシミール人一千万人も解放されるべきだ」との一文を加えていいなら応じると答えたところ、「声明」は立ち消えになったという。

パキスタンは国際的な孤立化を深めていた。九九年三〜五月にはイスラム武装組織のインド支配地域のカシミール侵攻に端を発したカルギル紛争。十月には軍事クーデター。十二月には武装組織による乗っ取り事件。翌〇〇年三月に予定されたクリントン米大統領の南アジア歴訪がどうなるのか、注目を集めた。米メディアは、クリントン政権がパキスタンを「テロ支援国家」に指定する可能性があると報じていた。

パキスタンは、「カシミール紛争」を国際的に認知させたものの、窮地に陥っていた。クリントン大統領がインドだけを訪問し、パキスタンを素通りすれば、インドとの関係において国益上、大きな損失だと危機感を抱いていた。

このため、パキスタンのサッタル外相は〇〇年一月、「核実験全面禁止条約（ＣＴＢＴ）でインドより先に署名する」と発言。ムシャラフ陸軍参謀長は翌二月、ビンラディン氏の身柄問題を解決するため、近くアフガンを訪問すると述べた。インド国営テレビに初めて出演し、インドに「対話」を呼びかけもした。さらに、ハルカト・ムジャヒディンの活動を停止させたと発表し、その後、乗っ取り事件で釈放された三人のうちアズハル師を除く二人を拘束したとも発表した。

結局、クリントン大統領はパキスタンに足を運ぶが、「歴史に残る訪問」となった。機体に「米合衆国」と書かれた小型の大統領専用機エアホースワンがイスラマバード空港に到着する。ハッチが開いてスタッフがタラップを降ろす。だが、大統領はいっこうに姿を見せない。まもなくスタッフはハッチを閉めてしまう。パキスタン国営テレビの女性アナウンサーはこの異変に狼狽し、「いったいどうしたのでしょう」とまくし立てた。すると、無印の同型機が到着、大統領はこちらに搭乗していた。テロを警戒し「おとり機」を先行させたのである。大統領はインドに五日間、パキスタンには五時間滞在してそそくさと後にしたのだった。

クリントン大統領が恐れていたのは、ビンラディン氏との関係が指摘されたハルカト・ムジャヒディンであることは容易に察しがついた。異例の訪問から一週間後、組織のファズドラ・ラフマン・ハリル長官（37）を事務所に訪ねた。

壁にはアラビア語の手書きのポスターがあり、「楽園は剣の下にある」と記されている。ムハンマドの言葉の一節だという。戦闘服姿の長官は、ビンラディン氏の名前から命名した五歳の四男ウサマ君を膝の上に乗せていた。クリントン訪問の模様をラジオ中継で聴いていたという長官は「クリントンはテロを恐れた。しかし、我々は何もするつもりはなかった。クリントンはゲストであり、来客をもてなすのはイスラム教徒の伝統だ」と冷やかした。

大統領の訪問直前、パキスタンの地元メディアはテロの予防措置として、武装組織の三十六人を逮捕したと報じていた。ラフマン長官に尋ねると、「メディアが勝手に書いただけだ。ムシャラフ（陸軍参謀長）は現実を知っている」と言って、にやりと笑った。逮捕の事実はなかったのである。

カラシニコフ文化

アフガン戦争を機に、大量の武器がパキスタンに流入し、治安を乱した。これが「カラシニコフ文化」と呼ばれることはすでに紹介した。パキスタンはこれらの兵器を、戦争中に実戦経験を積んだゲリラ勢力とともに、カシミールでも最大限に活用してきた。

パキスタンに暮らすと、銃がある街の風景に違和感を覚えなくなる。散弾銃で武装している民家の警備員も、小銃を肩に下げた警官も珍しくない。私の支局兼自宅も、警備員は当初、散弾銃を持って警戒していた。問題は警官や警備員のライセンス登録された銃ではない。非合法の銃器があふれているのだ。イスラマバードの治安は悪くないが、私は仕事柄、用心のため机やベッドにゴルフクラブと短刀、ペン型のピストルを忍ばせていた。

ペン型ピストルは、外見はボールペンで「メイド・イン・ジャパン」と刻まれている。ペン先を外すと、小型の弾丸を一発発射できるよう細工されている。至近距離では殺傷能力がある。日本円で一丁約百円。パキスタン製のカラシニコフは八千円、中国やロシアからの密輸品は二万五千円程度である。闇ディーラーに電話をすると宅配してくれる。

非合法銃器の最大の供給源が、アフガン国境に隣接して広がる部族地域にあるパキスタン中北部の町ダラ・アダムヘル（通称ダラ）だ。人口九万人。外国人の立ち入りは禁止されていたが、二〇〇一年八月に内務省の許可を得て、現地を訪れた。軍政は「非合法銃器の取り締まりキャンペーン」中だった。

ペシャワルからインダス・ハイウェーを車で半時間。アフガン国境沿いの山岳部の薄茶けた尾根が見える半砂漠地帯にダラはある。沿道に小さな銃器店が延々と続く。案内役の地元記者、ゴハール・アリさんは「すべて模造品。ここでは本物が一丁あれば、そっくりに作り上げる技術がある。手に入らない銃器はない」と自慢する。

アリさんによると、銃器店の数はおよそ二千五百。取り締まりでほぼ半数が閉店した。路地に入る。六畳一間ほどの工房が長屋のように連なる。工作機械を置く店もあるが、大抵は万力やヤスリなど簡単な工具類があるだけだ。各工房は弾倉、銃身、引き金……と、それぞれの工程を受け持ち、細かな分業体制が確立されている。工房は数千にも上るという。しかし、工房は八割が閉鎖し、町全体で数万人が失職状態だという。

最終過程の「仕上げ工房」で、職人のナイク・アマルさん（35）が、完成したばかりの自動小銃、通称グリーンコフを上空に向け試し撃ちした。旧ソ連製カラシニコフを進化させた最新モデル。本物は千二百ドルだが、ここではわずか五十ドルだ。大半の工房が閉鎖されているのに、町の方々から、ひっきりなしに試射音がとどろく。

ダラの銃器製造は百年の歴史を持つ。パシュトゥンの部族社会は、部族抗争に加えて、十九世紀後半からロシア、英国、ソ連と次々に侵略され、自己防衛のため「銃は文化の一部」になった。ダラは「銃器密造工場」の中でも最大規模を誇る。アフガン戦争中は、米国が八〇年代後半に武器供与を本格化するまで、ゲリラに武器と弾薬を供給した。古式銃の銃身にヤスリをかけていたガファールさん(68)は「売り値は三倍以上に跳ね上がった」と振り返る。戦後は、内戦に入ったアフガンに加え、犯罪者にも大量に流れた。ガファールさんは「私たちがテロや犯罪の片棒を? それは濡れ衣だ。銃は使い手と目的次第だ」と言い、黙々と作業を続けた。

不思議なのは、取り締まりの最中に一部であれ、どうして公然と密造を続けていられるのか。アリさんによると、部族地域には政府の権限が及ばないので、簡単に手出しは出来ないのだという。軍政は、二十日間の当初の赦免期間中、拳銃、小銃、ミサイル、大砲、手榴弾、地雷など計八万六千七百五十七点が自主的に引き渡されたと、一部を写真付きで発表した。そしてその後の強制捜査でおよそ一万人を逮捕、二万四千点を押収したと広報する。

ハイダー内相は「不法武器を根絶するまで続ける」と宣言していたが、徹底すれば、タリバン支援に加え、カシミールで対インド闘争を続けるイスラム武装勢力への供給にも重大な支障を生じる。自らの手足をもぎ取るに等しい。取り締まりの背景には、対策を求める米国の圧力があることは明らかだった。着手の時期は、国連で小型武器会議が行われたタイミングでもあった。

取り締まりに対し、パキスタン各紙は「各方面から猛烈な反発が起きている」と伝えていたが、ISI関係者は「反発や抵抗は、取り締まりの難しさを示すための演出で、体裁を取り繕っているのだ」と内情を明かしてくれた。

ところでパキスタンは、軍主導で合法武器の製造に力を入れている。

イスラマバード郊外にワーという「軍需都市」がある。部外者は立ち入り禁止の秘密都市だ。

「パキスタン・オードゥナンス・ファクトリーズ」という国防省下の小型武器会社がある。整然とした街並みに十四の工場が配置され、従業員とその家族計四万人が生活する。

それぞれの工場で、拳銃や小銃、ミサイル、大砲、手榴弾、地雷、機関銃などを製造する。欧州製のライセンス生産もしている。手工業のダラとは違い、オートメーションの近代的な工場群だ。室内試射場で機関銃の引き金を引かせてもらうと、人差し指を軽く曲げただけで、何十発もの乾いた連射音が小さく響いた。

パキスタンは分離独立に伴い、軍需産業をゼロから興した。大英帝国下の十六の兵器工場がすべてインド側に編入されたからだ。近年、軍経営のこの会社は輸出が急伸し、貿易相手国は中東やアフリカを中心に三十カ国、輸出額は三千万ドル(九九年)に上るという。

社長のアブドル・カユーン中将(55)は、ダラでの非合法武器製造について、「国際的に悪名をはせており、一掃する必要がある。しかし、ダラでは生計の糧になっている」と語り、工場でダラの若い技能者の採用を進めていると説明した。私の一連の取材に軍政が応じた背景には、非合法武器を厳しく取り締まる姿勢を示したいとの思惑があったことは明らかである。

九・一一後、私は軍とダラを結ぶ「からくり」を知ることになる。米国がタリバン政権の壊滅を目指したアフガン軍事攻撃を進める中で、パキスタンの英字紙「ドーン」は、ダラがさながら兵器の見本市のようになっていると特報する。米国とロシアが反タリバン連合に大量の武器と資金を供与し、これらの一部がダラに流れ込んでいるからだという。また、失職していた多くの熟練工が、アフガンに武器の出張修理に出向いているとも書いていた。

真偽を調べようと、内務省にダラの取材申請をしたが、却下された。ＩＳＩ関係者を通じてもダメだった。ドーン紙の記者に相応の報酬を条件に取材への同行を依頼した。取材当日、ドーン紙の記者と落ち合い、ダラの周縁部の人目に付きにくい工房から取材を始める。最後に、銃器店が並ぶダラ中心部に入ったところ、二人の男に停車を命じられた。一人が手持ちの紙片を見ながら車のナンバーを確認し「ミスター・カスガ。待っていた」と告げた。

この取材は支局スタッフ、ＩＳＩ関係者を含めて誰にも言わなかった。運転手付きの車をレンタルし、運転手には直前まで行き先を告げなかった。にもかかわらず、行動を把握されていた。

まもなく別の男が現れ、連行される。ドーン紙の記者とともに拘束された先は、以前にダラを取材した際、同行してくれたＩＳＩ関係者から「地元有力者宅」と紹介され、食事などの歓待を受けた場所だった。何時間も待たされ、部屋に現れたのは、その「地元有力者」の若い男性だった。厳しい表情で「なぜ来たか」と詰問する。男性は携帯電話で誰かと会話を始めた。私の知り合いのＩＳＩ関係者のようだった。

その間、ドーン紙の記者が「彼（地元有力者）を知っているのか」と耳元でささやいた。私がうなずくと、「ダラの元締めだ。ダラの人間なら誰でも知っているＩＳＩだ」と言った。カシミールで武装闘争をしているイスラム武装勢力がＩＳＩの指揮下にあるのと同様、武装勢力やタリバンに武器を供給しているとみられるダラの町を実質的に統括しているのも、ＩＳＩだったのだ。

6　バーミヤン大仏破壊

バーミヤンの大仏を破壊するよう、タリバンの最高指導者オマル師が布告したのは〇一年二月二十六日。私は当時、米国のハワイで、愛媛県の水産高校の実習船に米原子力潜水艦が衝突した事故の取材に駆り出されていた。

破壊のニュースは「まさか」ではなく「またか」だった。タリバンは九七年四月、バーミヤン制圧を前に大仏爆破を予告したが中止する。翌九八年には部隊が大仏に砲弾を浴びせ、頭部など一部を壊したが、国際社会の非難を受け、やはり中止した経緯があった。

タリバン政権のクドゥラトゥラ・ジャマル情報文化相は三月一日、「破壊に着手した」と声明を出す。私はパキスタン紙ニューズのユソフザイ記者に電話をした。彼は「今回は本気だ」と断言した。絶対命令の「ファトア（宗教令）」が出ているからだという。

ユソフザイ記者は「タリバンは国連からの政権承認も、国連の制裁解除も断念したようだ」と指摘した。私はハワイから送った解説原稿で、今回の大仏破壊は、追いつめられたタリバンが国際社会に対して突き付けた「絶縁状」であり「報復」を意味すると書いた。

約三ヶ月前の国連制裁強化を機にバーミヤンで、タリバンと反タリバン連合のイスラム統一党ハリリ派との攻防戦が激化する。バーミヤンの奪還、再奪還の緊迫した戦況が続く中、仏像破壊令が出されたのだった。タリバンはバーミヤン攻防戦の最中、内戦終結を目指して和平工作を行っていた国連アフガニスタン特別ミッション（UNSMA）のカブール事務所の閉鎖を通告する。制裁強化への対抗措置だった。

折からアフガンの干ばつ被害は深刻化し、過去半年間に六十万人の避難民が発生し、うち十五万人がパキスタンに難民として流れていた。アフガン国内の避難民キャンプでは餓死者や凍死者が続出していた。国連の発表によると、国連は国際社会に対し、緊急人道支援のため二億二千九百万ドルの支援を呼びかけたが、仏像破壊令が出た時点で、わずか千四百万ドルが寄せられていたにすぎなかった。

私はイスラマバードに戻り、アフガン入りのタイミングを見計らった。パキスタンは国際社会から「いまこそタリバンへの影響力を発揮せよ」と求められ、ハイダー内相がカンダハルへ飛ぶ。三月十日にオマル師と会談し、破壊中止を説得する。国連のアナン事務総長も翌十一日、イスラマバードでタリバンのムタワキル外相と会い、破壊中止を求めた。

しかし、ムタワキル外相は同じ日の会見で「（破壊）作業は残すところわずかだ」と述べる。

ただし破壊の現場を第三者が確認したわけではなかった。私は翌十二日、ムタワキル外相にインタビューする。外相は「布告はひとり（オマル師）の決定ではない。すべての宗教学者の同意でファトアを出しており、政府は布告を実行する責務を負う」と語った。

外相によると、破壊作業は悪徳美徳（勧善懲悪）省と情報文化省が監督し、バーミヤンの大仏二体に加え、国立カブール博物館など国内の仏像すべてを対象にしたという。博物館では今後、仏像以外の芸術・美術品を収蔵、展示する方針だと言った。仏像破壊に伴う国際社会での孤立化については、「そういう結果に直面する準備はできている」と開き直った。仏像破壊は確実と思えた。ムタワキル外相も、インタビューを設定してくれたザイーフ大使も「穏健派」として知られていたが、破壊の理由については「純粋に宗教上の理由だ」と語り、国際社会を挑発する意図はないと強調した。

宗教上の問題とはどういうことか。これまで破壊しなかった大仏を完全に破壊するということは、何らかの政策転換をしたということである。政権内の政治力学に大きな変化が生じたことを示唆しているようだった。ハワイからの原稿では、タリバンが「我が道を行くことを決めたフシがある」とも書いたが、ビンラディン氏の存在を意識した文章ではなかった。振り返れば、「我が道」とはビンラディン氏とともに歩む道だった。

私はザイーフ大使に大使権限の即日の入国ビザを発給してもらい、翌十三日、陸路でアフガンに向かった。目的は「バーミヤン潜入」。報道陣も外交官も、だれも大仏の破壊を確認していなかったからだ。「タリバン養成所」のマドラサを運営するサミュル・ハク氏に頼んで、以前にオマル師との面会を求めた時と同様、紹介状を書いてもらった。身の安全を保証してくれる「お守り」代わりだった。

その日の夕方、アフガン国境のゲートがあるトルハムに到着する。ゲートは、パキスタンとタリバンの治安部隊の小競り合いで閉鎖された直後だった。「兄弟関係」であるはずの両者が発砲騒ぎを起こしていた。パキスタンの治安担当者は、ゲート越えに際して「身の安全は保障しない」ことを条件に通してくれた。

正面ゲート横手の通用門を抜けると、タリバン兵士が機関銃の銃口を向ける。外国人と分かってか、兵士の表情が緩んだ。ハイヤー可能な車を探す。人垣から飛んでくる「行き先は？」の声に「バーミヤン」と答えると、「石仏破壊の取材か？」と質問攻めにあう。人々は破壊のニュースをラジオ放送を通じて得ていた。

「外国は、飢えに苦しむアフガンの子供や年寄りではなく、偶像である仏像を気遣っている。不思議なことだ」。ラジオ・シャリアは前日の放送で、そんなニュース解説を流したという。運転手のキャル・モハマドさん（27）は車中でこう漏らした。「ムハンマドはイスラムの教えに反するからと、聖地メッカの偶像を破壊した。偶像破壊はイスラムの伝統だ。しかし、仏像は我々の歴史の一部である」。個人的には破壊に反対だと力説した。

カブールを前に、入域制限の午後十時を過ぎる。山岳部のサロベイにある食堂の一室を借りて寝袋を広げる。裸電球が灯った粗末な食堂にはタリバン兵士がいた。そばにいた年輩のトラック運転手が私たちにけんか腰で言い放った。「バーミヤン？　コーランの教えに従い破壊すべきだ」。

別の男が「アフガン人は破壊に満足している」と口を挟んだ。あとでキャルさんが「アフガン人は人前で本音は言わない。支配者がどちらに転ぶかわからないからだ」と耳打ちした。

十四日、カブールに入って厳冬地用のジープに乗り換え、毛布などの防寒用品を買い込む。取材申請をすべき外務省を素通りし、バーミヤンへの道を急いだ。行程は雪渓を縫う悪路の二百キロ。その夜、バーミヤンを目前にハザラ人男性が営む食堂に泊まった。この男性に取材協力を求め、通訳や運転手たちと潜入方法を話し合った。二つのハードルがあった。まず、複数の検問所をいかに突破するか。これをクリアできれば、兵士が厳重に警備する大仏の前で、いかに隠し撮りをするか。

検問所を抜けるには、荷物のあいだに身を潜めて毛布をかぶるか、ブルカをかぶって女装するしかない。しかし、バレた場合は射殺される恐れがあった。大仏前に到達しても、カメラを向けるにはリスクが大き過ぎる。自らは潜入せずに、住民を雇ってカメラを渡し、隠し撮りを依頼する方法も考えたが、ハザラ人男性は、だれも引き受けないと言い切った。二日前、歩いてバーミヤンに向かおうとしたアフガン人が自分の目の前で身体検査を受け、カメラと米ドル紙幣が見つかり連行されたという。

バーミヤン住民はすでに大半が逃げ出しているうえ、タリバンは「大仏の状況を外部に漏らせば処刑する」と脅しているという。バーミヤン方面からのトラック運転手の誰に聞いても、破壊状況について情報は得られなかった。東京本社に衛星電話をかけると、米CNNが破壊された大仏の映像を流していたという。記者自身が潜入したものではなさそうだったが、もはや拘束を覚

バーミヤンへの道。

悟で、正面突破を試みるしかなかった。

翌十五日朝、決行。大仏まで十五分の距離の「第一検問所」で、ジープを停められ、連行された。一行は、私とパキスタン人通訳二人、アフガン人運転手二人である。検問所から少し離れた小屋で、カーペット敷きの床に座らされる。カラシニコフを構えた兵士が取り囲む中、地区司令官が自ら荷物のチェックを始めた。司令官は「昨日、この先の第二検問所が、国際機関の車両に乗った外国人を拘束した。全裸にして鉄の鎖でムチ打ち、すべての皮膚をはいで投獄したそうだ」と脅す。

運転手たちは「旅行者だ」とシラを切っていたが、司令官はカメラや衛星電話、携行用アンテナと機材を次々取り出すと、「スパイだな」と言った。運転手に「お前たちはアフガンの同胞だ。本当のことを言えば釈放する」と告げる。運転手は「(取材で)バーミヤンに行けと頼まれた」と白状した。司令官は薄笑いをし、私と通訳の三人に、一人ずつ人さし指を向けて銃の引き金を引く仕草をし、銃殺を告げる。そのあとの経過は本書の冒頭に書いた通りである。

絶望的と思えた状況の中で、大仏の現状について聞いた。すると司令官は「ダイナマイトで粉々にした」と言って、ポケットからブルーの石を三個取り出した。くるまれていた布に金箔がこびりついている。「破壊したときに拾った宝石だ」という。「いくらか?」と尋ねると、「二万ドル」と言った。これで、助かるかもしれないと思った。「日本なら百ドルもしない」と言葉を返すと、司令官は「お前たち(アフガン人運転手)は帰れ。この三人を処刑する」と大声を上げたが、最終的に千ドルで買い取ることで折り合った。私は求めに応じ、紙片に「三個の宝石を買えて満足です」と一筆入れ、署名した。

この後、司令官は「自宅に仏像が四体ある。見たくないか」と持ちかけてきた。「偶像の所持はイスラムの教えに反するのでは」と切り返すと、相手は苦笑いを浮かべた。

いま振り返ると、最初から処刑するつもりはなかったのかもしれないが、いったんは死を覚悟する恐怖を味わった。ただ、この一件は「大仏破壊」の本質ではない。むしろ、私は国際社会がタリバンに「世紀の蛮行」と非難を浴びせていたことに違和感を覚えていた。「蛮行」には違いないが、蛮行に至る経過や背景を踏まえた非難を耳にしたことはなかったのである。

タイタニック現象

私たちはカブールに戻り、外務省に出向いて取材申請をした。米CNNが流したという大仏破壊の映像のことが気になっていた。CNNの現地スタッフに聞くと、「現地のタリバン幹部に一万ドルの成功報酬で依頼した」のだという。

インターコンチネンタル・ホテルにチェックインすると、ロビーは各国から殺到した大勢の記者でにぎわい、まだ続々と到着していた。久しぶりに活気を取り戻して臨時営業していたラウンジに入ると、間に合わなかったのか、表紙に大仏の写真を飾ったメニューを使っていた。一階のレストランの壁には、かつて大仏のレリーフが飾られていたが、タリバンがカブールを制圧した際に壊している。

ロビーに小さな書店がある。本の表カバーに人物が写っている場合、カバーを裏返しの白地にして陳列している。絵はがきはすべて風景写真だ。店主に「大仏の絵柄は?」と尋ねると、引き出しの奥から四種類を取り出した。「この国の目玉だったのに」と残念がった。

二体の大仏(五十五メートルと三十八メートル)は四～六世紀の建立とされる。六三二年にバーミヤンを訪れた玄奘三蔵は「金色に輝き、宝飾がキラキラしている」(大唐西域記)と記した。大仏を含む壮大な石窟寺院は、東西文化の融合が生んだ無数の仏像と壁画で飾られていたらしい。

大仏破壊は、タリバンが最初ではない。時期には諸説あるが、シルクロードのオアシス都市として栄えたバーミヤンは、七世紀～九世紀にイスラム教徒が侵入し、大仏の顔を削いで両腕を破壊したと伝えられている。壁画にも大打撃を与えたようだ。その後、モンゴル人が侵入し、大半の石窟を破壊する。ハザラ人はこのモンゴル人の子孫である。

街に出て、国営アリアナ航空のオフィスをのぞいた。アリアナ航空は、チケットの表カバーに、大仏の巨大さを際立たせるため、大仏と、その足下に立つ男性を一緒に写した写真を使っている。タリバン政権下では、黒のマジックインキで大仏の顔と男性の全身を塗りつぶし、客に渡していた。そんな作業をしている発券カウンターの男性は「タリバンの指示で馬鹿なことをやっている」と苦笑いし、無傷のカバーを記念に一枚くれた。

大仏は「アフガンの顔」でもあった。カブール市民の多くは破壊行為を「時代錯誤」で「ばかげている」と感じているようだった。外務省で取材申請をした際、若い役人に感想を聞いた。匿名を条件に「アフガンに和平が訪れたら、大仏には世界から観光客が訪れ、外貨を稼げる。仏像をすべて壊すぐらいなら、全部売りさばけばいい。一時的でも莫大な外貨収入が入り、貧しい人々のために役立てることができる。それこそがコーランの教えだ」と語った。

カブールをタリバンが統治して四年半がたっていた。相変わらず、映画もテレビも、ビデオも音楽も禁止されたままである。しかし、市民は以前から宗教警察の目を盗み、限られた範囲でそれらを楽しんでいた。市民の間で、ハリウッド映画「タイタニック」にちなんだ「タイタニック現象」と呼ぶべきブームが起きていた。

電気店街を訪れる。商品の主流は日本製のラジオカセだ。店員のパシルさん（20）は「コーラン朗読や宗教学者の演説、詩吟を聞くために使う」と説明した。「本当の売れ筋は？」と問いつめると、ビデオデッキやVCDを密かに扱っていると明かした。日本円で一万～一万七千円と、庶民には高嶺の花だが、約一割の家庭が隠し持っているらしい。アラブ首長国連邦のドバイからパキスタンやイランを経由し、密輸されているという。

ホテルで知り合った英語の流ちょうな男性に「どこで英語を勉強したの？」と聞くと、「BBCとCNNを見ている」と苦笑いしていた。街では、タイタニック号の絵柄と「TITANIC」の英文字をあしらった小さなラベル付きのベストやジャンパーを着た若者が目立つ。アブドル・カハールさん（21）もそのひとりだ。革のベストは日本円で八百円。パン屋勤めの月収二ヶ月分に相当するが、「流行だから欲しかった」と笑顔を弾ませた。

市街のあちこちに並ぶリヤカー式の衣料品店。店主らによると、衣類の大半は中国製かパキスタン製で、アフガンに持ち込まれてからラベルを貼り付ける。衣類は、カラフルな色やデザインとは無縁だが、小さなラベルは、ささやかなお洒落になっていた。

女性用の高級生地店に入ると、店主のバルヤライさん(27)が白い刺繍入りの生地を取り出した。端に「TITANIC」と小さく刻んである。裁断すれば切り落とされるのに、これが一番売れるのだという。「(映画は)ロマンチックで、壮大で……」。バルヤライさんはそう言うと、急に言葉を飲み込んだ。「私も家族も観たことはない。申し訳ないが、宗教警察に疑われる」

カブールで映画「タイタニック」のビデオが出回り始めたのは、映画公開二年後の九九年ごろ。息の長いブームとなり、〇〇年末に大ブレイクした。映画の主演、レオナルド・ディカプリオのヘアスタイルが若者の間で流行し、宗教警察が「反イスラム的な髪型を大衆に広めた」と、理髪師数十人を一斉逮捕したとのニュースが流れたことがある。

ブーム以来、「タイタニック・ジャケット」「タイタニック・ケーキ」と、何にでも「タイタニック」の冠を付けて売られるようになった。路上のフライド・ポテト屋が「タイタニック・ポテトはどうだい」と声を掛けていた。普通のフライド・ポテトである。近くの果物の屋台では、主人が「タイタニック・リンゴだよ」と手招きしていた。

窮屈で、乾いた生活の中で、市民は「タイタニック」に小さな心のオアシスを見い出し、欲求をなだめ、あこがれを膨らませているかに見えた。

カブールに戻った翌々日の十八日、ムタワキル外相が外務省で記者会見した。大きな机を各国の記者たちと一緒に囲んだ外相は「国際社会がアフガン国民の苦悩は気にもかけず、仏像救済のために悲痛な叫び声を上げてきたことは実に驚きだ」と言った。

一方で、アフガンの窮状に触れて、「（ソ連侵攻に伴う）二十年に及ぶ戦争で、アフガンのすべてが破壊し尽くされた。破壊するのは容易いが、再建は困難で長い時間がかかる」と真顔で言った。意味深な発言である。

破壊の理由について、外相は「国連制裁とは関係がない。国内問題であり、宗教上の問題だ」と、従来の説明を繰り返した。バーミヤンを外部世界に公表しない理由については、「昨日も反タリバン連合がバーミヤンに攻撃を仕掛けてきた」と述べ、国連制裁強化によってタリバンにのみ武器禁輸が科せられて反タリバン連合が勢いづき、バーミヤンの安全確保が難しくなっていることが最大の理由だと説明した。

「テレビやコンピューターをどう見なしているか」。外相の「穏健度」を確かめるような質問も飛んだ。外相は「適切にならば使ってもいい」と答えた。「では不適切な使用とは？」。外相は「社会のモラルを害する使い方だ」と応じた。

外相の口から大仏破壊の真相は期待できなかった。そこで、悪徳美徳省とともに、破壊を執行した情報文化省を訪ねた。ジャマル情報文化相（33）がインタビューに応じてくれた。情報文化相は、バーミヤンの大仏だけでなく、カブール博物館収蔵の「カニシカ王像」など、すべての仏像を破壊したと認めた。そのうえで、オマル師が「仏像破壊令」を出すまで、「仏像は我々の文化遺産だ」と主張し、破壊に反対していたと話した。

「バーミヤンはかつて仏教徒が支配し、仏像は崇拝対象だった。海外から観光客が訪れ、崇拝対象であり続けた」とも語り、言葉の端々に無念をにじませた。ジャマル情報文化相を「強硬派」と見る向きもあるが、私の印象は違う。

アフガンは古代シルクロードの中間点に位置し、ギリシャ文明とインド文明が融合したガンダーラ仏の宝庫として知られ、カブール博物館は世界でも有数のコレクションを誇っていた。カブールの「カニシカ王像」は、インドのマッーラ美術館の「カニシカ王像」と並んで世界的な遺産として知られていた。

ジャマル情報文化相によると、破壊作業は布告の翌二月二十七日に開始し、外相会見前日の三月十七日に終えた。破壊点数は「不明だ」という。

仏像などの文化遺産は、アフガン戦争とその後の内戦により大半が破壊もしくは略奪の対象になった。カブール博物館はロケット砲弾などで廃墟と化し、タリバンが首都を制圧した時は、当初のほぼ九割の収蔵品が失われていた。タリバンの情報文化省は散逸したコレクションをカブール博物館の展示室に集め、ドラム缶や木箱に詰めて厳重に保管していた。

私は〇〇年三月の前回のアフガン訪問の際、廃墟のカブール博物館内を見て回った。砲弾の雨を浴びた建物は天井の一部が崩れて青空がのぞいていた。壁という壁に大小の弾痕があった。一階のフロアや通路には、がれきや遺物の破片らしきものが無数に散らばったままだった。ただ、一階のメーンフロアには半身像のカニシカ王像が無造作に置かれていた。世界的に知られた「スルフコタルの碑文」もあった。一階通路に並ぶいくつもの展示室は、それぞれの扉をいくつもの南京錠で施錠し厳重に封印されていた。案内してくれた守衛は、これらの展示室に残存のコレクションを保管しているのだと説明した。

ジャマル情報文化相によると、〇〇年夏、悪徳美徳省が仏像破壊を強行しようとした。情報文化相はこれに反発し、阻止した。ところが、直後に「タリバンがすべての仏像を破壊した」とのうわさが内外に流れたため、「仏像は無事だ」と証明する目的で、七月下旬の数日間だけ、現存コレクションを公開した。

一時公開された博物館を訪れた国連アフガニスタン特別ミッションの田中浩一郎政務官は、石こうで修復された釈迦像一体のほか、碑文などがロビーに展示してあるのを覚えていた。「この公開が『パンドラの箱』を開けてしまった可能性がある。仏像公開が逆に強硬派を刺激したのかもしれない」と指摘した。

ジャマル情報文化相によると、今回の破壊では、碑文やコイン、剣や古式銃、ポットなど仏像以外の美術品は無傷で、全国で三万点に上るという。「スルフコタルの碑文」も無事だと言った。省内では、別の高官が匿名で取材に応じてくれた。「個人的には仏像破壊に反対だったが、オマル師の命令には逆らえない。壊せと言われれば壊すしかない。破壊はタリバンの政策ではない」と無念を語った。

私は情報文化相との会見からまもなく、パキスタンに引き返した。外務省は「バーミヤンの治安維持が確保できれば破壊した大仏を公開する」と約束したが、アテにならないと思ったからだ。だが、タリバンは約束を守ったのである。

パキスタンに、もう一つの驚くべきニュースが飛び込んできた。ペシャワルを本拠に医療活動を続ける日本のNGO「ペシャワール会」の中村哲医師が、大仏破壊直後の三月十八日、医療活動の一環でバーミヤンを訪れ、大仏跡の前に立っていたのだという。周辺にはタリバン兵士数百人がいて、破壊跡を写したフィルムの一部を没収されたという。その中村医師の『本当は誰が私を壊すのか』と題する文章が毎日新聞（〇一年四月三日付夕刊）に掲載された。医師がバーミヤン入りした当時、現地では散発的な戦闘が続いていた。

それによると、大半の外国NGOが（国連制裁強化により）撤退または活動休止に追い込まれる中、中村医師はむしろ活動域と規模の拡大を目指し、バーミヤンでの活動の可能性を探っていた。スタッフの前で「我々は（仏像破壊について）非難の合唱には加わらない。餓死者百万人という中で、今議論する暇はない。真の『人類共通の文化遺産』とは、平和・相互扶助の精神である」と話した。

文章の最後をこう締めている。「バーミヤンで半身を留めた大仏を見たとき、何故かいたわしい姿が、ひとつの啓示を与えているようであった。『本当は誰が私を壊すのか』。その巌（いわお）の沈黙は、よし無数の岩石塊と成り果てても、全ての人間の愚かさを一身に背負って逝こうとする意志である。それが神々しく、騒々しい人の世に超然と、確かな何ものかを指し示しているようでもあった」

その後、タリバン政権下のアフガンを描いた映画『カンダハール』のイラン人監督、モフセン・マフマルバフ氏（44）の言葉に、中村医師に通じる思いを見た。「アフガンを追いつめたのは世界の無関心だ」と指摘し、こう続ける。「全世界の人々はバーミヤンの仏像を守れと声高に叫んだが、干ばつと飢饉で死にひんした百万人の存在には無関心だった。バーミヤンの仏像は、こんな世界に対する恥辱のために自ら崩れ落ちたのだ」(〇一年一月十六日夕刊)

私はパキスタンに戻ると、モイヌディン・ハイダー内相を訪ねた。大仏破壊の阻止を託されて、特使としてオマル師に直接「最後の説得」を試みた人物である。

内相によると、オマル師に対して開口一番「仏像破壊は正しい方向ではない」と語った。「イスラムは千四百年もの間、アフガンに生き続け、仏像も存在し続けた」とも諭した。オマル師は「我々は国際社会の言うことに耳を傾ける用意はある。ただ自分たちの部族の文化、アフガンの文化に関わる問題では一切妥協しない」と答えた。

内相は今度はエジプトの遺跡保存の例えを挙げて、「エジプトには今は崇拝対象になっていない多くの像が存在する。世界的な遺産だからだ。我が国や他のイスラム諸国に相談すべきだった」と述べると、オマル師は「仏像はアフガンにある。だから国内問題だ。他国や他国の宗教学者とは関わりがない」と反論したという。

ただ、パキスタンが本気で仏像破壊を阻むつもりなら、タリバン幹部と太いパイプを持つISIを送り込むべきだった。内相派遣は、当初から説得不能と見切っていたか、国際社会に表向き「説得努力」をアピールすることが狙いだったのか、どちらかだろう。説得の失敗は、パキスタンにはむしろ「成果」だった。「タリバンへの影響力などない」ことを印象付ける好機となったからだ。

パキスタンは九八年の核実験以降、カルギル紛争、軍事クーデター、インディアン航空機乗っ取り事件関与疑惑と続き、タリバン同様に、国際的孤立への道を滑り落ちていた。しかし、〇三年のクリントン米大統領の訪問を受け、国際社会の一員として「首の皮一枚」で踏みとどまると、ムシャラフ政権は深刻化していた経済再建を国家危急の最優先課題と位置づけ、国際協調路線に大きくカジを切っていた。

これに対し米国は、パキスタン経済の命運を握る国際通貨基金（ＩＭＦ）の融資再開にゴーサインを出すなど、ムシャラフ政権の基盤強化に協力を始めていたのである。

そうした中、ハイダー内相は、経済閣僚を中心とする「穏健派」の中でも、とりわけ対米関係改善を主張する旗頭的な存在だった。穏健派は、ムシャラフ陸軍参謀長に「イスラム原理主義勢力の伸張は国家を破滅させる」と進言し、さまざまな施策を導入する。「原理主義の温床」とされるマドラサについては、学生を把握するため、コンピュータを導入して登録制にするよう勧告した。アフガン国境線での不法出入国の監視強化、武器・麻薬の密輸取り締まりも進めた。非合法銃器の町ダラでの取り締まりキャンペーンもその一環だった。

私がバーミヤンに向かう途上のトルハム国境で、タリバンとパキスタンの治安部隊が衝突したのは、国境監視の強化に端を発したものだった。内相が相次ぎ打ち出した施策は、「タリバン化現象」の浸透に対する危機感にほかならなかった。ハイダー内相は対アフガン政策について、タリバン政権で強硬派支配がすでに確立したという現状を認識したうえで、国際的に取り込むことによって穏健化政権へと転換させていく努力をすべきだと提唱していた。タリバン単独政権ではなく、タリバンを中心に、反タリバン連合を取り込んだ「連立政権」構想を支持していた。

しかし、タリバンはバーミヤンの大仏破壊により、国際社会に「絶縁状」を突き付けてしまったあとである。「タリバン穏健化」の可能性は残されているのか。ビンラディン氏への依存関係はどういう状況にあるのか。今度は反タリバン連合の側からアフガン情勢を眺めてみようと思った。

反タリバン連合

パキスタンから、中央アジアのタジキスタンは遠い国である。両国の首都間はセスナ機で一時間ほどの距離だが、民間機の運航はなく、ドバイ（アラブ首長国連邦）―フランクフルト（ドイツ）―モスクワを経由し、二日をかけて到着した。

タジキスタンは、反タリバン連合を支える「前線国家」となっていた。反タリバンの唯一の実働部隊、タジク人主体のラバニ派は民族的に同一である。原理主義勢力としてのタリバンを脅威ととらえ、タリバンの背後に控えるパキスタンを敵視していた。

タジキスタンは、五年間で五万人以上の犠牲者を出した内戦が終結し、まもなく四年を迎えようとしていた。ラフモノフ大統領とイスラム反政府勢力「タジク統一野党（UTO）」が和平合意し、統一野党を加えた挙国一致政権が復興に向け歩み出していた。

しかし、和平合意で武装解除を求められた統一野党内には抵抗勢力がいた。隣国の反政府イスラム武装組織で、キルギスで起きた日本人技術者拉致事件（九九年夏）を起こした「ウズベキスタン・イスラム運動（IMU）」などと共闘していた。ウズベキスタン・イスラム運動はタリバンと連携しており、タリバン支配地域は、統一野党の抵抗勢力の「後方支援地」としての役割を担っていると指摘されていた。

私がタジク入りする直前、首都ドゥシャンベ郊外でサンギノフ第一内務次官が暗殺される事件が起きていた。次官は、国内の治安を統括する内務省の実務部門トップで、外務省は「国外のテロ組織と結託した犯罪」との声明を出した。

タジキスタンは旧ソ連の最貧国。定職に就いても賃金は月七〜十ドル。滞在中、市民の間でこんなジョークが流行っていた。「日本に戦争を仕掛けよう。そしてすぐに降伏しよう」。その心は「日本に占領されたら、極貧の生活から解放される」というのである。貧困がイスラム過激派の勢力を伸張させ、国内情勢を不安定にしていた。外国企業の進出や援助を妨げ、人々の暮らしと国家経済に打撃を与えてもいた。こうした悪循環は、アフガンの構図と似ていた。

ドゥシャンベでは、独立系ジャーナリストのイルホム・ナルジーフ氏が取材に協力してくれた。以前からアフガンから流れ出る麻薬の問題を追跡していた人物である。

タジクとアフガンは主にパンジ川本流を隔て国境線になっている。ナルジーフ氏によると、全長九百キロの国境線のうち、百五十キロをタリバンが、七百五十キロを反タリバン連合のマスード派が支配していた。とりわけ、マスード派の拠点があるホジャバハウディンを中心とするマスード派支配の約五十キロ区間は、川筋に低木が生い茂る絶好の侵入ルートだ。夜間から未明にかけ、武装した男たちがタジク側に越境する。丸太の代わりに牛革の浮き袋で仕立てたイカダに麻薬を積載する。

密輸現場に何度も足を運んだというナルジーフ氏は「密輸グループは越境組を援護するため、タジク側に展開するロシア国境警備隊にかく乱射撃を仕掛ける」のだという。警備隊は不審者を発見次第、発砲する。過去三ヶ月間に八回の交戦が起き、逮捕者八百人、押収されたヘロインは一・八トンに上る。

警備隊のジョーキン副隊長によると、小分けされたヘロイン入りのビニール袋には品質と産地が刻印されている。純度の高い最高級の表示は「999」。「777」「555」と下がる。「999」はアフガンで一キロ五百ドル。陸路西へ流れ、モスクワではその百倍、五万ドルに跳ね上がるという。

ナルジーフ氏によると、麻薬のタジク・ルートを支配しているのは反タリバン連合の地区司令官たちで、「アフガンでは戦況とカネ次第で、どちらにもすぐに寝返る。だから十分な軍資金を確保するためにも、麻薬と手を切るわけにはいかない」と解説した。

ドゥシャンベにあるアフガン大使館は、国連に代表権を持つ「ラバニ政権」である。当時のアフガン三十州のうち、反タリバン連合支配地域は三州（バダクシャン州、カピサ州、パルワン州）に過ぎなかった。応接室には九二年当時のラバニ大統領就任演説の冊子が置かれていた。

ここでラバニ政権の入国ビザを申請する。ドゥシャンベと反タリバン連合支配地域の「玄関口」ホジャババハウディンの間を、不定期に軍用ヘリが飛んでおり、これに乗せてもらう。人口数万のほこりっぽい町にある外務省事務所はゲストハウスを兼ねており、ここで寝泊まりし、マスード将軍との面会を求めた。将軍はラバニ政権の国防相だが、ラバニ氏を立てながら、ラバニ派も反タリバン連合も自らが仕切っていた。

ゲストハウスに先客があった。アフガン戦争当時、米国防総省で対ソ連戦略立案の責任者だったエリー・クラコウィスキー氏。共和党のユダヤ人で、女性ロビイストと一緒にアフガンとその周辺国を回り、各地のキーパーソンと会っていた。クラコウィスキー氏は、アフガン戦争をゲリラ側の勝利に導く原動力になったスティンガー・ミサイル導入を進言した人物で、現在は共和党シンクタンクに所属し、ブッシュ政権の対アフガン政策を練り上げるため調査活動をしていると言った。

クラコウィスキー氏は、インドの情報機関から得た情報として、タリバン支配地域に「テロキャンプ」はすでに約四十カ所あり、ビンラディン氏グループの「聖域」と化してタリバンすら手が出せないと説明した。身柄問題について、タリバンは米国に身柄を「引き渡せない」可能性が高いと指摘した。ビンラディン氏のタリバンへの影響力は、タリバンの政策決定を左右し、「ウサマ化現象」と呼ぶべき状況になりつつあると分析した。「タリバンを穏健化させることは、もはや不可能」とみていた。

「ウサマ化現象」

タリバンの「ウサマ化現象」については、パキスタンのウルドゥー語紙オーサフのハミド・ミル編集長から似たような話を聞いていた。「ビンラディン氏はオマル師から治外法権を認められている」というのである。ハミド・ミル氏は、すでに紹介した通り、九・一一後、米軍に追われるビンラディン氏と唯一会見したジャーナリストとしてのちに知られることになる。タリバンの情報機関「イスタクバラク」（反タリバン連合には「アムニット」という情報機関がある）の幹部を務めるかつての部下から情報を入手しているという。以下のエピソードは「日本語メディアでのみ書く」ことを条件に証言してくれた。

アフガン南部のカンダハル郊外に「難攻不落の砦」がある。複数あるビンラディン氏の隠れ家の根城である。九八年に米国がアフガン東部ホストにミサイル攻撃を行った際、この場所にいたという。

やや横長の長方形の敷地は広く、人の背丈の三～五倍の外壁で囲まれている。北と西に小高い山が迫り、南側には広大な小麦畑。東側に正門があり、長いアプローチを隔てて、南北に伸びる道路と結ばれている。敷地の北西部に住居棟があり、その東側にモスクが隣接する。敷地にはビンラディン氏がサッカーを楽しんでいるというグラウンドがあり、その東隣には乗馬場もある。

外壁の北東の角には対空機関砲を備える。

敷地の周囲には、最先端兵器で武装した私兵約二百人が配置されている。マレーシア人、インドネシア人、米国の黒人ら多種多様で、双肩にそれぞれ一丁の最新式の銃、そして手榴弾などで武装し、夜間にはゴーグルのような赤外線テレスコープをはめて監視している。

ハミド・ミル編集長は九七年三月、初めてここを訪れた。以来、正門右手の警備室で全裸状態でチェックを受け、所持品はボールペン一本に至るまで厳密に調べられる。

私兵は敷地に近づく者に対して、共通語のアラビア語で呼びかけ、返答がなければ即、射殺。返答があれば暗号を発して敵見方を見分ける。タリバンのオマル師からは「近づく者は誰であれ殺してよい」と許可を得ているという。

米タイム誌(〇一年三月二十日号)によると、前年の〇〇年にCIA(米中央情報局)が「ウサマ捕獲計画」を立案、クリントン大統領がゴーサインを出した。CIA支援のパキスタン工作員が決行する極秘作戦だったが、計画はとん挫したと報じた。

編集長は「真相は違う」と言う。九七年と九九年八月、九九年十二月の三回、暗殺作戦が敢行され、いずれも未遂に終わった。九七年の時、ビンラディン氏は間一髪で難を逃れたといい、内容は口外できないと言った。九九年八月のケースは次のようなものだった。

アフガン人四人が隠れ家の正門に現れた。

警護兵　どこに行く?

アフガン人　タリバンの特別警察だ。

警護兵　　誰が呼んだのか？　身分証明書を出せ。

すぐに銃撃戦となり、まもなく四人は射殺される。

次の事件では、あごひげを伸ばしたパキスタン人二人が深夜、草木のない小高い山から侵入を試みた。警護兵は二重に配備されており、山沿いの最初の警備をくぐり抜けるが、侵入者に気付いた最初の警護兵が建物を囲む別の警護グループに無線で連絡。約十五分後、二人を両側から囲んで、尋問した。

警護兵　　誰だ？（アラビア語）

パキスタン人　……（言葉が分からず返答せず）

警護兵は直ちに射殺した。携帯用の衛星電話と爆破装置が見つかり、一人の遺体からは二つの電話番号が書かれたメモが見つかった。一つはイスラマバードの米大使館。もう一つは米大使館の武官の連絡先だったという。

スパイ小説さながらのエピソードで、いかにも出来すぎという印象がある。しかし、ここでは詳細は省くが、イスラマバードに約十五年間在勤したこの武官の周辺を取材すると、CIAとISIの駆け引き、暗闘ぶりがほの見えるいくつかの事例にぶつかった。

タジク入りの直前、パキスタンのイスラム原理主義政党「イスラム聖職者協会（JUI）」のサミュル・ハク氏を訪ねていた。このとき、応接室に目新しい三枚のパネル写真を見つけた。サミュル・ハク氏が銃とコーランを掲げた見慣れた写真は取り外されていた。

ビンラディン氏が無線機の受話器を耳に当てている姿、ビンラディン氏とサミュル・ハク氏、そして双方の息子を加えた計四人の集合写真もあった。どれもプロ写真家の手によると思える出来のいいものだった。

当時はビンラディン氏の所在をめぐり、西側メディアはさまざまな情報を垂れ流していた。重病説やアフガンからの逃亡説もあった。しかし、〇一年一月にアフガン国内で撮影されたというビンラディン氏は生き生きとした表情だった。九八年八月の米国のアフガン・ミサイル攻撃以来、ビンラディン氏の姿が公になったのは、息子の結婚式(〇一年一月九日)に招待されたカタールの衛星テレビ・アルジャジーラが流した映像だけだった。サミュル・ハク氏に写真の複写を求めたが、頑として首を縦に振らなかった。

——ビンラディン氏とはどんな方法で連絡を取り合っているのか。

ハク氏　ウサマは私に会いたいとき、メッセンジャーを寄越す。指定されたアフガン国内の場所にこちらから出向く。ウサマは家族を含む七百~八百人の護衛の下に暮らしている。私はウサマの息子の結婚式に出席できなかったが、そのビデオを送ってくれた。

——前回はいつ会ったのか。

ハク氏　約二ヶ月前(〇一年二月)だ。彼は刑務所にいるわけでも、カゴの中にいるわけでもない。自由に動き回っている。

——米国はウサマ氏の所在を懸命に追跡している。

ハク氏　米国はミサイル攻撃をしたが殺害に失敗した。今も延々と（殺害を果たせない）ドラマを演じているだけだ。米国の情報は間違いだらけで、追跡のためのシステムは機能していない。CIAは馬鹿なのだ。我々はソ連の侵攻に徹底して抗戦したように、いずれアフガンに乗り込んでくる米国とも徹底して戦うだろう。そして、米国もアフガンで泥沼に落ち込むことになる。米国は日本に何をした？　広島や長崎に原爆を落としたではないか。ウサマは日本に代わって米国にリベンジをしている。日本はウサマに手を貸したらどうか？

――タリバンとウサマ氏の関係は。

ハク氏　いい関係だ。ウサマは自分のことでタリバンに迷惑をかけないよう振る舞っている。オマル師に何度も、迷惑ならアフガンから離れると申し出ている。しかしオマル師は「アフガンであなたはとても尊敬されている」とこれを受け入れない。「今は、国家の統合と威厳のために、あなたを離すわけにはいかない」とも言っている。

マスード将軍

私はホジャバハウディンで、マスード将軍との面会を求め、滞在を続けていた。干ばつによりゲストハウスの水不足は深刻で、毎朝バケツ一杯の水をもらい、頭と身体を洗うのが日課だった。タリバンが大規模攻勢をかけてくるとの情報が流れており、反タリバン連合は、タリバンをいかに迎え撃つか、防戦一方の戦況だった。

郊外の避難民キャンプを訪ねる。乾いた大地に粗末なテント群が広がる。避難民は増え続け、約六千人が暮らす。女性が血相を変えて駆け寄り、「食べ物を持って来たんじゃないの」と叫び出した。周囲が懸命になだめる。キャンプのリーダー格、クラガさん（30）によると、過去二ヶ月、国連や民間団体の食糧支援もなく、極限状態にあるという。

避難民は「草を食べている」と口々に言う。沸騰させたたまり水で湯がいた雑草だ。湯を沸かす薪も欠乏し、体力のある子供は町に物ごいに出る。しかし、タリバンが反タリバン連合支配地域を道路封鎖して「兵糧攻め」にしており、主食の小麦の値段は半年前に比べ二倍に高騰、住民はロバを使って封鎖道路を迂回し、物資を運搬していた。

キャンプには赤痢やマラリアがまん延し、前日には十三歳の少女が餓死した。空腹と病気、絶望感。そしてテントに忍び込む猛毒のヘビやサソリに人々はおびえていた。ゲストハウスで支給されていた三度の食事とバケツ一杯の水が、どれほどのもてなしかを思い知った。

タリバンに再奪還されたタカール州の州都タロカン近くから逃れてきたロビャさん（40）は「昨年、タリバンが村に来て夫が銃殺された。今回はタリバンの姿を見た途端、何も持たずに四人の子供を連れて飛び出した」と涙を浮かべた。同じテントのハリジャさん（60）は「パキスタン兵が私の家を焼いた」と証言した。息子はタリバンに殺されたという。

米国の民間援助団体の地元スタッフによると、前年来の戦闘でアフガン北東部の避難民は、登録者だけで二十四万人以上。タジク国境に向けて逃げた人々は国境線の川の中州にキャンプを張っているという。このスタッフは「タジク国境にはロシア国境警備隊がいて、越境できない。背

ホジャバハウディン郊外の避難民キャンプで、
日ごろ食べている雑草をしめす女性。

後のタリバンからは砲撃を受けており、進むことも引き返すこともできない。危険地帯だから援助の手を差し伸べられない」と首を振った。

ホジャバハウディンから南西約二十キロにあるダシトカラの前線を訪れた。高台の陣地を歩く。その下をコクチャ川が流れる。その向こうの小高い山並みにタリバン部隊一万五千人が展開しているという。コクチャ川と枝分かれした右手の川はタジクとの国境線。タジク側にはロシア部隊が控えている。

陣地は木々のない広大な台地だ。相手の砲撃をかわす場所は崖っぷちに掘られた塹壕だけだ。散発的に「ドーン」と鈍い砲撃音がとどろくが、兵士たちは「本番はまだだ」と平然としている。数キロ先のタリバン陣地に砲身を向けて、T54戦車やBM12ロケット砲などの旧ソ連製兵器を配置している。兵士は時折、思い出したように砲弾を装填し発射する。

夕暮れ時。カラシニコフ小銃と無線を手にしていた戦車隊のサタルさん（30）は戦闘靴からサンダルに履き替えた。「以前はソ連から国を守るために戦った。今の敵はパキスタンだ」と言った。無線には時折、相手陣地の交信が入る。意味不明のウルドゥー語も耳に飛び込んで来るという。パキスタンの公用語である。

日暮れて、兵士たちは銃を置き、祈りを始めた。戦場に静ひつな時が流れる。タリバン側の最前線で見たのと同じような祈りの光景だった。ウズベク人のマムル・ハサン司令官（51）によると、自軍の兵力は相手の三分の一。「何とか食い止めたい」とつぶやいた。

マスード将軍。インタヴュー中にもひっきりなしに
電話がかかってきた。

マスード将軍から声が掛かった。タカール州のホスデという山峡の拠点に向かうので「来ないか」という誘いだった。旧ソ連製の軍用ヘリに一緒に乗り込む。ヘリは超低空でカラコルムの山峡を滑空した。約一時間後に到着したホスデは、アフガン戦争でソ連軍が最後まで攻略できなかった自然の要害だ。渓流には澄んだ水がとうとうと流れていた。

翌朝、崖を背にした小さな家屋の司令部で将軍にインタビューができることになった。首都を敗走して以来、日本のメディアの会見に応じるのは初めてだった。ところが当日、側近が「中止」を伝えてきた。将軍は前夜から高熱を出し、起き上がれないという。だが、引き下がるわけにはいかない。ようやく姿を見せた将軍の表情は本当につらそうだった。

小さな木製の机と椅子があるだけの三畳ほどの部屋。側近が机の上に衛星電話を持ち込むと、ひっきりなしに電話が鳴る。どれも前線司令官からだった。

マスード将軍は、タリバンの背後に見え隠れするパキスタンとビンラディン氏の存在の大きさを強調した。オマル師は、イスラム教スンニ派の厳格なワッハーブ派の影響を受けて過激化し、バーミヤンの大仏破壊もその延長線上だと指摘した。「オマル師はもはやウサマと思考傾向が同じだ」と言った。また、オマル師を「拡張志向」の持ち主だと断じた。その理由は自ら「アミル・ウル・ムミニーン」を名乗っているからだという。イスラム世界の指導者たることを目指している証拠で、それまでの国連仲介の和平交渉でタリバン側があくまでオマル師を「アミル・ウル・ムミニーン」と認めるよう求めたのに対し、自分たちは国連の下で選挙を行うべきだと主張し、合意に至らなかったという。

ビンラディン氏については「数千人のアラブ兵に加え、莫大な資金提供を続けている」と述べた。将軍の根拠地のパンジシール渓谷にある捕虜収容所には、タリバン部隊に加わった多数のアラブ人やパキスタン人のほか、中国人や東南アジア人を収容しているという。

外国人捕虜の存在を確かめるため、捕虜へのインタビューを申し入れると、パンジシール渓谷に向かう軍用ヘリに乗せてくれることになった。陸路は雪解け前で通行不可能。ヘリが唯一のアクセス手段だった。しかし、ホスデ滞在中、天候不良でパンジシールへの運航は取りやめとなり、いったんホジャバハウディンに引き返す。

ホジャバハウディンから、ラバニ政権の鉱物資源相、モハメド・アレム・クレシ（62）氏と一緒にアフガン最深部バダクシャン州の州都ファイザバードに向かうことになった。ラバニ大統領（61）がタリバンに首都を追われて以来、出身のこの地に身を寄せていた。

丸一日、四輪駆動車で山峡の悪路を走る。ファイザバードは渓谷の美しい山里だった。人口は十万余。外を歩く女性はみんなブルカ姿だ。ここには六つの女学校があり、うち第二学校を訪ねた。一学年（七歳から）から十二学年まで、生徒数千三十二人。五学年までは男児が混じっている。バダクシャン州は女子就学率が九〇％を超え、男子より高い。アフガンはもともとイスラム諸国の中でも極めて女子教育の行き届いた地域だという。校長以下、教師は八十五人。化学の男性教師一人を除き、全員が女性である。

応接室に十数人の女性教師が集まってくれた。ブルカを脱いだ彼女たちはみな若く、色白で彫りの深い美貌だった。その一人、ファリダ・サルバリさん（25）は、タリバン流の統治を「反イスラムであり、反女性であり、反人間だ」と厳しく批判した。ただしブルカについては「自分たちの伝統だ」と説明した。

渓流沿いにラバニ政権直営のゲストハウスがあり、クレシ氏と同じ部屋に投宿した。水道もシャワーもなく、電気は自家発電。国家機能を喪失した反タリバン連合を象徴するようなみすぼらしい宿舎に、ラバニ大統領は夜半、ブーツ状の軍靴を履いた十数人の迷彩服の武装兵士を引き連れ、訪ねて来てくれた。

秘書が食堂の応接テーブルに小さな卓上国旗を置き、会見が始まった。ラバニ氏はタリバンを「国家建設のビジョンはない。戦うことだけが目的であり、その本質だ」と評した。内戦の長期化については「外国（パキスタン）の軍隊とテロリスト（ビンラディン氏）が支援しているからだ」とし、「我々は戦争ではなく交渉を望んでいる」と語った。

会見後、部屋に戻るとクレシ鉱物資源相が耳打ちした。「ラバニもマスードも好人物だ。だれもが認める。しかし、政権幹部はみんな去り、長老格で残っているのは私くらいだ。二人とも戦いを終わらせることができない」と、内戦に辟易していた。クレシ氏はドイツのカール大学で地球物理学を専攻、帰国して石油局長などを歴任し、親ソ連のダウド政権で鉱物資源相に抜擢された人物である。

反タリバン連合支配地域にはえん戦気分が漂っていた。巻き返しなど望める状況ではなかった。国連（UNOCHA）の現地スタッフ、バズ・モハマドさん（53）は「みんな戦いに疲れ切っている。タリバン支配下でも圧制により爆発寸前だ。どこかで、誰かが決起すれば、国民は雪崩を

ファイザバードの女学校で。

打って支持する」と語った。タリバンはダメ、反タリバン連合でもダメ。先の見えない閉塞感の中で、モハマドさんは第三勢力を待望する声を代弁した。

パキスタンに戻り、私は月刊誌に書いたタリバン化現象に触れた原稿で、末尾をこう締めた。

「『仏像破壊』を機に浮かび上がったタリバンの権力構造と、ウサマ氏の存在。これは、水面下で連動するパキスタンの政情だけでなく、国際社会への過激イスラムの波及という観点からも、無視できない問題になってきた」

二〇〇一年九月十一日に向け、時は刻んでいた。

7　タリバン政権衰亡

米同時多発テロ

二〇〇一年九月九日、反タリバン連合の最高司令官、マスード将軍がアフガン北部のホジャバハウディンで暗殺される。犯行グループのジャーナリストを装ったアラブ人二人は私と同様、外務省ゲストハウスに宿泊しながら将軍と接触する機会を狙っていた。

事件の速報は翌十日に流れた。カリスマ指導者の存在で辛くも保たれていたかにみえた部隊の士気は、死亡が確認されれば一気に低下し、総崩れとなる可能性があった。アフガン情勢はタリバンの全土制覇に向け、大きく動くことになる。反タリバン連合（北部同盟）が死亡説の打ち消しに躍起になっている最中の翌十一日、米同時多発テロが起きる。

当時、国連難民高等弁務官事務所（UNHCR）カブール事務所の山本芳幸所長（43）はアフガンに身を置いていた。翌十二日、国外退避した所長をイスラマバードの自宅に訪ねた。山本所長はロガール州内を視察中、ラジオ放送で一報を聞き、国連本部の指示でいったんカブールに戻って空路脱出する。緊迫の脱出劇を紹介した記事の別稿として、最近のタリバン政権とビンラディン氏の動向などについて「一問一答」を添えた。

——最近のタリバン政権の動向は。

所長　昨年（〇〇年）十二月の米国主導の国連制裁強化で、タリバンは「国連イコール米国」と確信した。「アラブ」に頼ることになり、国内のアラブ人口が急増して、学校教育も宗教科目がアラビア語での授業になった。

それまでのタリバンは穏健派と強硬派が拮抗していた。穏健派は「ビンラディンと手を切れ」と主張していたが、国連制裁を機に勢力バランスが崩れ、ビンラディン氏をはじめアラブ人の影響を受けた強硬派支配が確立した。タリバンの「アラブ化」だ。

——一般にタリバンがビンラディン氏を保護していると言われるが。

所長　ビンラディン氏を国防相に、という情報もあったぐらいで、ビンラディン氏の影響力は強大とみられる。米国が報復攻撃をすれば、穏健派が巻き返しに出て内乱に陥る可能性もある。

——ビンラディン氏の潜伏先は。

所長　アフガンは隠れ家に適した洞くつが多い。日々移動しているのは間違いなく、追跡は不可能だ。

――アフガンから見て米国はどう映るか。

所長　タリバンと米国は共通している。自分の世界にこそ真理があると信じ込み、外部との融和の道を閉ざしている。今回のようなテロは、集団に深い憎悪の蓄積がないとできないはずだ。米国は憎悪を生んだ源泉を見つめるべきなのに、対立姿勢を強めている。

ビンラディン氏の身柄問題は、すでに解決の道は断たれたも同然だった。しかし九・一一を受け、ブッシュ米大統領は改めて引き渡しを求める。米国内で「報復必至」の空気が広がる中、軍事攻撃の口実にしようとしていることは明らかだった。

タリバンの立場に立てば、テロ関与の証拠がない限り、米国に引き渡す道理はない。タリバンのジャマル情報相はテロ発生一週間後の九月十八日、ロイター通信に「首謀者がビンラディン氏であろうとなかろうと、我々はこの事件を起こした者の側に立つことはない。しかし、身柄引き渡しには証拠が必要だ」と重ねて強調した。

しかし、米国防総省の元幹部、クラコウィスキー氏の指摘通り、タリバンはビンラディン氏の身柄を押さえることすら困難な力関係にある可能性が高かった。ロシアのインタファクス通信は、モスクワのアフガン大使館（ラバニ政権）のガイラト第一書記官が「ビンラディン氏はアフガンに国家規模の武装組織を持っており、タリバンも身柄を確保するのは不可能に近い」と証言したと報じた。

九・一一を前にビンラディン氏の言動は過激さを増していたが、オマル師はかつてのように非難声明は出していない。ビンラディン氏は〇〇年十月、「私が生きている限りイスラムの敵に安らぎはこない」と声明を出し、米国への徹底抗戦を改めて宣言。〇一年六月には自動小銃を手に「仲間になってジハードに備えよ」と呼びかけるビデオが、イスラム諸国に大量に出回った。テロ三週間前にはアラビア語紙に「米施設への前例のない攻撃を仕掛ける」と警告していた。

ところが、極めて注目すべきことに、九・一一を前にしたこの時期、タリバンとビンラディン氏のグループの間に亀裂が生じていた可能性が極めて高いことが、〇四年六月に米議会独立調査委員会が公表した「九・一一テロ計画の概要」の中間報告書で判明している。それによると、ビンラディン氏が米国をテロ攻撃する計画があるとの情報がタリバン政権内に広がる。オマル師はテロ計画に反対する。ビンラディン氏はこれを無視してテロを決行した、という内容だ。

タリバン政権は強硬派支配が確立していたが、それでもオマル師を筆頭に多くがテロ計画に反発したというのである。

しかし、オマル師は九・一一直後の声明で、ビンラディン氏を擁護する。「ウサマはテロに関与していない」と述べ、身柄は引き渡さないと表明する。「今回のテロは訓練を受けたパイロットのみが実行可能だった。ビンラディン氏はパイロットを持たないし、アフガンには訓練施設もない」とも語った。「根拠もなしにウサマを非難するのは、(米国の)諜報機関が自らの失敗から逃れるための言い訳だ」とも強調し、国民に「ジハードに備えよ」と呼びかける。

オマル師にとって、ビンラディン氏との「共同歩調」は、米国の報復攻撃を招いて自らの破滅につながる可能性が極めて高かった。ここに至って、半ば破滅を覚悟でビンラディン氏と「心中」する決意を固めたとしか解釈できなかった。

私はタリバン穏健派の動きに注目した。危機感を抱いた穏健派が巻き返しを図ってクーデターを起こす可能性があると思ったからだ。しかし、穏健派の一人とされるパキスタン駐在のザイーフ大使は記者会見で、事件について「痛みを感じる」と同情を示す一方、ビンラディン氏の身柄問題については「証拠を示せ」と従来の主張を繰り返した。

タリバンの強硬姿勢はパキスタンにも向けられた。タリバン外務省は九月十五日、パキスタンを「兄弟国」と呼びながらも、アフガン軍事攻撃を計画している米政府に協力すれば、パキスタンに「大規模攻撃を仕掛ける」と警告した。パキスタン領空の米軍機の通過や米地上軍の上陸を許可すれば「戦争行為とみなす」とけん制した。

そうした中、タリバンは窮余の策を思いつく。オマル師の呼びかけで開催された全国のイスラム聖職者による「聖職者会合」は二十日、ビンラディン氏を「国外自主退去処分」とし、米国が軍事攻撃した場合は対米ジハードを宣言するよう政権に勧告したのである。

つまり、「テロの首謀者」を事実上追放すると公言することで、「テロリスト保護」という米国のタリバン軍事攻撃の口実を封じ込む。一方のビンラディン氏に対しては、表向き「絶縁状」を突き付けながら、アフガン潜伏の「フリーハンド」を与えるというものだった。「国外自主退去」に期限は設定されておらず、確認のしようがない。米国の軍事攻撃回避と政権存続にいちるの望みを託した形だった。

私は東京に送った原稿でこう記した。ビンラディン氏について、「タリバンは今後、これまでの『ゲスト』から一転『本人の自由意思で逃げ回っているだけだ』と言い訳を始めるのではないか。ビンラディン氏にとってアフガン以外に安全な国はない。対ソ戦当時から地理を熟知し、協力者も少なくない。『アフガンからの出国は死を意味する』（タリバン筋）というのが実情だからだ」

しかし、ブッシュ政権にとってこうした動きは「最後のあがき」としか映らなかったようだ。大統領は同じ二十日の議会演説で、ビンラディン氏の身柄引き渡しに加えて、タリバンがクリアすべき条件を一気に引き上げたのである。それは、①タリバン支配地域に潜むアルカイダのすべての指導者を米当局に引き渡す②アフガンのすべてのテロ訓練キャンプを即時かつ永久に閉鎖する③すべてのテロリストと、その支援組織のメンバー全員を当局に引き渡す④テロ訓練キャンプに米国が立ち入り、閉鎖を確認できるようにする――などだった。

「これらの要求には交渉や議論の余地はない」とクギを刺し、即座に行動しなければ、タリバンはビンラディン氏やその組織と「運命を共にすることになる」と強調した。ブッシュ演説は、タリバンへの宣戦布告に等しかった。

ところがパウエル米国務長官は二十三日、ビンラディン氏がテロに関与した明確な証拠を提示する用意があると発言する。これに対し、タリバンのザイーフ駐パキスタン大使は翌二十四日の会見で「（本当なら引き渡しを）検討する」と述べる。「（証拠提示の話は）問題解決に向けたいいニュースだ。我々も米国と戦うより、テロと戦う」と語った。会見の最後に「アフガン人から米国人へ」と題したメッセージを読み上げる。「米国人は同情深い。米政府はソ連侵攻に際しアフガンのジハードを支援してくれた。感謝しているが、不運にも今は米国がアフガン人を脅している」と述べ、戦争回避に向けて米政府を説得するよう訴えた。

私は翌二十五日、大使と個別に会った。前日にオマル師から「（私が）許可する以外の共同会見には応じるな」と指示が届いたという。ソエル・シャヒーン代理大使が代わりにインタビューに応じてくれることになった。ソエル臨時大使はザイーフ大使の目付役だったのかもしれない。臨時大使の発言は強硬論そのものだった。米国が「証拠」を出してもビンラディン氏の身柄を引き渡す考えがないことを、タリバン政権として初めて明確にしたのである。（〇一年九月二十六日付）

——米国の対タリバン政策をどうみるか。

◆我々はいつも対話の窓を開けているが、米国は閉ざしている。高慢で、非妥協な姿勢からは何も得られない。

——米同時多発テロはだれが起こしたか。

◆ウサマ・ビンラディン氏には今回のような大規模テロを行う能力はない。ユダヤ人関与の可能性がある。①テロ当日の九月十一日、世界貿易センタービルには通常勤務しているはずの約四千人のユダヤ人が不在だった②シャロン・イスラエル首相が、モサド（イスラエル情報機関）の助言で米国訪問予定を急きょ中止した③ユダヤ人資本が事件直前、オランダ航空の株を売却した。米国はこうした事実には目を向けようとしない。

——ユダヤ陰謀説が真実なら、目的は。

◆ユダヤ人は米国の力を利用し、イスラム社会の破壊を企んでいる。この事件を機に、イスラムは米国への支持、不支持をめぐり混乱し、分断の事態に陥っている。

——米国のアフガン攻撃が迫っている。

◆アフガン侵攻は容易いが、いつくことは困難だ。英国、ソ連と当時の超大国でさえアフガン征服に失敗した。米国がカブールに新政権を打ち立てても安定政権は望めない。すでに国外のイスラム教徒一万人が対米ジハードに参加したいと申し出ている。

米国はピクニック気分で軍事行動に臨む雰囲気だが、数年後、アフガンは彼らの墓地と化す。

——同時多発テロ自体をどう見るか。

◆我々はテロを認めない。米国は今回、反タリバン連合などと「タリバン後」の政権構想について議論を始めている。米国にとって本当の標的はビンラディン氏ではなく、タリバン壊滅にあるのだろう。

米国が地上軍投入も視野に軍事攻撃の準備を進める中、「対米ジハード」の決意を固めたタリバン側の戦力はいかほどのものなのか。反タリバン連合のマスード将軍は、四月に会った際、総兵力を五～六万と推定していた。うち六割がアフガン人、二割がビンラディン氏配下のアラブ兵。

パキスタンからは軍事顧問を含めた軍兵士とマドラサ派遣の学徒兵がそれぞれ一割を占めるとみていた。

米国が警戒していたタリバン側の兵器は、携行型対空ミサイル「スティンガーミサイル」だった。対ソ連のアフガン戦争後期に米国が推定九百基を供与した赤外線追尾型ミサイルである。パキスタン紙ニューズは、タリバン保有のスティンガーは約八十基で、開戦を前にCIAなどがパキスタン政府の協力を得て、保有状況の確認に奔走していると報じた。

アフガンは山峡が多く、ゲリラ戦に適している。推定一万個の地雷が眠る。アフガン戦争でゲリラ戦を指揮した元ISI長官のハミド・グル氏は「米国が開戦した場合、ソ連の二の舞になる」と警告した。

ハミド・グル氏によると、米国が第一撃として想定する空爆について、「アフガンには壊すべき道路も橋も軍事施設もない。身を潜める兵士に最新鋭のステルス爆撃機も通用しない。市民をやみくもに殺傷するだけだ」と予測した。「米国が地上軍を投入した場合、タリバンはすぐに駆逐され、カブールには米国の傀儡政権が樹立される。しかし、本当の戦争はそれからで、タリバンはゲリラ戦で通信、軍事施設を破壊し、新政権の統治は『点』だけで『面』には及ばず、内戦状態が収束することはない」とも述べた。

しかし、アフガン戦争当時との決定的な違いは、タリバンはパキスタンの支援がなければ、ビンラディン氏とその組織以外に孤立無援だということだった。実際、イランはすでに国境を封鎖し、パキスタンも米国の要請を受ける形で国境検問所を事実上封鎖した。パキスタンの国境の町トルハムでは、アフガンに向かう食料・日用品輸送のトラックが通過できなくなった。後方支援はなく、予想されるゲリラ戦は消耗戦となり、世界最強国を相手にタリバンの「負け戦」は明らかだった。タリバン政権内に動揺が広がっていることは容易に想像できた。

北部同盟はマスード将軍の死から一転、息を吹き返し、反転攻勢に出ていた。タリバンの前線司令官の中には形勢不利と判断し、すでに寝返りが出たとの情報もあった。タリバン指導部は離反の動きに神経をとがらせているようだった。それまでの厳格なイスラム法統治の反動から各地で騒乱が起きる可能性もあった。パキスタン紙ニューズのユソフザイ記者は「多くの人たちがタリバンを支持しても先がないと認識し、人心離反の動きが顕著になりつつある」と指摘した。

善悪二元論

九月二十七日はタリバンの首都カブール制圧五周年。しかし、「米国の攻撃間近」のうわさが流れ、カブールをはじめ都市部からは住民が続々と脱出していた。アフガン情勢はもはや行き着くところまで来た感があった。これまでのタリバンと米国の関係を踏まえた原稿を「記者の目」という欄に書き送った。

「タリバンは悪か?」——過去三年間のアフガニスタン取材で、私が持ち続けてきた命題だ。米同時多発テロを機に、タリバン政権は「絶対悪」とも言えるらく印を押された。米国がテロ首謀者とみなすウサマ・ビンラディン氏を保護し、身柄引き渡しを断固として拒否しているからだ。事実上の「テロ支援勢力」という汚名を着せられ、米国の軍事報復にさらされようとしている。

「タリバンは戦乱の世に咲いたアダ花に終わる」。昨年、アフガンを一緒に訪れた友人のパキスタン人記者は、タリバンの行く末をそう予測した。「タリバンの石頭には自分たちの主義、主張しか存在しない。彼らのイスラム原理主義は、原点に帰るという意味での本来の原理主義とは似て非なるものだ。極端主義はいずれ滅びる」。そう解説した友人は、アフガン訪問を機にタリバン支持から反タリバンに立場を変えた。

アフガン和平工作を進めてきた国連スタッフは、政権崩壊の危機に直面しても国際社会から同情の声さえ出てこない状況を前に「自業自得だ」と言い捨てた。私もタリバンの行状を肯定するつもりはないが、タリバン悪玉論、正確には、タリバンはそもそも悪だという原罪論には異論がある。

今年三月、私はバーミヤンの大石仏破壊の取材に際し、スパイ容疑でタリバンに拘束され、危うく銃殺されかかった。そんな体験を経ても、一方的なタリバン批判にはくみしたくない。

大石仏破壊は、昨年十二月の国連制裁強化が大きな契機になったであろうことは想像に難くない。制裁は、ビンラディン氏の身柄引き渡しを拒否し続けたことに対するもので、武器禁輸やタリバン幹部の海外渡航禁止など、国連を主導する米国が進めてきたタリバン封じ込め（孤立化）の総仕上げの感さえあった。

当時、タリバン政権内には、米国と妥協して同氏を追放すべきだと主張する穏健派も一定の勢力を保っていた。しかし、制裁強化を引き金に、対外強硬論を唱える強硬派とビンラディン氏配下のアラブ人グループが、穏健派を追い落とす形で強固な支配権を確立したとみられている。

タリバンは、国際社会から完全に見限られたことを認識し、米国がテロリストとみなすグループへの依存をいっそう強め、もはや同氏を制御できなくなったようだ。大石仏破壊はそうした延長線上で起きた。

「お前は悪だ」と決めつけられ、追いつめられ、行き場を失った末に「窮鼠ネコをかむ」状況に至ったのではないか。孤立化政策が何をもたらすのか、歴史が多くの教訓を残している。

タリバンが結成されたのは九四年夏。当時、アフガン戦争（七九―八九年）でソ連軍に抗戦した旧ゲリラ勢力同士が内戦を続け、無政府状態に陥っていた。殺人、レイプ、強盗、汚職ががまん延した。「イスラム神学生」を意味するタリバンは、そうした惨状の下で「世直し運動」から出発した。

九六年に首都カブールを制圧し、九八年には全土の九割を支配する。しかし、公開処刑や女性・民族差別などで、国際社会から「人権侵害」と非難を浴び、政権承認のチャンスを逸した。

九八年当時のアフガン取材で、あるタリバン幹部はこう語った。「罪なき人々が殺りくされる乱世こそが、最大の人権侵害ではないのか」。治安維持のためには厳格な統治システムの導入も、やむを得ないという主張だった。

この時の一連の取材を基に「タリバンは悪か?・」と題する連載記事を書いた。すでに「タリバン・イコール悪」のイメージが定着しつつあったことへのアンチテーゼのつもりだった。今、この命題は、アフガン攻撃を前にして「米国は善か?・」という問いかけにつながると思う。

今回のテロ事件後、ブッシュ米大統領は演説で、テロとの戦いを「善対悪の歴史に残る戦い」と語った。大統領の言葉を借りるまでもなく、米国は自らの世界にこそ「善」があると信じて疑わないようにみえる。

国連難民高等弁務官事務所カブール事務所の山本芳幸所長は「外部との融和の道を閉ざしているという意味で、米国とタリバンの根は同じだ」と指摘した。

自らに真理があると信じ込んでいるのは、むろんタリバンとて同じである。タリバン原理主義対アメリカ原理主義。「非妥協」を貫く両者の姿勢を見ると、善悪二元論に潜む危うさを、つい考えずにはられない。

（〇一年九月二十八日付）

アフガンは「テロリストの温床」と呼ばれてきた。しかし、アフガンとアフガン人の名誉のために言うと、九・一一だけでなく、ビンラディン氏が関与したとされる多くのテロ事件についても、テロリストとしてアフガン人の名前が挙がったことがあるだろうか。タリバンも同様である。

国連アフガニスタン特別ミッション政務官として、二年余にわたりタリバンと接触し、和平工作に奔走してきた田中浩一郎氏はこう語った。「強調したいことは、国際テロが起きるたびにビンラディン氏が潜むアフガンが注目されるが、事件にアフガン人がかかわったことはない。アフガン人の多くはテロ集団の存在を快く思っていない」

しかし実際は、メディアの中でもタリバンとビンラディン氏のグループを同一視するような見方が支配的だった。私は、「記者の目」の記事に対して同じ欄で反論を受けた。高畑昭男論説委員の書いた「タリバンも米国も悪か?」(〇一年十月三日付)である。

物事を論じる際、最も安直で便利なのは「どっちもどっち」といういあいまいな立場で、タリバン政権と米国を「どっちもどっち」といわんばかりの論は危険だ、という論旨である。「善悪、好悪、公正・不公正といった判断や選択を避ける一種のずるさと言ってもいい」と攻撃していた。

物事を論じる際、最も安直で便利なのは、むしろ善か悪かを単純に割り切る思考ではないだろうか。多くの場合、結論ありきで、その過程や背景は無視して物事を決めつけ、絶対視する。

高畑論は「タリバンが批判され、世界の『窮鼠』になった理由は、再三の国連決議を無視してテロの首謀者とみられるウサマ・ビンラディン氏とその組織『アルカイダ』を庇護しているからだ」と、米国の立場からタリバンを一刀両断に切り捨てていた。ジャーナリズムに限らず、本当に必要なのは、なぜそうなったかの究明であり、検証だろう。「ビンラディン氏+タリバン」VS「米国」。こうした図式は一般には分かり易い。

私がアフガン情勢を見てきた中で念頭にあったのは、タリバン穏健化の可能性だった。タリバンがさまざまな勢力の「寄せ集め」であり、決して一枚岩とは言えない点をもってしても、穏健化への懐柔策や切り崩しの方策はあるのではと考えてきた。しかし、米国の一連の対タリバン政策に、硬軟を使い分けるような柔軟な戦術、戦略はみられなかった。

九八年十月、国連アフガン問題担当のブラヒミ特使とオマル師が初対面した際、ブラヒミ氏の補佐官として同席した川端清隆氏は、その著書『アフガニスタン　国連和平活動と地域紛争』（〇二年、みすず書房）の中で、オマル師についての印象を記している。当時、タリバンはイランとの間で軍事衝突の危機に直面していた。

「（交渉で）とりわけ重要であったのは、オマール師がその神がかりの『聖者』としての顔の他に、イランとの対決のような非常時でも、必要に応じて独自の決断や政治的妥協ができる『実務家』としての能力を十分に発揮したことであった」。オマル師は説得を最終的に受け入れ、危機は回避されたのである。これは、ビンラディン氏の身柄問題で大きな節目だと先に指摘した「九八年後半期」の出来事だった。

綱渡りのパキスタン

米同時多発テロ後の動きをパキスタンの立場から見てみたい。パキスタンも、国家の命運を左右する微妙な舵取りを迫られていた。テロ二日後の九月十三日、米国が「（ビンラディン氏の追跡には）パキスタンの協力が不可欠」と求めたのに対し、ムシャラフ大統領はパウエル米国務長官との電話協議で「テロと戦うため米政府に全面協力する」と約束する。

ブッシュ米大統領は「軍事報復はテロリストに限らず、テロリストをかくまう者も対象にする」との立場を鮮明にしていた。タリバンがビンラディン氏の身柄を米国に引き渡さなければ、米国への文字通りの「全面協力」は、これまで支援してきたタリバンを潰すことに荷担することになる。それまでの自らのアフガン政策を全面否定することを意味した。

タリバン政権が壊滅すれば、アフガンに反パキスタン政権が誕生することは必至だった。これは対インド戦略上、何としても避けたい事態である。しかも、タリバンを見捨て、米国に全面的におもねることは、パキスタン国内のイスラム原理主義勢力の猛反発を受け、政権の存立を危うくする危険があった。

インドは九・一一発生直後、米国に対し、国内の空港を「アフガン出撃基地」として提供すると申し出ていた。インドは今回のテロにパキスタンの武装組織が関与しているとの情報を流し、「テロ支援国」のイメージを印象づける絶好の機会とみているようだった。

ムシャラフ大統領は、米国への「全面協力」を約束した理由を、国民に向けテレビ演説で説明する。「インドは今回、米軍への基地提供などで全面協力を表明した。（わが国もテロとの対決姿勢を示さないと）テロ国家のらく印を押される」と訴えた。大統領はパキスタンが置かれた状況を、一九七一年の第三次印パ戦争に敗れた時以来の「重大な局面」と位置づけた。この戦争でパキスタンは、東パキスタン（現バングラデシュ）の分離独立を許し、国家分断を招いた。大統領は「今は（インドを利することがないよう）国益を最優先にすべきだ」と理解を求めたのである。

ただし、米国への「全面協力」は、ムシャラフ政権にとって千載一遇のチャンスでもあった。この年の三月、クリントン米大統領のパキスタン訪問を機に国際協調・親米路線にカジを切ってから、国際社会復帰への道を段階的に歩んでいた。

ここで弾みをつければ、九八年の核実験、九九年の軍事クーデターに伴う米国などの経済制裁を解除してもらい、国際金融機関の融資につなげて経済再建を軌道に乗せることが可能になる。そのためには、インドが米国にすり寄る以上に米国に「誠意」を示す必要がある。ムシャラフ大統領の意思表示は当然でもあった。

問題は「全面協力」の中身だった。米国を納得させるだけの「協力」をしつつ、いかにタリバン政権を存続させるか。そのためにはビンラディン氏と手を切らせなければならない。次善の策として、タリバン穏健派政権の樹立を目指すシナリオが考えられた。

実際、パキスタンは「タリバンと国際社会をつなぐ窓口になり続ける」（サッタル外相）と、関係維持を強調した。米国にアフガン軍事攻撃に踏み切らせないよう、ビンラディン氏の身柄問題の解決に向け、わずかな可能性に賭けて、全力でタリバンへの説得を始めた。

最初にパキスタン軍政がカンダハルに派遣した代表団（九月十七日）は、ISIのアフマド長官が自ら率い、パキスタンのデオバンド派の最高指導者、ムフティ・シャムザイ師が同行した。シャムザイ師は、原理主義政党を率いるサミュル・ハク氏やファズル・ラフマン氏を超越した精神的指導者で、最強メンバーだった。バーミヤンの大仏破壊に際し、タリバンとは「距離」があるハイダー内相を派遣した時とは、明らかに切迫感が違っていた。ISI関係者は「（アフマド）

長官であっても楽観していない」と語っていたが、結果はその通りに終わる。

そこで「最後の切り札」として、日ごろタリバンと直接接触しているサミュル・ハク氏、ファズル・ラフマン氏ら四人の原理主義指導者を送り込もうとする。

ムシャラフ大統領は九月二十七日にサミュル・ハク氏らと秘密会合を持ち、派遣を決めるが、これを地元メディアが報じて一転、中止となる。発覚直後の十月一日、サミュル・ハク氏に電話をすると、「政府特使としても、個人的にも、もはやアフガンに行くことはない」と言い切った。他の指導者たちも同様の意向だという。

イスラム原理主義指導者にとって、政府特使として身柄引き渡しの説得工作に「荷担」することは、米国の軍門に下ったとの印象を与えかねない。そうなれば、原理主義指導者としての自らの地位を危うくするばかりか、タリバンとの間に亀裂を生むことになる。

「最後の説得」の代表団派遣を断念したのは、情報が漏れたことだけが原因ではなく、パキスタン軍政がタリバンの権力構造を含めた現状分析をした結果、「説得は無駄」と結論づけたからでもあった。先のシャムザイ師は、パキスタン南部カラチに本拠を置くパキスタン最大のモスク「ビヌリ・モスク」を主宰する。生徒数約八千人のうち八割が中東やアジア各地からの留学生で、このうち相当数がいわゆるビンラディン氏のグループに合流しているとみられていた。のちにインタビューした際、シャムザイ師はオマル師との会談内容を初めて証言した。「ウサマの身柄を米国に引き渡すことは、パキスタン、タリバン双方の利益になる」と述べたという。これに対しオマル師は「ウサマがテロに関与したという証拠がない以上、引き渡す道理はない」と従来の主張を繰り返したという。

たとえ政府がタリバンとのパイプを切ったとしても、原理主義指導者がパイプをつないでいる限り、政府はタリバンとのパイプを維持しているのと同じなのだ。間際で「最後の切り札」を捨て石にすることは愚かだとの判断が働いたのだろう。

結局、政府は無名の宗教学者を駆り集め、急ごしらえの代表団を派遣（九月二十八日）する。同行筋に聞くと、「身柄問題に話は及ばず、もっぱら米国の攻撃をどう回避するかに注がれた」という。

ムシャラフ大統領は九月三十日の米CNNのインタビューで、説得成功の可能性は「かすか」と答えたが、翌十月一日の英BBCのインタビューでは「（タリバン政権は）長くない」と述べ、表向き万策尽きたことを認める。

「最後の説得」の代表団派遣について、地元メディアにリークしたのは、政府あるいは原理主義指導者自身だった可能性がある。サミュル・ハク氏は電話口でこう語った。「もともと説得工作は米国の意向を受けたもので、気乗りがしなかった。タリバンは私の息子のようなものだ。米国の軍事攻撃が始まれば、タリバンのジハードを支援する」。パキスタンの説得断念により、標的にタリバンを含めた米国のアフガン軍事攻撃は決定的となる。

こうした一連の動きの中で、ムシャラフ政権は米国に約束した「全面協力」の中身をいかに「限定協力」にとどめるか、腐心していた。ここで大きな役割を担ったのも、国内のイスラム原理主義指導者たちだった。

九・一一発生三日後の九月十四日、国内のすべての原理主義グループが「タリバン支持」で共闘し、「アフガン防衛評議会」を結成する。カシミール闘争に専従してきたパキスタン最大の原理主義政党イスラム協会（JI）も参加し、挙国一致の反米闘争の様相を呈した。議長に就任したのがサミュル・ハク氏である。評議会を組織させたのは、言うまでもなくISIだ。

全国に拡大した反米デモについて、ISI関係者は「軍政はデモを抑制していない」と明かした。実際、治安部隊は警官だけで、軍は出動していなかった。軍部独裁下のパキスタンは、デモ停止を命じれば、直ちに沈静化できたのである。つまり、反米感情の大きさを演出し、米国が度を超した「協力」を要求した場合、政権が崩壊しかねないという危機感を米国にアピールし、米国の協力要請を抑制しようとしたのである。

ただし、ムシャラフ政権にはジレンマがあった。反米運動が過熱しすぎて制御不能になる恐れがあったのだ。ムシャラフ政権や米国の対応次第では、ISIや政権内の強硬派が大統領の意向や指示を無視して、イスラム原理主義者やタリバンとの連携を重視して動き出す可能性があった。ISIは軍部強硬派の「牙城」とも呼ばれる。巨大組織のISIは決して一枚岩ではなく、強硬派が独自に動くことも考えられた。ムシャラフ大統領暗殺やクーデター、内戦につながるシナリオも考えられた。

米国はこうした「パキスタンの危うさ」は十分に承知しており、政情混乱を招いてムシャラフ政権を弱体化させ、崩壊を招くような事態を避けなければならなかった。その「危うさ度」を見極めることは、意外に難しくなかった。当初から「反米」「親タリバン」一辺倒のスローガンの中に、反政府的な要素が出てくれれば「要注意」のシグナルだと判断できたからである。

米国への「全面協力」の中身はどうなるのか。ムシャラフ大統領は国営テレビを通じた国民向け演説（九月十九日）で、米国から①ウサマ・ビンラディン氏についての情報提供②（軍事行動の際の）領空通過③後方支援――を求められていると述べた。パキスタンとしては、ミサイルや戦闘機などの領空通過は認めても、地上軍の駐留だけは阻止したい。いったん駐留を認めれば、「テロ撲滅」を口実に居座られる可能性がある。米国がパキスタンを前線基地化した場合、近い将来、米国の対テロ戦争の矛先がカシミールに向かうとの危機感もあった。

米軍の駐留は、パキスタンの友好国・中国が国境を接して米軍と向き合うことになり、中国も国防戦略上、警戒感を強めていた。

こうした中、米国はパキスタンに「アメ」を用意する。ブッシュ大統領は九月二十二日、パキスタンに対し、核開発関連の対パキスタン制裁を解除し、約四億ドルの対米債務繰り延べを認めた。さらに九八年の核実験後に発動した武器輸出管理法を含めた制裁措置をほぼ全面解除する。

軍事クーデター後に発動した対パキスタン直接援助（医療や麻薬対策など年間五百万ドル）の全面禁止措置についても、連邦議会にこの解除を認める立法を働きかける意向を示した。米国の意向が強く反映されてきた国際通貨基金（ＩＭＦ）など国際金融機関も、それまでの慎重姿勢を一転、追加融資を行う動きを示したのである。また、パウエル米国務長官は翌二十三日、米ＮＢＣテレビで「パキスタンの核開発計画には全く懸念を抱いていない」と強調し、ブッシュ政権としてパキスタンの核開発を事実上不問に付す姿勢を明確に示す。

アフガン・パキスタン情勢は十月に入り、風雲急を告げていた。アフガン防衛評議会議長のサミュル・ハク氏が一日、タリバンに対するビンラディン氏の身柄引き渡し問題で「説得断念」を表明したのを受け、パキスタン政府の次善の策は、タリバン政権の穏健化勢力への支援に焦点が絞られた。穏健派を後押ししてタリバン内部のクーデターを扇動する可能性も考えられた。

二日付のパキスタン紙ニューズなどによると、オマル師をクーデターで失脚させる動きが進行しているという。強硬派と穏健派を分断し、穏健派と目される首相格のムラー・ハッサン前外相を擁立する動きがあり、背後にパキスタンの影がちらついているという。しかし、こうした動きは、ビンラディン氏と全面対決することになりかねず、パキスタンにとっては極めて大きなリスクを伴うことになる。

こうした中、私はムシャラフ政権がタリバン政権そのものと決別する意向を固めたとの情報を入手する。四日付の紙面（最終版）に掲載された「パキスタン大統領　タリバン政権決別」と題する以下の原稿である。

パキスタンのムシャラフ大統領は三日、国家安全保障会議で、対アフガニスタン政策を一八〇度転換すると初めて公式に表明した。同国政府筋が毎日新聞に明らかにした。今後は、多様な民族構成に配慮した「連合政権」樹立の必要性を強調、事実上、パシュトゥン民族主体のタリバン政権との〃決別〃を表明した形だ。

大統領は方針転換の理由について「国益を最優先させるため」と語った。また、大統領はタリバン政権崩壊後の新政権樹立について、「外国は関与すべきではない」と述べ、反タリバン連合（北部同盟）支援に傾斜しつつある米国の介入姿勢をけん制した。

パキスタンは九四年のタリバン創設に深くかかわり、その後も軍事面などで支援を続けているとされる。だが、孤立化からの脱却に向け、タリバン政権に対する米国の厳しい姿勢に同調する方針に転換したとみられる。タリバンを支援してきたパキスタン国内のイスラム原理主義勢力の反発は必至とみられる。

ただし、ムシャラフ大統領がタリバンを完全に見切ったのではなく、あくまで「事実上」という但し書き付きだった。アフガン新政権が親パキスタンでなくても、親インドになるのを回避するのがパキスタンの新たな対アフガン戦略となった。

タリバン支援の中心を担ってきたISIはアフガン国内に約三千人の要員を配置しているとみられていた。この情報網は、ビンラディン氏の追跡を目指す米国にとっては不可欠だ。パキスタンはビンラディン氏をめぐる情報提供や追跡協力によって自らの重要性を米国に認識させ、「タリバン穏健派の温存」を米国に強く働きかけていく、そんな戦略を抱いていた。

ムシャラフ大統領は三日の国家安全保障会議で、タリバン政権崩壊後の新政権について、「民族関係に十分配慮した多民族政治システムこそが、唯一アフガンで成功しうる政体だ」と述べ、「連合政権」樹立の必要性を強調した。連合政権は、タリバン強硬派を切り崩し、タリバン穏健派と北部同盟の連携を念頭に置いたものとみられる。

パキスタンとしてはアフガンへの影響力を行使し続けるため、連合政権の中核となり得る勢力を後押しする必要があった。その選択肢はタリバン穏健派しか見当たらない。パキスタンは、ISIの総力を挙げてタリバン強硬派を切り崩す一方で、穏健派との交渉チャンネルは維持していたのである。

案の定、タリバン支援の中心的役割を担ってきたパキスタン国内のイスラム原理主義勢力や軍部強硬派が反発を強めてきた。パキスタン政府は七日、イスラム聖職者協会のファズル・ラフマン党首を自宅軟禁にした。党首の携帯に電話を掛けると、北西辺境州の町デライスマイルハーンの自宅を治安部隊が包囲していると言った。

ISI関係者によると、ラフマン氏は前日の六日、北西部の都市ペシャワルで、タリバンに兵員を派遣してきた傘下の武装組織ハルカト・ムジャヒディンのファズドラ・ラフマン・ハリル長官と秘密裏に接触し、これまでの抗議行動を「反米・反政府」運動に転換する方針を確認した。これを察知した政府が予防措置を講じたようだった。原理主義勢力の「封じ込め」に着手したのである。

ファズル・ラフマン氏を自宅軟禁にしたことで、政府にとって原理主義勢力は、これまでの「持ちつ持たれつ」の関係からムシャラフ政権そのものを揺るがしかねない「脅威」に変質する可能性が出てきた。八日にはアフガン防衛評議会議長のサミュル・ハク氏も拘束する。

一連の拘束劇は、米英に対し、テロとの対決姿勢をアピールする一方、軍強硬派や原理主義勢力のさらなる反発や離反は必至だった。そうした中、ムシャラフ大統領はその政治手腕を示す絶妙の人事を打ち出す。国防省が七日に発表した軍部の刷新人事によると、参謀総長、陸軍参謀長などを兼務していたムシャラフ大統領は八日付で、軍最高位の参謀総長職を、ラホール総司令官のアジズ・カーン中将に譲る、という内容だった。

カーン中将は軍部最強硬派の原理主義者で、シャリフ前政権に対する軍事クーデターを実質的に指揮したことで知られていた。しかし、参謀総長職はいわば名誉職。実権は陸軍参謀長にあり、ムシャラフ大統領が引き続き陸軍参謀長を兼務し、軍部を実質統制するものだった。強大な軍隊を配下に置くラホール総司令官の立場は極めて強く、ささやかれる再クーデター説などに考慮し、最高ポストを譲る形で、実質的な力を削いでおくのが狙いだと解釈できた。

また、ＩＳＩのアフマド長官が勇退し、ペシャワル総司令官のハク中将が新長官に就任する人事も行われた。ハク中将はムシャラフ大統領派として知られていた。米英軍は、ムシャラフ政権の基盤を固めたこの人事を見届けるかのように、七日、アフガンへの軍事攻撃を開始したのである。

8　アフガン軍事攻撃

「報復」の論理と「テロ」の論理

米英軍がアフガン軍事攻撃を始めたのは、米同時多発テロ発生から二十六日目の十月七日（日本時間八日）だった。米国のABCテレビとワシントン・ポスト紙の当時の世論調査によると、空爆への米国民の支持率は九四％。九一年の湾岸戦争開始時の八六％を上回る圧倒的支持を背景にしていた。（本章での引用は断らない限り毎日新聞より）

ニューヨークの世界貿易センタービル、国防総省ビルを標的に多数の犠牲者を出した衝撃的なテロを受け、米国民の愛国心に火がつくのは、ある意味でやむを得ない。しかし米国では、多面的なモノの見方を紹介すべきメディアが報復ムードをあおっている感さえあり、「報復される側」の間近に身を置く者として空恐ろしさを感じていた。

大規模な空爆が予測され、民間人の巻き添えは避けられそうになかった。米USAトゥデー紙などが公表した国内世論調査によると、回答者の八五％が「民間人の死傷は避けられない」と答えた。米世論の圧倒的多数は、無実のアフガン人が「報復」の巻き添えで死傷しても「仕方ない」と考えたのである。

ラムズフェルド米国防長官は軍事行動四日目の会見で、空爆で市民に被害が出ているとのタリバン側の主張に、「市民は標的にしていない」と反論し、「（市民が）軍事に関係している場合は命を落とすことがある」と述べた。しかし、民家への相次ぐ「誤爆」は明らかだった。長官はその後の会見で、「タリバンが住宅街に逃げ込んでいる。市民に死傷者が出てもタリバンの責任だ」と発言した。増え続ける「誤爆」について、米保守系シンクタンク「ケイトー研究所」のテッド・カーペンター副所長はインタビューで、「気の毒だが、あらゆる戦争に犠牲はつきものだ」と正当化した。

こうした犠牲を「容認される付帯的損害」と呼ぶのだそうだ。実は、私はイスラム原理主義過激派の口から「容認される付帯的損害」と同じような理屈を、テロを正当化する論理として聞いたことがあった。

同時テロ発生の約半年前、パキスタン東部のラホールで、英国に本部を置くイスラム原理主義組織「アル・ムハジローン」のラホール代表、アブ・イブラヒム氏（26）と会った。この組織は、主に英国内でリクルートした若者たちを、アフガンやカシミール、チェチェンで活動する現地のイスラム武装組織に送り込んでいた。イブラヒム氏によると、パキスタンでの派遣先は「ハルカト・ムジャヒディン」「ジャイシ・モハマド」「ラシュカル・タイバ」「ハルカト・ジハード」の四組織。いずれもビンラディン氏との関係を表向き否定していたが、「ラシュカル・タイバ」以外のデオバンド派の三組織は、ビンラディン氏と連携関係にあった。のちにアルカイダ系組織と呼ばれることになる。

ワッハーブ派の「ラシュカル・タイバ」は、印パが領有を争うカシミールを主舞台に反インド武装闘争を続けていた。ラホール工科大学のハフィズ・サイード元教授（53）が組織を率い、側近もインテリぞろいである。元教授はカシミールで頻発していた「民間人の犠牲」について、こう答えた。「決して民間人は狙わない。標的はインド治安当局だけだが、運悪く標的の近くにいて巻き添えになるケースがある。気の毒だが、仕方がない」

「アル・ムハジローン」のイブラヒム氏は、自らの組織とビンラディン氏との「密接な連携関係」を認め、むしろ誇示した。イブラヒム氏はパキスタンに生まれて英国に移住し、バーミンガム大を卒業した。「表の顔」はコンピューター会社の幹部である。待ち合わせの高級ホテルには高級外車で乗り付けた。パキスタンの国民服シャルワカミズ姿でアタッシュケースを携え、ビジネスマン然としていた。

「民間人の犠牲」をどう考えるのか？　「我々の標的は占領軍のインド治安部隊であり、その施設だけだ。市民は標的にしないが、市民が標的の中にいて死亡することがある。ただし、カシミールは全域が戦場であり、戦場に市民が立ち入るべきではない」

戦場にいる者が悪いのだという論理である。どこまでを「戦場」とみなすかは、解釈する側次第である。彼らの主張するジハード遂行における「容認される付帯的損害」の範囲は、いかようにも拡大できるのだった。

米英軍のアルカイダ掃討作戦の最中、途中までビンラディン氏と行動を共にしていたというパキスタンのイスラム武装組織「ジャイシ・モハマド」の幹部（34）にISI関係者の仲介で会った。インディアン航空機乗っ取り事件の際、のちにISIの後押しで組織を旗上げすることになるアズハル師と共にインド当局から釈放された一人で、FBI（米連邦捜査局）の追跡対象者だった。国境を越えて逃れてきた直後だが、クリーム色のシャルワカミズに身を包み、白と黒のチェックのターバンを巻いて身なりを整えていた。

「ニューヨークの世界貿易センタービルが破壊され、大勢の民間人が犠牲になった。こうしたテロ行為に大義はあるのか?」。彼はこう答えた。「ウサマが指令したのかどうか、私は知らない。しかし、民間人が犠牲になったと言っても、彼らは税金を払って米政府を支えてきた。その意味で彼らは米政府と同等であり、無実ではない」

支局に訪ねてきてくれたこの幹部は、本名を「オマル・シェイク」といい、アルカイダに関する重要な情報源となるのだが、のちに米紙ウォールストリート・ジャーナルのダニエル・パール記者殺害に関与した容疑で逮捕される。英国籍のパキスタン人で、ロンドン大学政治経済学院に学んだ人物である。

米国もイスラム過激派も、それぞれに信じる「正義」を遂行する上で「付帯的損害」は容認されると認識している。「無限の正義」（その後「不屈の自由」に改変）と名付けた米国のアフガン攻撃は、誤爆が絶えず、子供も大勢が犠牲になった。罪なき人々をテロから守る「正義」の戦いが、罪なき人々を殺す。アルカイダでもタリバンでもないアフガン人の犠牲者や遺族にとっては、理不尽な「国家テロ」でしかないだろう。

ブッシュ政権は、誤爆について数件は公式に認めたが、それすら実態を調べていない。代わって米国の民間が調査した。〇二年十二月十三日付紙面によると、米国の非政府組織「グローバル・エクスチェンジ」が五人のチームをアフガン三十二州のうち十州に派遣し、民間人の死者の名前と被災場所の特定を試みた。死者は当時の段階で少なくとも八百二十四人。米軍事政策のシンクタンク「コモンウエルス研究所」はメディア報道をもとに千～千三百人と推定したという。米英軍のアフガン軍事行動で、私が気がかりだったのは、こうした直接的な人的被害だけではない。「報復行為」がもたらすであろう「副作用」にも強い危機感を抱いた。民間人の犠牲をいとわない軍事攻撃は、反米・嫌米感情に火を付け、過激派やテロ予備軍の底辺を広げ、報復の連鎖を導くしかないと思った。

また、ビンラディン氏が首謀者であるとの証拠を提示することなく、報復に踏み切るという論理が許されるなら、あらゆる武力行使が正当化される恐れがあった。半ば戦争状態の印パ関係に限っても、この論理を適用すれば、いつでも「報復」を口実に「侵略」が可能となる。軍事行動の名目は、自作自演の爆弾テロを起こせば成り立つのだ。

「報復は当然」とする米国の圧倒的世論に対し、日本でも多くの識者が「テロは絶対悪だから許されるべきではない」と同調していた。テロは絶対悪だからといって「報復攻撃」を正当化することに、どうして直結するのか。思考を停止しているとしか思えなかった。

毎日新聞は比較的冷静な報道を続けてきたとの印象があるが、社説は「米国寄り」という点で突出していた。空爆開始時（〇一年十月九日付）の論調はこうだ。

「人類社会に対する無法行為を処罰するやむを得ない強制措置として武力行使を位置づける必要がある」

「事件直後、米国では感情的に報復を求める世論が燃え上がった。ブッシュ政権がそうした誘惑に陥らず、ビンラディン組織の犯行を裏付ける証拠の提示や、アフガン周辺国などに忍耐強く外交説得を重ねるなどの手順を踏んできたことは事実として認めたい」

同じ日の紙面で、東京女子大名誉教授（アメリカ史）のコメントが掲載されている。「アメリカが武力を行使するのは、自国や他国が攻撃を受けた後だ。民主主義国家の代表であるアメリカは、そういう姿勢を貫いている。今回のテロでは自国の経済と軍事の中枢をやられたわけで、（報復は）仕方のないことだと思う。空爆も軍事施設のみを狙っていること、食糧を空からまいていることからも、イスラム世界を敵に回さないようにと、自制や配慮の姿勢が見える」

米軍は「爆弾」の一方で「食糧」を投下していた。しかし、米国防総省は開戦前から「空からの人道支援の安全を確保する」という名目で、先制空爆の正当性を強調していたのである。食糧パックには英語、フランス語、スペイン語で「アメリカ合衆国国民からの贈り物」と記されていたらしい。アフガン人の何パーセントがこれらの言葉を理解できただろうか。もっとも、地雷原の広がるアフガンに「無差別」に食糧を投下する行為のもたらす危険性は、少しの想像力さえあれば分かるはずである。「イスラム教徒への配慮」と名誉教授が理解を示す食糧投下を、現地では「偽善行為」とみていた。

情報コントロール

米同時多発テロ後、外国メディアは、カタールの衛星放送アルジャジーラなど一部を除いて、パキスタンのイスラマバードに取材拠点を置いた。イスラマバードは六〇年代初め、原生林を切り開いて人工的に造られた計画都市である。騒々しいほかの主要都市とは異なり、花と緑があふれ、街路が広いうえに交通量も少ない。夜間に車を走らせていて大きなイノシシがヘッドライトに浮かび、ドキリとさせられたことが何度かあった。そんなたたずまいとは裏腹にイスラマバードは世界でも有数の「スパイ都市」としての顔を持つ。

アフガン戦争時代、ソ連に抗戦するゲリラ勢力を支援する米国は、当時イスラマバードで唯一の五ツ星ホテルだった「ホリデー・イン」の最上階にCIAの前線本部を置いた。米国の「対テロ戦争」への支援を表明したパキスタンは今回も「前線基地」となり、イスラマバードには米国が標的の一つとしたタリバン政権唯一の在外公館があることから、アフガン入りを目指す多くのメディアが待機することになった。

九二年にホリデー・インから名前を変えた「マリオット・ホテル」はアフガン特需に沸いた。普段だとジャーナリストは値引き料金が適用され一泊六十ドル前後。それが、ピーク時には最低でも税込み三百七十ドルにまで引き上げられた。それでも二百九十の客室は満室が続き、常連の予約客さえ追い返される始末だった。

マリオットは表向き「宿泊客の九九％はジャーナリスト」と説明したが、一割ほどの部屋はCIAとISI、さらに内務省直属の情報機関IBが確保していた。通常、マリオットにはIBが常駐し、客室の会話や電話の盗聴、人の出入りをチェックしている。インドの要人が宿泊する時はISIが必ずその監視下に置く。

今回、米国はFBIのほか、総勢、数百人のCIAを送り込んできた。アフガン戦争中、パキスタンに駐在した経験者も駆り集めた。このうち、マリオットに配置したのはごく一部で、大半は米国が前線本部を置いた米国大使館を拠点にした。アフガン戦争中、パキスタンの世論はゲリラを支援する米国を強く支持した。今回はパキスタン国内に反米感情が渦巻いており、米国人を標的にしたテロ計画もうわささされ、マリオットへの配置を最小限にとどめた。

アフガン特需に沸いたのはマリオット・ホテルだけではない。多くの「地元ジャーナリスト」が海外メディアを目当てにこのホテルに詰めかけ、助手や通訳、ストリンガーとして売り込んだ。ジャーナリストを名乗るのは自由である。イスラマバードに足場のない多数のメディアは、概してこうした人物に頼らざるを得なかった。一日の報酬が地元ベテラン記者の月収に相当する百五十～二百ドルに跳ね上がった。

私の支局にも「一攫千金」を狙った売り込みがあった。ある若者が披露してくれた「とっておきのネタ」は、センセーショナルを売り物にしたウルドゥー語夕刊紙の受け売りだった。別の若者は、自分はタリバン政権のザイーフ大使と親友だとアピールしたが、その場で「大使に連絡すると言うと、すごすごと帰ってしまった。メディアの報道合戦は現地スタッフ獲得をめぐる過当競争も加わり、憶測報道が垂れ流される下地を生んだ。

しかも、パキスタンの新聞を読んでいても、なかなか「筋」は追えない。当局のリーク記事も少なくない。それは、建国からほぼ半世紀、その半分は軍事政権という体制の問題にも起因している。地元メディアの間にも、とりわけ軍事機密の漏えいは対インド戦略上、国家存亡にかかわるとの危機感があるからだ。

しかし、外国メディアにとって最大の問題は、この地域のそもそもの情勢把握の難しさだろう。例えば、パキスタン経済は九八年の核実験に伴う国際社会の経済制裁で瀕死となった。それは事実だが、あくまで「表経済」のことである。アジズ財務相自身が認めていたように、この国の経済は半分がヤミ取引や密輸などの裏（地下）経済が支配する。むしろ、そうしたいかがわしさが、瀕死の国を支えてきたとも言える。表に出た数字をつき合わせているだけでは、実態把握にはほど遠い。

インド、パキスタン、アフガンの情勢が密接に連動しているこの地域は、水面下の動きが決定的に大きな役割を演じていることを実感させられる。パキスタンで舞台裏の主役を担うのは、言うまでもなくISIである。ISIの要員は約一万人。うち軍人が七割、シビリアンが三割と言われる。その世界を知るにつれ、情報源としても取材対象としても、ISIの存在感は大きくなった。逆に言えば、ISIに信頼できる情報源を確保しておけば、ちまたにあふれる憶測を検証することが可能だった。

「現地」に身を置く者として、むしろ気になったのは、米国から流れてくる情報の真偽だった。米国発の情報は国際世論に与える影響が計り知れない。しかも、米政府は情報を一部の主要メディアにリークする形で流し、情報とメディアの誘導、統制に動いていた。

オキシデンタル大学のピーター・ドライヤー教授は「米国のメディアは国防総省や国務省の代弁者になっている」と指摘した（〇一年十二月十一日付）。問題なのは、情報を検証する手だてがほとんどないことだった。

米国のパウエル国務長官はアフガン攻撃直後、「情報戦の側面がある」と語った。実際、米国防総省が「戦略影響局」という部局を新設していたことが明るみに出る。各国の世論や政策決定を誘導するため「偽情報」を報道機関に流す専門部局で、米ニューヨーク・タイムズ紙（〇二年二月十九日付）が暴露した。翌日、ラムズフェルド国防長官は「ペンタゴンはうそをつかない。戦術的にだますことはある」とかわしたが、結局は閉鎖する。

かつて米国の政治家が「戦争で最初の犠牲者は真実だ」と語ったと伝えられるように、戦争は何でもありの世界である。部局が閉鎖されたから、米国が偽情報を流さなくなったと考えるのは脳天気に過ぎるだろう。

こんな例がある。パウエル国務長官は九・一一直後、海外での要人暗殺を「全面禁止」にする大統領行政命令を二十五年ぶりに見直す方針を示した。これを受けて米政府は、ブッシュ大統領がＣＩＡに対し、ビンラディン氏とアルカイダメンバーの殺害を命じる大統領令に署名したことを明らかにする。

しかし、クリントン前米大統領はまもなく、大統領在職中の九八年当時、ビンラディン氏の暗殺を指令していたことを公表する。暗殺指令を認めたのは、歴代の米国大統領として初めてだった。それまでの暗殺の「全面禁止」は表向きだったのだ。パキスタンのウルドゥー語紙オーサフのハミド・ミル編集長が証言してくれたビンラディン氏に対する暗殺未遂事件を裏付ける形となった。

当時、米メディアの世論調査で約六五％が「情報機関が同時多発テロに関与した者を見つけだし、暗殺することも許可されるべきだ」と答えたという。

米国からの情報の洪水は、従来にも増してタリバンやアフガンについてのイメージに大きな影響を与えているようだった。開戦後、毎日新聞は国際面で「タリバン―その実像」と題する連載企画を始めた。東京の記者の分担執筆である。アフガンの「庶民生活」をテーマにした記事の最後をこう結んでいた。

「米誌タイムによると、ある〈アフガン人〉男性はテロ事件を報道するラジオを聴き入りながら『世界貿易センタービルってどんなビル？』とつぶやいた。タリバンはテレビの所有を禁止しており、人々は世界経済の中枢、ニューヨークの様子も知らない」（〇一年九月二十六日付）

実際は、都市生活者の一部はひそかに衛星放送を受信し、海外番組を見ていた。首都カブールで映画「タイタニック」ブームが起きていたことからも、かなり幅広い層がビデオ程度は見る機会があっただろう。むしろ、アフガン人が米国について知っている以上に、果たしてどれほどの米国人がアフガンを知っていたのだろうか。空前の飢饉に見舞われていた最貧国の様子を、ほとんどの米国民は知らなかったのではないだろうか。

当時、ある日本の女性閣僚が「米国人は最も非国際的な人たちだ」と指摘していたが、現地にいて、私も同じように感じることがあった。パキスタンはアフガンに比べ、はるかに穏健なイスラム国家だが、女性が肩を露わに外出することは考えられない。肩にスカーフをかけなければ、現地の感覚では「裸と同然」とみなされる。イスラマバードに取材に詰めかけた白人女性ジャーナリストは、知ってか知らずかノースリーブ姿で出歩く者もいた。

タリバン大使館の前庭でたびたび行われたザイーフ大使の記者会見でこんな場面があった。普段は大使がパシュトゥン語で話し、これを側近が英訳する。あるパキスタン人記者がパシュトゥン語で質問を始めた途端、私の横にいた女性が怒気を込めて大声で叫んだ。「イングリッシュ！イングリッシュ！」。記者は戸惑って顔を赤らめ、回りを見渡してから英語で言い直した。女性は英BBCの有名なキャスターだった。別の日の会見では、米CNNの取材チームの女性が、やはり現地記者のパシュトゥン語の質問に「イングリッシュ！」と大声を張り上げ、制止させた。

些細なことかも知れないが、異境で英語の使用を当然のことのように強制しようとする心理の延長線上に、「民主主義」と「人権」を声高に叫ぶ一方で、外国要人の暗殺を認め、国際法よりも、自国大統領の政策や決断を絶対視して疑わない世論があるのかもしれない。

現地で米国の「ダブルスタンダード（二枚舌）」は反米・嫌米感情の背景にもなっているのだ

が、やっかいなのは、少なからぬ米国人がそのことに気づいていないと思えることだ。ブッシュ大統領は空爆開始後まもない記者会見でこう述べた。「イスラム社会の米国憎悪に驚いている。我々はこんなにも善人なのに、人々は無理解だ」(〇一年十月十二日夕刊)

エジプトで最も注目を集めているという若手イスラム法学者の一人、ハーリド・アルジェンディ師(39)が九・一一に関するインタビューでこんな発言をしている。「私は彼(ビンラディン氏)のイスラムの解釈を信用していないし、尊敬もしていない。しかし、彼に共感する点が一つだけある。それは、米国中心の世界に反対している点だ。イスラム教徒の多くはこの点でほぼ同じ考えだと思う。米国の姿勢はカウボーイ的でごう慢、自分以外に正しい存在はないと考えている。この姿勢への反発がビンラディン氏への支持につながっている」(〇一年十月二十九日付)

虐殺する側とされる側

米英軍のアフガン攻撃の経過を概観しておきたい。米国からの報道を総合すると、十月七日に始まった攻撃は、第一段階でカブール、南部カンダハル、北部マザリシャリフやクンドゥーズ、西部ヘラート、東部ジャララバードなど主要都市とその周辺部に対し、上空から空港施設や航空機、対空ミサイルや対空砲など固定式の防空能力の破壊に集中した。

空爆開始十日後の十月十七日には、制空権を完全に握った第二段階として、低空から戦車や軍用車両など主に「動く標的」に重点を移した。これとほぼ並行する第三段階として、同十九日ごろには特殊部隊を投入して地上作戦を開始する。

空爆は北部地域の北部同盟の進撃を支援する形でも行われ、北部同盟は一転して、怒濤の勢いで失地を取り戻していった。こうした動きに対し、タリバンのオマル師は空爆二日後の十月九日、米国と英国に対するジハードをファトア（宗教令）として宣告する。これにより、タリバンは正式に対米英戦争に突入した形となった。

当時、タリバンとウサマ・ビンラディン氏の関係はどうなっていたのか。ロイター通信によると、タリバンのムトゥマエン報道官は翌十日、ビンラディン氏に「対米ジハードを自由に遂行するため、すべての（行動）規制を解いた」と述べる。

タリバンの部隊は各地で応戦したが、投降や寝返りが相次いだ。オマル師は、米軍が「タリバンの防空能力を完全に破壊した」と発表する前日の同十六日、各部隊に「指令を待つことなく、自らの判断で戦うように。投降したければしてもよい。戦いを続ける者は信義を守り抜くよう求める」との指令を出す。

パキスタン紙ニューズのユソフザイ記者は「タリバンにはさまざまな目的や思惑で途中から加わった者も多い。敗色が濃厚になれば、離反が相次ぐだろう。オマル師の発言はそうした実情を認めた形だ」と解説した。一方でユソフザイ記者は、タリバン創設時のメンバーを中心とした指導部を「真正タリバン」と呼び、結束はなお固いと分析していた。

反米運動に火がついたパキスタンではイスラム原理主義勢力がタリバン支援の募金活動を行っていた。マドラサの学生や市民が義勇兵として、主にアフガン北部戦線に向かった。アラブ諸国の義勇兵と合わせ、その規模は数千人単位に上ったようだ。

しかし、劣勢のタリバンは撤退を続ける。十一月九日、北部マザリシャリフが陥落したのを皮切りに、北部諸州の大半はたちまち北部同盟の手に落ち、十二日には西部ヘラート、十三日には東部ジャララバードが陥落。そして同じ十三日、タリバンは首都カブールを放棄して敗走し、北部同盟は首都に無血入城を果たす。

この時点で、タリバンにはカンダハルを中心とする南部諸州だけが残されたが、まもなく北部クンドゥーズ州で一万人前後のタリバン部隊が孤立していることが明らかになる。数千人規模の義勇兵も含まれていた。数日後に投降交渉がまとまるが、クンドースなど北部前線でタリバン兵士らに対する虐殺行為が次第に明らかになる。

十一月十三日付け米紙ニューヨーク・タイムズは、北部同盟の兵士が、敗走するタリバン兵士を拘束し、命ごいにもかかわらず銃殺する衝撃的な写真を掲載し、こうした虐殺が恒常化している様子を伝えた。また、在イスラマバードの国連報道官によると、北部同盟がマザリシャリフを制圧した際、学校に隠れていたタリバン兵士百人以上を拘束し、処刑するなど虐殺行為を激化させているという（〇一年十一月十五日付）。

北部同盟のドスタム将軍部隊は十一月二十六日、マザリシャリフ近郊の捕虜収容所で約六百人のタリバン支援の義勇兵が暴動を起こし、鎮圧に際してほぼ全員が死亡したと述べた（〇一年十一月二十八日付）。将軍の発言の真意、事件の真相は不明だ。

タリバン政権時代、外国メディアはタリバンの少数民族ハザラ人に対する虐殺・虐待事件をクローズアップしてきた。朝日新聞（九八年十一月七日付）によると、タリバンが九八年夏に北部マザリシャリフを制圧した際、子供や女性を含む八千人近くの住民を虐殺したと、国連報道官がニューヨークで明らかにしたという。とくにハザラ人を標的に頭を撃ち抜いたり、コンテナに監禁して真夏の太陽の下に放置したりしたという。AP通信によると、虐殺されたのは推定四千〜五千人だが、九月には別に、バーミヤン州でハザラ人約千八百人が虐殺されたという。

また、朝日新聞（〇一年一月二十二日付）は、〇一年一月にタリバンが中部ヤカウラングの町でハザラ住民百人以上を虐殺したとして、国連のアナン事務総長が非難声明を出したと報じた。反タリバン勢力に協力していたことが虐殺理由だという。

歴史的にハザラ人が弱い立場に置かれてきたことは疑いないが、一方的に被害者であり続けてきた、というわけではなかった。九八年夏のマザリシャリフ虐殺には、その「背景」が指摘されている。前年の九七年の五月と九月の二回、タリバンはマザリシャリフ攻略に失敗し、三千人規模の精鋭部隊が捕虜となり、処刑されたと言われている。タリバンによるマザリシャリフ虐殺は、この報復だというのだ。

国連特使補佐官の川端清隆氏は『アフガニスタン　国連和平活動と地域紛争』（みすず書房）の中で、この虐殺について、こう記述している。「（北部同盟の）ドスタム（将軍）によると、（タリバンに寝返り、そして裏切った元ドスタム副官の）マリクはタリバン捕虜の処置に困り、その内二〇〇〇人余りを殺害し、近郊の砂漠に埋めたという。殺害方法は、捕虜を解放すると騙して収容所から連れ出したうえで、数箇所の井戸に投げ込み、上から手榴弾を投げ込んだうえで、ブルドーザーで埋めるという、誠に残虐なものであった」。川端氏は、この虐殺事件以降、部族間の憎しみが先鋭化したと分析している。

さかのぼれば、タリバンとハザラ人勢力との間にはこんな因縁もある。右記の『アフガニスタン』によると、タリバンがカブールを制圧する以前の九五年、市内ではタジク人勢力のマスード将軍部隊とハザラ人勢力のイスラム統一党の部隊が戦闘を繰り広げていた。統一党党首のアブドル・マザリ氏は新興勢力だったタリバンとの交渉で、重火器を差し出すことを条件にタリバン入城を認め、タリバンがマスード部隊と対決することで合意した。タリバン部隊が市街に入ったところ、マザリ氏が裏切り、これを機にマスード部隊がタリバン部隊を攻撃、タリバンの数百人が戦死した。

マザリ氏はまもなくタリバンにとらえられ、殺害されるが、こうした事件がその後のハザラ人虐殺につながったとも言われている。

一方、タリバン出現以前の九三年には、マスード部隊がハザラ人約千人を虐殺したとされる事件が起きている。『誰がタリバンを育てたか』（マイケル・グリフィン、邦訳・大月書店）は「地元の計算によると、老人、女性、子どもたちの首はおろか犬の首まではねて」惨殺したと記述している。

タリバンに批判的な立場のアフマド・ラシッド氏もその著書『タリバン』（講談社）の中で「すべての勢力が民族浄化と宗教的迫害を実行した」と書いている。本来は犯罪抑止が目的の部族伝統の「目には目を」の復讐法は、いったん抑制が効かなくなると報復の連鎖を招く危険を併せ持っていたのである。内戦の時代である。タリバンによる虐殺は糾弾されてしかるべきだが、タリバンだけが「虐殺する側」ではなかったことにも留意すべきだろう。

いずれにしろ、九・一一後のタリバン敗走に伴い、タリバン兵士や、主に北部地域に少数派として暮らすパシュトゥン人への虐殺・虐待が新たな問題として浮上していた。

開戦当時のタリバン政権の対応で、私が注目していた一つは、アフガンに残留していた外国人をどう扱うかだった。予想される米英軍の空爆に対し、攻撃の中止もしくは抑制を目的に「人間の盾」にするのではという見方があった。「人間の盾」は九一年の湾岸戦争の時に、イラクのサダム・フセイン政権がとった手法である。

しかし、タリバン政権は九・一一直後、国連職員や援助関係者らの自主出国を認めた。アフガン・イスラム通信によると、テロ発生四日後の九月十五日には「米国から軍事攻撃を受けることが予想される」との理由で、すべての外国人に国外退去を求める。

こうした状況下、私が知る限りでは、アフガンに潜入した三人のジャーナリストが拘束される。まずは英紙サンデー・エクスプレスの女性記者、イボンヌ・リドリーさん（43）。オマル師は十月六日に釈放を命じる。リドリーさんは釈放後、パキスタンで「タリバンは丁重に扱ってくれた」と語った。二人目は十月九日、アフガン東部ジャララバード近郊で、ブルカを被って女装しているのを見破られ、拘束されたパリ・マッチ誌のフランス人記者、ミシェル・ペイラールさん（44）。タリバンはその後「スパイでないことが確認された」と釈放する。日本のフリージャーナリスト、柳田大元さんも無事釈放された。

タリバン政権はテロ発生の約一ヶ月前、アフガンで活動していたキリスト教系の民間援助団体のスタッフ二十四人を逮捕していた。このうち外国人の米国、ドイツ、オーストラリア出身の八人に対し、違法にキリスト教を布教したとして裁判を続けていた。タリバンはこの年の一月、イスラム教から改宗したアフガン人を死刑にするとの布告を出していた。今回の件で外国人に死刑が適用される可能性もあった。

イスラマバードに拠点を置く外国の民間援助団体や国際機関のスタッフに聞くと、タリバンの主張通り、この団体がカブールで警告を何度も無視して、半ば公然と布教活動をし、援助機関の間でも問題になっていたことが分かった。タリバンは、聖書やイエス・キリストの生涯などを視覚的に解説したビデオなどを証拠品として大量に押収していた。

タリバンはカブール撤退（十一月十三日）に伴い、八人を一緒に連れ去る。ブッシュ米大統領は翌十四日、八人の救出を発表する。カブール郊外で米軍特殊部隊が救出したというが、救出劇の真相は不明だ。

タリバンが放逐される過程で、アフガンでは何人もの外国人ジャーナリストが死亡するが、戦闘地帯や、タリバンが敗走した後の「権力の空白地帯」で犠牲になった。タリバン政権時代、タリバンが外国の民間人やジャーナリストに対し、戦闘状況以外で能動的あるいは一方的に殺害した事件は、ほとんどなかったのである。

タリバン切り崩し工作

九・一一後、パキスタンはタリバン政権との「決別」を決めたあとも、アフガン新政権への影響力を確保するため、ISIを通じて水面下でタリバン穏健派の切り崩しを進めていた。ムシャラフ大統領が表明した「広範な基盤を持つ連合政権」構想に、是が非でも穏健派を参画させようと目指したからだ。

連合政権は、北部同盟が中心的役割を担うことは必至だったが、新政権に向けタリバン穏健派の陣容を早く固め、これを後押しすれば、少しでも新政権に食い込めるとの思惑があった。タリバン政権が早期に崩壊した場合、穏健派が強硬派と「心中」してタリバンそのものが解体し、新政権の担い手を失う事態も予想された。このため、穏健派を「無傷」のうちに「保護」しておこうと、パキスタンは、穏健派の代表的存在で国際的に知名度の高いムタワキル外相への説得を急いでいた。

ISI関係者によると、ISIは十月七日の米英軍のアフガン攻撃開始を前後し、ムタワキル外相とその側近のザイーフ駐パキスタン大使に対し、連合政権で要職につかせると働きかけていた。米国のパウエル国務長官は同十六日、パキスタンでムシャラフ大統領と会談し、新政権構想について「パキスタンなど近隣諸国と友好的なのが望ましい」と語り、タリバン穏健派の政権参加を支持する姿勢を示した。アルカイダ掃討作戦でパキスタンの協力が不可欠な米国は、パキスタンの意向を尊重したのだった。

しかし、ムタワキル外相はパキスタンの打診を拒否し、十月十三日に本拠地カンダハルでザイーフ大使と会談後、消息を絶っていた。以来、外相の動向をめぐる外国メディアの報道合戦が過熱することになる。

情報は二つに大別できた。一つは、ムタワキル外相がオマル師の指示を受け、ビンラディン氏の身柄引き渡しをめぐって米国と「最後の交渉」をするため、パキスタン訪問中のパウエル国務長官と接触を試みた、というもの。本当であれば、タリバン指導部は強い結束を保ちつつ、一転してビンラディン氏を見限る決断をしたことになる。

また、外相はすでにタリバンを離反し、パキスタンに亡命を求めたという情報も流れていた。外相はパキスタン政府の保護下にあり、イスラマバードもしくは軍総司令部があるラワルピンディに滞在しているというのである。情報の見極めは、アフガン情勢の次の展開を予測するうえで必須だった。

これに対し、ISI関係者は、外相が消息を絶ったのは、体調を崩したためアラブ首長国連邦のドバイで検査と治療を受けていたからだと明かした。案の定、外相は同十七日にカンダハルに戻り、最後までパキスタンの説得に乗ることはなかった。

パキスタンはなおも穏健派の切り崩しを続ける一方、次のシナリオを試みる。パシュトゥン人の反タリバン勢力を取り込み、新政権に参画させて影響力を確保する、というものだった。アブドル・ハク氏ら数人の旧ゲリラ司令官で、いずれもパキスタンに足場のある人物だった。パキスタンの人口一億四千五百万人のうち二千二百万人はパシュトゥン人。アフガンのパシュトゥン人口の二倍にのぼる。民族的に共通するパシュトゥン人勢力を担ぐことは最低限の条件だった。私はこうした動きをパキスタンの「第三勢力」構想と名付けた。

さらに、ＩＳＩは旧来のタリバン指導部へのチャンネルを使って強硬派切り崩しの可能性も模索していた。狙っていたのはハッカニ元辺境相だった。「タリバン養成所」と呼ばれるサミュル・ハク氏のマドラサの出身で、サミュル・ハク氏が「我が校の一番の誇り」と自慢していた「ムジャヒディンの英雄」である。

ハッカニ氏は、ビンラディン氏が地勢を熟知している東部三州の統括司令官で、ビンラディン氏の警護を任されていた。ＩＳＩ関係者によると、ＩＳＩはハッカニ氏に、オマル師を国家運営に携わらない精神的指導者に祭り上げる形でタリバンを温存させると働きかけていたが、結局は拒否される。タリバン「本丸」への切り込みも暗礁に乗り上げていた。

そして、十月二十六日。第三勢力構想の大本命だったアブドル・ハク氏が、東部州でタリバンに拘束され、銃殺される。第三勢力の結集に向けて地元部族指導者らと密会中、タリバン部隊に包囲されたのだった。ＩＳＩの思惑はここでも失敗する。

そして十一月六日、ＩＳＩ筋もノーマークに近かった「名前」が突如浮上する。のちの新政権でトップに就任するハミド・カルザイ氏だ。米国のラムズフェルド国防長官がこの日の会見で、アフガン国内でハク氏と同様、タリバンに包囲されたカルザイ氏を米軍が無事救出し、パキスタンに移送したと公表したのである。カルザイ氏は反タリバンで、ザヒル・シャー元国王に近いパシュトゥン人。在米経験があり、米英軍のアフガン攻撃開始直後にアフガン入りし、南部でCIAと連携してパシュトゥン人部族の結集に向けた工作を進めていた。

米国の軍事プレゼンス

米国は、米中枢を標的にした同時多発テロで国家の威信を大きく傷つけられた。反面、パキスタンやアフガンから見ると、米国は軍事的な世界戦略という面で、計り知れないメリットを受けたとの印象がある。

米国がアフガンの前線基地として、再びパキスタンに軍事プレゼンスを確保することは、パキスタンの友好国・中国への牽制になる。中国からパキスタンに核・ミサイル技術が流れていたことは周知であり、中国―パキスタンの間にくさびを打ち込むことになる。

アフガンでの親米政権樹立と部隊の駐留は、その西隣に位置するイランににらみをきかせることにもなる。米国はイランを「悪の枢軸」の一角として敵視してきた。さらに中央アジアのウズベキスタンやキルギスに「出撃基地」を得ることで、その北方のロシア、中国の脇腹に刃を突き付ける形になった。

米国はアフガン攻撃前、この地域をにらんだ軍事拠点はインド洋の英領ディエゴガルシア島だった。それが、中国、ロシアに隣接する戦略拠点に基地を手に入れ、アルカイダ掃討を名目にペルシャ湾岸上に艦船を配備した。九一年の湾岸戦争は、これを契機にサウジアラビアに駐留した米国が「最大の受益者」と言われた。

「敵将」のビンラディン氏を拘束もしくは殺害すれば、米国はアフガンで「対テロ戦争」を遂行する大義名分が失われる可能性がある。その意味で、米国にとっては、ビンラディン氏が生存している方が、軍事戦略上のメリットははるかに大きい。

一方、中国の立場はどうか。中国は、アフガン国境につながる新疆ウイグル自治区でイスラム教徒による分離独立運動を抱えていた。自治区のイスラム教徒がアフガン国内で軍事訓練を受け、ビンラディン氏から資金援助を受けているとみており、タリバンもアルカイダもけむたい存在だった。

すでに触れた通り、中国はタリバン政権時代、イスラム過激思想の新疆への波及を警戒し、国際的に孤立していたタリバンに接近することで自制を促すという政策を進めてきた。米英軍のアフガン攻撃は、けむたい存在を一気に蹴散らしてくれ、しかも、中国が新疆で強圧的な原理主義勢力封じ込めの正当性を得るという面でも多大なメリットだとの指摘があった。

しかし現地では、中国にとっては「デメリットの方が大きい」との認識が支配的だった。九・一一発生直後、パキスタン紙で軍事問題を担当する友人の記者は、開口一番「中国にとってまずい事態だ」と漏らした。理由は、先に触れたように、米国の軍事的なプレゼンスである。イスラマバードの私の支局兼自宅の隣家は中国の国営・新華社通信の支局で、新華社の記者も「中国政府にとっては、タリバン政権時代の方が、イスラム原理主義の問題を差し引いてもはるかにいい」と言い切った。

米軍のサウジ駐留は、イスラム教徒の間で反米感情を一気に高め、アフガン戦争時代に米国がその「育成」に一役買ったイスラム過激組織を「アルカイダ」に転化させた。同様に、今回の米国のアフガン軍事攻撃は、アフガンやパキスタンだけでなく世界のイスラム教徒の間で「反米」の底辺を確実に広げる形となった。

米国にとっては両刃の剣だが、軍事戦略という観点から見ると、米国は「対テロ戦争」を続けている限り、その覇権を維持することができるという側面は否定できない。

イラクへの道

九・一一後、米国からは折に触れ、イラクが大量破壊兵器を保有し、アルカイダを支援しているという「情報」が流れていた。当時の毎日新聞に掲載、転電された記事を追うだけで、「アフガンの次はイラク」という既定路線を読み取ることができる。

テロ六日後の九月十七日、米ABCテレビは、米国防総省が立案しているアフガン軍事作戦にイラク空爆も含まれる見通しだと報じる。対米テロを支持し、大量破壊兵器の生物・化学兵器の開発を続けていることが理由だという。

九月二十四日付のワシントン発の記事は、イラクが資金や補給面でテロ実行犯グループを支援していたとの見方が指摘されていると紹介し、その根拠として、イスラエル軍の諜報機関の情報が「イラク関与説」を裏付けているからだと解説した。

十一月二十三日には、ボルトン米国務次官（安全保障・軍備管理担当）が毎日新聞との会見で、イラクをテロ組織に訓練基地提供や資金面で支援していると非難し、支援をやめないと「アフガン攻撃が終わった段階で米国は対イラク政策を決める」と警告した。

十二月二十四日発売の米誌ニューズ・ウィークは、ブッシュ政権が対イラク軍事行動の方針を固め、計十万人以上の地上軍を動員すると報じた。

翌〇二年に入ると、九・一一の実行犯とされるモハメド・アタ容疑者などアルカイダと、フセイン大統領の具体的な接触についての「情報」が流れる。例えば、リチャード・パール元米国務次官補はイタリア紙「レオ24オレ」に対し、九・一一に先立ち、アタ容疑者がイラクのフセイン大統領と協議していたことを明らかにした、という。

英紙サンデー・テレグラフは「英政府が来週公表するイラクの調査報告書の中に、テロ組織アルカイダの指導者、ウサマ・ビンラディン氏の側近二人がイラクでテロ技術の訓練を受けていた決定的証拠が含まれる見通しだ」と報じた。

こうした一連の報道を受け、パキスタンで、アルカイダとフセイン大統領の「協力関係」の有無について取材を進めた。私は九・一一以降、ビンラディン氏の足取りを含めたアルカイダ関係の情報を、先に述べたようにＩＳＩ関係者を通じて、主にパキスタンのイスラム武装組織ジャイシ・モハマド幹部のオマル・シェイク氏から得ていた。

しかし、ビンラディン氏やアルカイダとイラクの接点は、彼からも得られなかった。イスラマバード在住のイラク人ジャーナリストに聞いても「その可能性はない」と言下に否定した。このイラク人は反フセイン政権の亡命イラク人であり、フセイン大統領を擁護する立場にはなかった。

ＩＳＩ関係者によると、アルカイダもフセイン大統領も「反米・反ユダヤ」では利害が一致するが、イスラム色の強いアルカイダに対し、フセイン政権は世俗的で「水と油のような関係だ」と指摘した。アルカイダがイラク国内でネットワークを構築しているとすれば、フセイン政権の支配が及ばない北部クルド人自治区しかない、との説明だった。反体制のクルド人には米国が支援しているとみられていた。

イラク戦争後の混乱に乗じて、多くのアルカイダメンバーがイラクに潜入することになるが、それまで、アルカイダはフセイン政権と接点を持っていなかった。米同時多発テロに関する米議会の独立調査委員会は〇四年六月の報告書で、フセイン政権とアルカイダの協力関係を示す「信頼できる明確な証拠はない」と公表したのである。

9　アフガン新政権

米同時多発テロから約二ヶ月後の〇一年十二月に入ると、タリバンは、最後の拠点カンダハルからの撤退も時間の問題になった。このため、米軍はカンダハル空爆の一方で、東部トラボラの山岳部でのビンラディン氏追跡作戦に重点を移していた。国連はタリバンに代わる暫定政権の樹立に向け、ドイツのボンでアフガン各派の代表者会議を進めていた。

ボン会議の参加グループは、①北部同盟（反タリバン連合）②ローマ・グループ（パシュトゥン人のザヒル・シャー元国王派）③キプロス・グループ（イラン亡命ハザラ人中心）④ペシャワル・グループ（パキスタン亡命パシュトゥン人中心）で構成されたが、多分に便宜的な色分けだった。会議からは、タリバンと、アフガン戦争当時の最大のゲリラ勢力ヘクマティアル派（パシュトゥン人主体）が除外されていた。

ボン会議では、閣僚ポストをどういう形で各民族、各勢力に配分するか、それぞれの思惑が交錯した。結局、各派は国連が提示した新政権構想についての最終合意書に調印（十二月六日）し、内閣に相当する「暫定行政機構」（単に暫定政権とも表記）が発足（同二十二日）する。首相に相当する議長には元国王派のハミド・カルザイ氏が就任する。

ただし、新政権の実権は北部同盟が握った。北部同盟は、①ラバニ前大統領派（タジク人）②ドスタム将軍派（ウズベク人）②イスラム統一党（ハザラ人）の主要三派をはじめ、カディル・ナンガルハル州前知事（パシュトゥン人）やアブドル・ラスル・サヤフ氏（パシュトゥン人）などの小グループが集まっていた。

とくにラバニ前大統領派は、国防、内務、外務に警察庁長官を加えた国防・治安機構のすべてを独占する。トップはいずれも北部同盟の最高司令官を務めた故マスード将軍と同郷のパンジシール渓谷出身で、長老のラバニ氏（ファイザバード出身）は外され、事実上の「マスード派政権」だった。

正式政権に向けたシナリオはこうだ。「暫定行政機構」の発足から半年後、緊急ロヤ・ジルガ（国民大会議）を開催し、次の移行政権「暫定政府」を立ち上げる。それから二年以内に総選挙を実施し、新政府を樹立するというものだ。国連は「暫定行政機構」の発足を受けて、治安維持のための国際支援治安部隊（ＩＳＡＦ）をカブールに展開した。

しかし、各勢力が連携を維持するのは至難の業とみられていた。「何匹もの手前勝手なネコの尻尾を結びつけているようなもので、いずれ暴れ出す」といった論評もあった。これまでは「反タリバン」という共通の利害で結束してきたが、タリバンが消滅すれば揺らぐ可能性がある。とはいえ、暫定行政機構を取り巻く最大の不安定要因はタリバンの存在にほかならない。タリバンはヘクマティアル派（イスラム党）と連携する動きを見せていた。

タリバンとヘクマティアル元首相は、皮肉な取り合わせである。どちらも当初は米国やパキスタンから支援を受け、一時はアフガンの最大勢力にまで躍進したが、結局は見限られた者同士だった。

タリバン政権崩壊

タリバンは、アフガン各派が新政権構想に最終合意した十二月六日、カンダハルから撤退を開始し、タリバン政権は終焉する。この夜、ザイーフ・駐パキスタン前大使のイスラマバードの自宅に電話を入れた。前大使は「カンダハルに固執すれば、さらなる米軍の空爆によって市民の犠牲が増えるからだ」と撤退の理由を説明した。

一方で「タリバンはアフガン社会の一部であり続ける」と語り、ゲリラ戦で対米抗戦を続けると表明した。北部同盟中心の暫定行政機構をどう見るか。「米国がお膳立てした政権が和平をもたらすことができるか、お手並みを拝見したい」。前大使はそう言った。

タリバン政権崩壊を受け、パキスタン軍情報機関（ＩＳＩ）の元長官、ハミド・グル氏にアフガン情勢の見通しを聞いた。

――タリバンは消滅したとの見方があります。

◆山岳部に散っただけだ。米軍のカンダハル空爆で兵士約一万人が死亡したが、まだ精鋭五千～六千人がおり、国内各派勢力の中で最大兵力を維持している。ゲリラ戦に戦車は不要だ。カラシニコフ銃（自動小銃）で事足りる。資金も潤沢だ。

――タリバンは今後、どう動きますか。

◆当分は暫定政権の行方を息を潜めて眺めているだろう。今のアフガンは多くの元ムジャヒディン（イスラム聖戦士）勢力が群雄割拠し、一つの政府が治められる状況にはない。米国など外国勢力が関与を強めれば、反発する勢力が武装闘争を始める。タリバンはそうした状況を待つだろう。

――オマル師は？

◆タリバンは組織の名前を変える可能性がある。指導者も当然、代わるが、オマル師はいつも組織内に居続けるだろう。

――米軍の空爆後、タリバンとヘクマティアル元首相が連携する動きがありました。

◆タリバン撤退は内戦の終わりを意味しない。新たな内戦の始まりだ。アフガン北半分はイスマイル・カーン（支配地域四州）▽ファヒム（六州）▽ドスタム（四州）▽ハリリ（三州）らが支配し、南半分はハリスやヘクマティアルなどの勢力もいる。タリバンが、どの勢力と連携しても不思議はない。

（〇一年十二月九日付）

パキスタン紙ニューズのユソフザイ記者は「今はゲリラ戦を戦う余力はない。タリバンの軍事的影響力は消滅した」と分析した。しかし「国内情勢を見極めながら、息を吹き返す機会をうかがうだろう」とも述べ、タリバン自体が消滅したとの見方は早計だと指摘した。

こうした中、タリバンとの連携が予測されたヘクマティアル元首相に、亡命先のイランへの衛星電話で話を聞いた。ボン会議の開催直前の時期である。

ヘクマティアル元首相は、タリバンと連携して「反米抗戦」していく考えを明言した。「アフガンの将来はアフガン人が決める」と主張し、「過去の（各勢力同士の）争いを忘れ、この国の自由と独立を守るため、かつてソ連侵攻に団結したように、米国の暴挙に対して再団結すべきだ」と訴えた。

アフガン戦争当時、最大兵力十万を擁したというヘクマティアル元首相は、今も大部分の部隊をアフガンに残留させていると言った。しかし、元首相がタリバンのカブール制圧（九六年）後に亡命した際、一般兵士の多くはタリバンに合流したとみられていた。

パキスタンは対アフガン政策の練り直しを迫られていた。ＩＳＩは、アフガンへの足がかりの一つとして、そんなヘクマティアル元首相との「復縁」を選択肢に入れていた。電話を取り次いでくれたのはＩＳＩ関係者である。ＩＳＩが対アフガン政策でさまざまな選択肢を用意した理由は、新政権を担う人物として米国が担いだカルザイ首相が、パキスタンに対し、どういう姿勢で臨むのか予測できなかったからでもある。

カルザイ首相は、パシュトゥンのドラニ族のサブグループ、ポパルザイ族で南部ウルズガン州の出身とされる。インドの大学で政治学と国際関係の修士号を取得。弟が米国でアフガン料理のレストランを経営しており、八〇年代の一時期、米国に滞在して英語を身につけた。九二年に成立したラバニ政権で外務次官に就任する。しかし、内戦が本格化する中、スパイ容疑で投獄され、外務省を放逐される。

そのころ、「世直し」勢力として南部に出現したタリバンを支援する。タリバンがカブールを制圧した九六年、オマル師から「国連大使に」と声が掛かる。しかし、タリバンがパキスタンの支援を受けていることに加え、アフガンに逃れたビンラディン氏の保護を決めたことから「外国勢力の影響」を懸念し、要請を拒否。その後「反タリバン闘争」に入ったと言われている。九九年、ザヒル・シャー国王時代に国会副議長を務めた父親が暗殺され、タリバン犯行説がささやかれた。パキスタンにとって楽観できる要素はなかった。

しかも、政権の実権はマスード派が握る。その主要三閣僚であるファヒム国防相、カヌニ内相、アブドラ外相は、インドとの友好関係を強調し、反パキスタン色を鮮明にしていた。カルザイ首相は政権運営上、こうした勢力の意向を無視できるとは考えにくかった。

パキスタンは、タリバン穏健派の切り崩し失敗に続き、第三勢力構想の本命だったパシュトゥン人の旧ゲリラ司令官、アフドラ・ハク氏の殺害により、選択肢の範囲をますます広げざるを得なかった。タリバン強硬派のハッカニ元辺境相に対し懐柔を続ける一方、ヘクマティアル氏へのアプローチを始めていたのである。

ISIとCIAの確執

暫定行政機構誕生の翌十二月二十三日、パキスタン駐留米軍は、アフガン東部トラボラでのアルカイダ掃討作戦で「成果」を公表する。その中でタリバンの最重要人物の一人、ハッカニ元辺境相の「戦死」を報告した。発表資料には「REP　KIA（米軍の攻撃で死亡と報告）」の印が押された顔写真があった。しかし、ISI関係者は「負傷はしたがアフガン領内にいる」と語り、接触を続けていることを明かした。

米国の対テロ戦争に「全面協力」を約束したパキスタンだが、ISI、CIAという現場レベルでは、相互に不協和音が生じていた。「ハッカニ死亡」報告もその一件だった。私がハッカニ生存説を〇二年一月一日付で報じた五日後、パキスタンのウルドゥー語紙ナワイワクトが、これを裏付ける形でハッカニ生存情報を流す。

ナワイワクト紙は新たな動きとして、ハッカニ元辺境相がカルザイ政権打倒に向け、ヘクマティアル元首相と連携することで合意し、ヘクマティアル派幹部がイランから続々帰国していると報じた。暫定行政政府にとって「国内最大の不安定要因になる」と指摘した。

さらに、同紙によると、カルザイ首相はこうした動きを以前から察知し、「重大な脅威」と受け止めていた。首相は逆にハッカニ元辺境相に接近することで懐柔しようとしたという。その一案が、暫定行政機構の発足式典（十二月二十二日）にその兄弟を招待することだった。ところが、この後に権力の壮絶な攻防戦が繰り広げられることになる。

米国防総省は式典前日、アフガン東部でタリバンかアルカイダとみられる車列を米軍機が攻撃し、多数を殺害したと発表する。死亡者は六十五人。アフガン・イスラム通信や英BBCは、式典に出席する予定だったカルザイ首相を支持する地元長老だったと報じた。

しかし、ナワイワクト紙によると、犠牲者の中にハッカニ元辺境相の兄弟がいた。車列にテロリストが潜んでいると、北部同盟が米軍に「通報」したため、米軍機が爆撃に向かったのだという。カルザイ首相とハッカニ側の接触を妨害するのが目的だったようだ。

この報道のあと、イランにいたヘクマティアル氏の消息が途絶える。〇二年一月、ブッシュ米大統領が一般教書演説でイラン、イラク、北朝鮮を「悪の枢軸」と非難した直後だった。米国を刺激したくないイランが元首相の事務所を閉鎖し、事実上追放したのだった。

その約二ヶ月後の三月、ISI関係者は「ヘクマティアルがアフガンに帰国している」と明かす。元首相は行方不明のあいだ、実はパキスタンでISIと接触し、これからの戦略を練っていたのだという。

それによると、意外にもヘクマティアル元首相は、ハッカニ元辺境相を含めてタリバンとの連携を断念し、逆にカルザイ政権を全面支援することにしたのだった。すでにヘクマティアル氏はカルザイ首相に使者を送り、協力の意向を伝えていた。体制側に「寝返る」ことで、次の「暫定政府」(〇二年六月移行予定)で復権を果たしたいとの思惑だった。

パキスタンとしても、ヘクマティアル元首相をアフガン新政権に潜り込ませ、テコ入れすることができれば、アフガンへの影響力をある程度確保できる。背景には、カルザイ首相が最初の外遊先として、マスード派閣僚の反発を押し切ってパキスタンを訪問し、相互に「善隣友好」を確認したことがあった。あとで触れるが、カルザイ首相はその後の暫定行政機構内の権力闘争で、マスード派閣僚を上回る策士ぶりを発揮していた。なによりカルザイ首相はパシュトゥン人であり、米国と国連が後ろ盾になっていた。カルザイ政権打倒を画策するより、支援して懐柔する方がリスクははるかに少ない。

しかし、ヘクマティアル元首相の「復権」への望みはすぐに打ち砕かれる。四月四日、カヌニ内相が、ヘクマティアル元首相の「イスラム党」メンバー約三百五十人を逮捕、元首相も発見次第に拘束すると発表したのだ。逮捕容疑は、カルザイ首相や、帰国予定だったザヒル・シャー元国王に対する暗殺計画。この一斉逮捕は、カルザイ首相の外遊中で、北部同盟が、カルザイ首相とヘクマティアル氏の接近を警戒し、「ヘクマティアル派残党」の徹底排除に乗り出したことは明らかだった。こうした北部同盟の動きと関連したニュースが翌五月、ワシントン発で流れる。

米中央情報局（CIA）がアフガニスタン情勢を左右する重要人物の一人、ヘクマティアル元首相の暗殺を図ったものの、失敗したことが分かった。元首相は亡命していたイランから帰国し、政治的復権を狙っていた。しかし、米政府から排除すべき人物として追跡される立場になり、復活は事実上不可能になった。

ロイター通信などによると、CIAは（五月）六日、カブール近郊で無人偵察機「プレデター」から対戦車ミサイルを発射し、ヘクマティアル元首相を殺害しようとした。しかし、元首相はこれを免れ、別の数人が死亡したという。（〇二年五月十一日付）

ここでいったん、カンダハル陥落（〇一年十二月六日）後のタリバンの動向に戻りたい。最高指導者オマル師の消息については、さまざまな憶測が乱れ飛んだ。ＩＳＩ関係者は、側近のハッサン・カンダハル州知事ら幹部とウルズガン州の山岳部に逃れた可能性が高いと言ったが、確証はなかった。

約一ヶ月後（翌〇二年一月五日）、ヘルマンド州内で地元部族にかくまわれていたオマル師が米軍に包囲された、との情報が流れる。しかし、米軍が民家をしらみつぶしに調べても、姿はなかったという。これ以降、有力な所在情報は途絶えることになる。

当時、アルカイダとタリバン幹部の追跡を続けていた米国は、拘束次第、パキスタンのペシャワルにパキスタン政府と合同開設した尋問センターに送り込んでいた。ここで事情聴取し、一部をキューバにある米海軍のグアンタナモ基地に移送した。

タリバンについては、政権幹部の全員を「強硬派」と位置づける一方、大多数の一般兵士は「穏健派」として不問に付した。パキスタン政府は、一般兵士に関してはパキスタン国内での滞在も認めていた。

タリバン政権末期、唯一の「アフガン在外窓口」として対外交渉にあたったザイーフ前パキスタン駐在大使は拘束対象者だった。パキスタン政府は前大使に同情的で、「メディアと接触しない」「政治活動をしない」を条件に滞在を特別に許可していた。しかし、ISIとCIAの確執が強まる中で、パキスタン政府はかばい切れなくなり、前大使は拘束されてグアンタナモ基地に送られる。

「ハッカニ氏死亡」報告の件でも触れたISIとCIAの確執の大きな理由の一つは、「パキスタンの核開発」に絡む問題だった。当初、アルカイダの核開発疑惑を調べ始めたCIAは、すぐに「あり得ない」と結論づける。そしてアルカイダの核疑惑追及を名目に、パキスタンの核科学者たちを執拗に尋問していた。これに危機感を抱いたISIとの間で、水面下で苛烈な駆け引きが演じられていたのである。

CIAが、核科学者らを米国内に移送して本格的に尋問しようとしたのに対し、ISIは核科学者らを理由をつけて自宅軟禁処分にした。名目は「軟禁」だが、実際は「保護」だった。ISI要員らが自宅周辺を囲んでCIAとの接触を防いだのである。こうした攻防の延長戦上に、「パキスタンの原爆の父」と呼ばれたカーン博士を中心とする「核の闇市場」の暴露問題が出てくる。

さて、消息を絶ったビンラディン氏とオマル師の所在について、生存説、死亡説を含めさまざまな憶測が流れ続けていた。私はこれらを逐一リストアップしていた。「よくもこれほど」と思えるほどの量である。発言・発信者の意図や思惑がほの見えるのだった。

欧米メディアは時折、逃走中のタリバン幹部のインタビュー記事を掲載していた。私も〇二年三月、ISI関係者を通じ、ペシャワル在住のアフガン人ジャーナリストを仲介してアフガン東部ホスト州の情報相を務めたサラウディン氏（33）と同州警察長官だったアフマド・シャー氏（33）に会った。

二人とも指名手配リストに載っており、写真は背後からという条件付き。アフガン人仲介者とこの二人に報酬を合わせて数百ドル支払ったが、ISI関係者はこう漏らした。「あの仲介者は何人もの欧米人記者に『タリバン』を紹介したが、大抵はニセ者だった。事情を知らない〝飛び込みの記者〟をだますのは簡単だと言っていた。ただし『今回は通用しない』とクギを刺しておいたから」

憶測を検証せずに垂れ流す内外のアフガン報道については、アフガン報道の第一人者、ニューズ紙のユソフザイ記者がいつも顔をしかめていた。米誌タイムズ、米ABC放送、英BBCのストリンガーでもあった。暫定政権発足約五ヶ月後の〇二年四月当時、タリバンの動静について総括的な聞いたのが次の一問一答である。

――アフガニスタンでは米軍のアルカイダ掃討作戦が続いています。

◆米国はアフガン国内のアルカイダ兵力を、その家族まで含めて相当に誇張してきた。私の見立てでは、昨年の米同時多発テロ当時で推定千人。その後の戦死や国外逃亡などにより、残存部隊は四百～五百人だ。指導者のウサマ・ビンラディン氏は今も生存し、誰かにかくまわれていると思うが、いずれ発見されるだろう。指導者を失った残存勢力は、自らの生存のために戦っているに過ぎない。

――タリバンの現状は。

◆兵力六～八万のうち米軍などとの交戦で約五千人が戦死した。それでも相当規模の兵力が残っている。大半は自らの出身の村かマドラサ（イスラム宗教学校）に戻っている。一部でゲリラ戦を始めているが、タリバン運動の復興を期すため、米軍の軍事作戦が終わるのを静観しているというのが実情だ。

最高指導者のオマル師をはじめ、米軍から追跡されているタリバン幹部はパシュトゥン族のそれぞれの出身部族に保護されている。例えばアコンド前国防相は暫定政権のカルザイ議長（首相）と同じ部族だ。首相が手を出すことは部族への裏切り行為になり、オマル師が（外国人の）ビンラディン氏の身柄を米国に引き渡さなかった以上にあり得ないことだ。

投降したのは、ナジブラ元共産党政権やヘクマティアル元首相派などからタリバンに合流した者が多く、全体のごく一部に過ぎない。「真性タリバン」の結束は固い。

――米国の後ろ盾でカルザイ暫定政権が誕生して四ヶ月。タリバンに展望はありますか。

◆カルザイ政権が安定するか、そして米軍がどれだけ長く駐留するかにかかっている。しかし政権内では、首相が属する元国王派と北部同盟が対立。反タリバンで結集してきた北部同盟内部でも少数派のタジク人、ハザラ人、ウズベク人の亀裂が顕在化しつつある。不安定化は必至だ。また、米国がイラク攻撃を開始すれば、アフガンでの米軍の軍事プレゼンスは弱まる。国際治安維持部隊（ＩＳＡＦ）の動きを含め、タリバンは「その時」を待っている。

――アルカイダとタリバンの連携は。

◆昨年から今年にかけて、東部のトラボラやガルデスの戦闘で連携したが、今は相互の連絡さえない。私は以前、オマル師から何度も「ウサマ（ビンラディン氏）が自ら国外に出て行くのは止めないが、追放はできない。我々の伝統としきたりに反するからだ」と聞かされていた。米国は信じないが、部族社会を知れば理解できる。米国の軍事行動はタリバンにとって、むしろアルカイダとの「腐れ縁」を断ち切るという意味で良かったのかも知れない。

——米国はタリバンとアルカイダを同一視しているようです。

◆米国は今もタリバンの二百九十九人を「テロ容疑」でキューバの米軍基地に拘束している。証拠もなければ、今だに裁判も開かれていない。一連のアフガン報道に関しても、米国のメディアがある程度、愛国的になるのはやむを得ないとしても、タリバンを「テロリスト」と決め付けるなど米政府の発表をうのみにし、極端なまでの偏向報道を垂れ流した。最近のパキスタンの世論調査で、国民の七割が反米感情を抱いているとの結果が出た。アフガンも含めたこの地域で米国がなぜ恨まれているのか、米政府だけでなくメディアもよく理解していないのではないか。

米国はビンラディン氏を「悪」や「テロリスト」の象徴に仕立てたが、パレスチナ問題でイスラエル寄りの姿勢を続ける限り「もう一人のビンラディン氏」が日々〝再生産〟されている。

——パキスタンはタリバンと決別、米国を支援しています。

◆パキスタンにとり、対インド戦略、経済再建などの観点から、国民感情に反してでもアフガン政策を転換する以外に生き残る道はなかった。ムシャラフ大統領の決断は正しかった。しかし、大統領は今月（四月）末に国民投票を実施して大統領職を続投する意向だ。軍部の反発も強く、今後、あらゆる層から命を狙われることになるだろう。（〇二年四月十四日）

軍閥の群雄割拠

ラバニ前大統領派が主体の北部同盟が米国の制止を振り切り、カブールに電撃的に進攻（〇一年十一月十三日）したのは、新政権の主導権確保であることは明白だった。

これに対し、米国や国連が新政権の中心になりうる人物として想定していたローマ亡命中のザヒル・シャー元国王（パシュトゥン人）側は同じ日、ロイター通信に「（ラバニ前大統領は）元国王との約束を破った」と非難した。ラバニ氏はカタールの衛星テレビ・アルジャジーラに「（元国王は）帰国はできるが、一市民としてだ」と応酬する。

国連は暫定行政機構作りを急ぐ。国連安保理は翌十四日、カブールの治安維持を目的に多国籍部隊の派遣を決める。これに対し、ラバニ氏は「我々の部隊が治安を維持する」と反発した。ボン会議についても、ラバニ氏は米CNNに「すべての会議はアフガン国内で開かれるべきだ」と述べ、米国と国連主導の新政権構想に警戒感を示した。ラバニ前大統領派のカヌニ内相、アブドラ外相も「政権作りはアフガン人の手で行われるべきだ」と主張し、国連を含む外国部隊の影響力行使を拒否すると強調し、ラバニ氏と歩調を合わせた。

しかし、このあと米国と国連はラバニ前大統領派を切り崩す。ボン会議に参加したカヌニ内相は、現地で会見し「多国籍部隊が必要とされるなら、反対はしない」と前言を翻す。アブドラ外相もやはりボンで、元首としてのラバニ氏にこだわらない姿勢を示した。

カブールにとどまったラバニ氏は「(権力への)野心はない」と発言する一方で、「暫定行政機構の細部はカブールで決めるべきだ」と執拗にアピールしたが、故マスード将軍子飼いの若手グループの造反により、事実上失脚する。

それでも、ラバニ氏は「権力の座」にこだわっているようだった。暫定行政機構発足まもない〇二年一月四日付の米紙ニューヨーク・タイムスは、前大統領が同機構に権限を移譲したあとも旧大統領官邸に居座り、内外の要人と連日面会し「大統領のように振る舞っている」と報じた。新政権が抱える不安定要因の一つは、政権中枢のラバニ前大統領派の亀裂にもあった。

暫定行政機構が発足した約一ヶ月後の〇二年一月二十一、二十二の両日、東京でアフガン復興支援国際会議が開かれた。国際舞台に初めて登場したカルザイ首相が復興支援の必要性を訴え、各国が次々と多額の資金拠出を表明した。私は当時カブールにいて、新政権を取り巻く内外の情勢を取材していた。

まず接触したのは、ラバニ前大統領である。東京会議開催の前日、旧大統領官邸に通された。毎日、近くの私邸から通っているのだという。老朽化の目立つ官邸の応接室で、かつて山峡のゲストハウスで向き合った時と同様、穏やかな表情と語り口は変わらなかったが、「権力の座」への未練を言葉の端々にのぞかせた。

動き出したばかりの暫定行政機構について「最優先の治安回復問題でほとんど具体的な措置を講じていない」と批判し、自らの政権復帰を「国民の意思に委ねる」と述べた。何度も「国民の意思」という言葉を繰り返し、間接的ながら、暫定行政機構の施策は「国民の意思」にかなっていないというニュアンスをにじませた。

問題は、ラバニ氏がどういう形で政治的復権を目指しているのか、という点だった。連載企画「船出はしたが……　暫定政権発足一ヶ月」で次のように書いた。

タリバン後のアフガニスタンの国造りを担う暫定政権が発足して約一カ月を迎えた。国連の仲介で何とか船出したが、ゲリラ勢力の合従連衡、武器や麻薬への依存体質など、二十三年に及んだ戦乱のツケはあまりにも重い。二十二日に東京でのアフガン復興支援国際会議を終え、国家再建に向け、本格的に踏み出すことになった現地から報告する。

昨年十二月二十二日、カブールの内務省ホールで開かれた新政権発足式典で、ラバニ前大統領とカルザイ議長（首相）の抱擁する姿が全世界に中継された。権力移譲の瞬間だった。しかし、式典開始の直前、元ゲリラ司令官（軍閥）の一人は、前大統領から、こう耳打ちされたと明かす。「（権力を取り戻すため）一緒に組まないか」と。

元司令官は、昨年の米同時多発テロ後、米国がタリバン後の新政権の母体となる「第三勢力」結集を目指し、指導者候補の一人として白羽の矢を立てた多数派パシュトゥン人の有力者だ。

国連筋によると、暫定政権での「ラバニ外し」は当初から既定路線だった。九二年の大統領就任後、旧ゲリラ各派の内戦を招いた「戦犯」で、パシュトゥン人勢力の協力を得にくい少数派のタジク人でもあるからだ。

だが、前大統領は「権力の座」に執着する。先の元司令官は式典当日のもう一つの「耳打ち」を紹介してくれた。

「今の暫定行政機構ではもたない。長老の存在が必要だ」。前大統領が政権そのものの再考を促した相手は、ブラヒミ国連アフガン担当特別代表だった。同代表は「新たなシステムはもう出来ている。政権運営は国連が監視する」と一蹴したという。

昨年十一月、タリバンから首都を奪還した北部同盟の主力はラバニ前大統領派である。その戦功により、同時テロの直前に暗殺された同派の故マスード将軍と同じパンジシール渓谷の出身者が、国防、外務、内務、警察庁といった国防・治安ポストを独占した。

今も、内務省ホールの正面には将軍の大きな肖像画が掲げられたままだ。「今の政権があるのは、将軍がタリバンに徹底抗戦したからだ」(シャー情報部長)。

消息筋によると、政権発足式典当日、こんな出来事があった。カルザイ議長の弟アフマド氏が百二十台の車を連ねてカンダハルから駆け付けた。どの車にも議長の肖像写真を貼っていた。会場近くの検問所で北部同盟兵士が制止した。「写真をはがせ。マスード将軍のに貼り替えろ」。車数台が没収された。

市内各所に貼られたマスード将軍の肖像画。ラバニ前大統領は数えるほどで、カルザイ議長に至っては全く見あたらない。現政権が「マスード派政権」であることを物語る。

　アフガン復興への楽観論が国際社会に漂い始めたかに見える。だが、前大統領の側近は「自らの処遇に不満を持つ元ゲリラ司令官は多い。暫定政府への移行期間が六ヶ月と短いから不満を飲み込んでいるだけだ。みんな、内戦再来に備え、出来るだけ有力な政権ポストを確保しておきたいと必死だ」と指摘する。

　権力をめぐる対立が至る所に芽生えつつある。政権の外縁には、離合集散を繰り返してきた元ゲリラ司令官。その先にはアフガンへの利害と思惑を秘めた国々が控えている。

（〇二年一月二十四日付）


カブール市民は総じて、将来について楽観的なように見えた。東京での復興会議「成功」のニュースは、ラジオやテレビを通じアフガンにも流れた。タリバン政権時代から外国メディアの通訳を務めてきたパシュトゥン人のワリさん（28）は「この国の行く末は復興景気で明るくなるはずだ」と言った。

　ソ連のアフガン侵攻以来、二十三年間に及んだ戦乱。明るい未来への切実な願いが期待を膨らませているようだった。ワリさんは「これまでがひどすぎた」と言い添えた。米軍のアフガン空爆で、砲弾が落下するのを歓声を上げて喜ぶ人たちがいた。砲弾の鉄板が目当てだった。そんな荒廃し尽くした国に膨大な額の復興資金が注ぎ込まれようとしていた。

　しかし、暫定政権は行政機構の整備が進まず、資金の流れを監視するシステムもない。利権争いが民族・部族間抗争に発展する懸念もある。国際社会が資金の受け皿とした非政府組織（NGO）は雨後のタケノコのように生まれたが、怪しげなものが少なくなかった。

そして、いかんせん、暫定政権を取り巻く内外の状況は極めて厳しかった。政権中枢ではラバニ前大統領派内の確執。政権の外にはゲリラ勢力のタリバンとヘクマティアル派の影があった。そして、政権の内外には、このころからメディアが「軍閥（軍事勢力）」と呼び変えた多くの旧ゲリラ司令官の存在があった。

軍閥は、タリバンが敗走して空白になった地域に群雄割拠し、タリバン出現以前の状況が再現されていた。軍閥には、暫定政権に参画できた者、できなかった者、あるいは自らの意志で政権から距離を置いた者などさまざまだった。

暫定行政機構発足式典で、ラバニ氏から連携を打診されたのは、パシュトゥン人勢力のペシャワル・グループの一人、ギラニ氏である。首相候補にも挙がり、ISIが、タリバンに処刑されたアフドラ・ハク氏とは別に、後ろ盾とした新政権の中枢に据えようと接触していた人物である。

アフガンは「昨日の敵（友）は今日の友（敵）」となりうる状況だった。全国の大小の軍閥は、米国・国連主導の新政権作りに賛同はしたが、情勢いかんでは、ラバニ氏が新政権に不満を抱く軍閥勢力を結集する可能性があった。逆に、軍閥勢力がラバニ氏を担ぐこともあり得る。タリバンやヘクマティアル派が絡んでくる可能性もあった。

有力軍閥の一人、グルアガ氏は、CIAから大量の武器と資金を得て、タリバンの本拠地だった南部カンダハルの新たな支配者となった。南部は米軍のアルカイダ・タリバン掃討作戦の重点地域で、グルアガ氏はタリバンの「残党」を追跡中だと伝えられていた。そんな中、投降したトラビ元司法相らタリバン幹部七人を拘束後、すぐに釈放したというニュースが流れる。暫定行政機構は使者を送り事情を聞いた。グルアガ氏は「投降したタリバンがオマル師の居場所を知らなかったからだ」と釈明し、問題はうやむやになった。

この使者に衛星電話で話を聞いたところ、「グルアガ氏はタリバン兵を自らの部隊に編入し、勢力を拡大させている」のだという。グルアガ氏はカンダハル制圧以降、自らの部隊兵士に一律三十ドルを支給して志気を高める一方、タリバンの司令官クラスに一人数千ドル、兵士には約百ドルを渡して寝返らせ、そのバラまきぶりから「ATM（現金自動受払機）」と呼ばれているという。

「地方ではカンダハルに限らず武装強化の動きが進んでいる」と、ラバニ氏の秘書ハシミ氏は指摘した。国際治安支援部隊が展開するカブールでの楽観論に対し、地方では内戦への逆戻りを悲観する声が少なくなかった。復興資金の一部が軍閥の「再軍備」に流れるのではとの懸念もあった。実際、タリバン政権崩壊後、武器が再びアフガン全土に拡散し、麻薬栽培が息を吹き返したのである。

アフガン国境に近いパキスタンの武器密造の町ダラで、二つの新たな「現象」があった。一つは、アフガンから最新鋭の銃器が逆流し、高値で売買されていることだ。米国が反タリバン勢力に供与した武器の一部がヤミ市場に出回り始めたのである。

「アフガンは最新兵器の見本市だ。ロシアや中国、イラン、インドもばらまいている」。外国人の入域が禁止されたダラの外れで、銃器修理店の経営者（33）は証言した。タリバン政権時代、その支配下は武装解除されたが、対テロ戦争を名目にしたタリバン駆逐作戦は、アフガンに「武器拡散」を再来させた。

もう一つの「現象」は「アフガンへの武器の出張修理」の繁盛である。パキスタン政府の取り締まりの影響で失職していた熟練工たちが、軍閥の注文を受けて続々とアフガン各地に出向いていた。その数は六百～一千人。ダラには「軍閥がタリバン残党からトラック数台分の武器を購入した」などの情報も伝わってくる。

すでに触れたように、この時のダラ取材で、私はＩＳＩに拘束されている。ＩＳＩは対アフガン政策の「多様な選択」の一つとして、アフガンを再び騒乱状態に引き戻すことも想定したのではないか。いずれにしろ、タリバン後の空白を埋める大小の軍閥が、再武装化を急ピッチで進めていた。

「暫定政権になって、良い時代が来る」。アフガン国境に近いパキスタン部族地域にあるカイバル峠の集落で、アフガン人のサヒブ・グルさん（37）はそう言ってほほ笑んだ。ヘロイン精製工場にアヘンを卸す大手密売業者である。

タリバン政権末期の麻薬全面禁止は、グルさんによると、政権承認を求める国際社会へのアピールだったが、内戦や干ばつの影響で困窮する農民や、多くの密売業者には死活問題になっていた。そのタリバンが崩壊し、農民はケシ栽培を再開したのだ。軍閥が新政権の不安定化を見越し、備蓄していたアヘンを放出し、武器購入に充てる動きが出ているという。

アフガンのアヘン生産は、タリバン時代の九九年に過去最高の四千五百トンを記録。世界市場の七割を越えた。当時、アフガン東部トラボラの近くに通称「アヘン市場」があった。「タリバンが五～二〇パーセントを徴税した。アヘンの包みに認証を押してもらい、晴れて『密輸』が認められた」と、グルさんは振り返る。タリバンは栽培農民にも課税し、国連調査によれば、毎年四千万～五千万ドルの税収を得ていたという。

しかし、「厳罰」をうたう栽培禁止令（〇〇年七月）により、翌年の国内生産量は前年比で九四％も下落する。「世界の麻薬史上の快挙」（国連筋）だった。

同じ時期、逆に生産量が急増した地域があった。暫定行政機構の中核を担う北部同盟の支配下である。全国シェアの八割を越えた。カルザイ首相は就任後、麻薬との絶縁を宣言し、その危機感を訴えていた。

暫定行政機構当時の一連の取材を総括して書いたのが次の「記者の目」の記事だった。

　先の東京でのアフガニスタン復興支援国際会議は、本紙記事を借用すれば、暫定行政機構のハミド・カルザイ議長（首相）が「居並ぶ大物を圧倒する存在感」を示し、各国による「史上まれな資金拠出ショー」を演出、成功裏に終わった——ということになる。

　アフガン再建に膨大な復興資金は欠かせない。会議での、その成果は認める。しかし、復興プロセスの大前提は、人々が安心して暮らせる環境、つまり治安回復にある。国際社会が治安問題にもっと積極関与しなければ、復興どころか内戦に逆戻りする危険が少なくない。首都カブールから会議の成り行きを見て、そんな思いを強くした。

カブールはタリバン政権時代に比べ、ずっと活気があった。復興景気への楽観ムードも漂い、難民帰還に伴う人口増加で朝夕の車のラッシュが始まっている。だが、地方の情勢は、むしろ悲観的な要素ばかりが目に付く。

暫定行政機構がアフガンを統治していると考えるのは幻想だ。首都と、政権の中核を担う北部同盟の支配地域を合わせ、実効支配はせいぜい全国の二割程度だろう。「カブール政権」と言い換えてもいい。

復興会議後、「船出はしたが…」と題する暫定行政機構発足一ヶ月の連載記事（国際面）で報告したように、地方は旧ゲリラ勢力が群雄割拠する「タリバン以前」に戻り、再武装化を進めている。

今後、復興資金の配分をめぐり、旧ゲリラ勢力の不満が噴出する事態が予想される。カブールから主要各都市への幹線道路では賊の出没が続発しており、地方での復興支援には相当の困難が伴うはずだ。

北部クンドゥーズ州で最近、ファヒム国防相とドスタム国防次官の部隊が小規模ながら交戦した。国防相はタジク人、国防次官はウズベク人。ともに北部同盟である。西部ヘラート州では、イスマイル・カーン州知事とイラン亡命中のヘクマティアル前首相の連携の動きに対し、南部カンダハル州のグルアガ州知事が一時、大量兵力の派兵を準備し、緊張が高まった。

しかし、大きな衝突に発展しないのは、次の暫定政府への移行（六月）に向け、情勢を見極めようとの空気が強いうえに、首都に兵力約五千を展開する国際治安支援部隊（ＩＳＡＦ）と、ウサマ・ビンラディン氏とその組織「アルカイダ」の掃討作戦を続ける米軍の存在が「重石」になっているからだ。逆に言えば、外国部隊が撤退すれば、何が起きても不思議でなくなる。

今回の東京会議で脚光を浴びた元国王派のカルザイ議長（パシュトゥン人）は、事実上の「タジク人政権」とも言える暫定行政機構の中で、存在感は極めて薄い。議長が「外国部隊がいないと政権はもたない」と繰り返す通り、米国や国連の後ろ盾で辛うじて支えられている。タリバンは旧ゲリラ勢力を武装解除し、治安をもたらしたが、今の政権にそんな軍事力も統制力もない。それを補完するのは外国部隊しかないのだ。

しかし、国際治安支援部隊は暫定政府移行をメドに撤収する方針だ。ベンドレル前国連事務総長特使代理（アフガン担当）が先週、「（部隊をむしろ）三万人に増強し、首都以外にも展開する必要がある」と発言したのは、アフガンの治安問題に強い懸念を抱いていることの表れである。

米軍は今のところ、アフガンに長期駐留する意向だが、これは旧ゲリラ勢力への重石になる半面、「不穏な動き」を誘引する危険もつきまとう。米国の軍事プレゼンスを快く思わないアフガン周辺国、例えばイランやロシアが、利害を同じくする旧ゲリラ勢力への軍事支援を本格再開する可能性があるからだ。

東京での復興会議を受け、アナン事務総長が「良いスタートを切ったが、問題は多々ある」と述べたように、会議のメーンとなった資金問題はあくまで「取っかかり」である。

アフガンが目指すべきは中央集権国家である。旧ゲリラ勢力の武装解除と表裏の関係にある国軍の創設は最優先課題の一つだ。タリバンの急速な勢力拡大を支えたのは、軍事力を背景にした豊富な資金力だった。カネで相手を寝返らせた。今、タリバン残党の掃討作戦を続けているとされるカンダハルのグルアガ州知事は、逆にタリバンを自軍に次々と編入しているという。これもカネの力だ。

同様に、旧ゲリラ兵士を国軍に寝返らせる(引き抜く)ため、復興資金の一部を充てるのも一案かも知れない。アフガン再建は「単なる復興支援」で片づくほど生やさしくはない。

(〇二年一月三十一日付)

カルザイ政権

カルザイ首相は、国内では影が薄かった。しかし、暫定行政機構発足から約三ヶ月後(〇二年二月十四日)に起きたアブドル・ラフマン航空相殺害事件を機に、政権内の統制力を強める。治安当局が発表した事件の一報は、航空相がカブール国際空港で、イスラム教の聖地メッカへの巡礼のため出発便を待っていた群衆に殴り殺された、というものだった。

しかし、カルザイ首相は事件の翌十五日、緊急会見を開き、マスード派の牙城である国防・治安当局の高官多数が関与した「暗殺」だと発表する。事件発生の半時間前まで空港に居合わせた首相が、巡礼者が航空相を殺害する理由はなかったと証言したのだ。

首相に近い筋によると、ラフマン航空相は、マスード将軍の生前、ラバニ前大統領派の中でも将軍を信奉する派閥「シューラ・ナザル」に属し、将軍に次ぐナンバー2の実力者だった。しかし、将軍と対立してローマ亡命中のザヒル・シャー元国王の元に身を寄せる。

新政権づくりを協議したボン会議では、元国王派のために活発なロビー活動を展開、自らも閣僚ポストを得た。首相も元国王派である。しかし、マスード派の政権支配を公然と批判し続け、旧知の同派メンバーに、近く発足予定の自らの政治グループへの参加を働きかけていた。マスード派は「我々の弱体化をもくろんでいる」と反感を募らせていたという。

事件はそんな最中に起きた。カルザイ首相の指示で国防省や内務省の高官、情報機関長官らが逮捕・指名手配され、閣議で「国連への捜査依頼」をほのめかす。

ところが、首相は十七日の会見で一転、「背後に政治的動機はない。内閣は結束している」と述べ、前言を翻す。事件を政治問題化させないことで、マスード派に「貸し」をつくる狙いのようだった。首相筋は「首相は一気に発言力を強め、マスード派の閣僚たちは萎縮している」と証言した。

首相は外交分野でも主導権を発揮しつつあった。「アフガン安定化には、敵対してきたパキスタンとの関係修復が不可欠」との判断から、マスード派の閣僚たちが真っ先にインドを訪問したのとは対照的に、まずパキスタンを訪れる。再開した在パキスタンのアフガン大使館の人事でも、アブドラ外相の反対を押し切った。大使のアブド・サラム・アジミ氏、公使のラフマドラ・ムサ・ガジ氏を外相は「ＩＳＩのスパイだ」と批判していた。

カルザイ首相は〇二年四月、六月の暫定政府への移行に向け、米国や国連が「国家の象徴」に据えようと想定したザヒル・シャー元国王（87）を、亡命中のローマに出向いて一緒に帰国した。元国王にとっては二十九年ぶりの祖国だった。

しかし、暫定政府の陣容を決める緊急ロヤ・ジルガ（国民大会議）は、この元国王をめぐり危機に直面する。元国王の周辺が、元国王もしくはその親族を「国家元首」候補に担ごうとする動きが表面化したためだ。

これに対し、ファヒム国防相をはじめ、マスード派閣僚たちは「カルザイ首相の続投支持」を表明する。「カルザイ首相」を認知する代わりに、主要閣僚ポストを引き続き独占して政権の実権を握る戦略とみられた。

元国王派の動きに、マスード派は挙兵の動きをみせてけん制した。パシュトゥン人の元国王が「国家元首」となって復権すれば、タリバン打倒の立役者と自負する自らの影を薄くする。また、ムジャヒディンとして戦い続けてきた自分たちを差し置き、国を捨てた者が舞い戻り、実権を握ろうとすることへの心情的反発も強かったのだろう。

元国王派の動きは、米国や国連にとっても、想定外だった。元国王が「国家元首」に立候補すれば、マスード派の反発だけでなく、パシュトゥン人勢力も「カルザイ派」と「国王派」に二分されて、政権の微妙なパワーバランスが崩れる恐れがあった。

米国や国連は、元国王とその周辺への説得に当たり、シナリオからの「脱線」を辛くも押しとどめた。シャー元国王とカルザイ首相は六月十日夕、共同会見に臨み、元国王が「王政を復古させる意図はない」「カルザイ首相を国家元首として支持する」と語り、落着する。暫定政府発足に向けた緊急ロヤ・ジルガは予定より一日遅れて十一日に開会した。

「国家元首」の選出をめぐっては、政権復帰の可能性を模索してきたラバニ前大統領も不出馬を表明する。結局、カルザイ首相は三人が立候補した元首選出選で圧勝し、暫定政府の大統領として新たな一歩を踏み出す。

ただし、カルザイ大統領の政治基盤が脆弱であることに変わりはなかった。当時、アフガン三十二州のうち、中央政府が掌握していたのはカブールとその周辺の計三州だけで、残る二十九州は地方の大小軍閥が群雄割拠していた。

そのうちの最大勢力の軍閥が、故マスード将軍から部隊を引き継いだファヒム国防相だった。暫定政府では、マスード派の主要三閣僚のうち、カヌニ内相が教育相に転じ、内相ポストをパシュトゥン人に譲ってパシュトゥン人勢力に配慮したが、ファヒム国防相、アブドラ外相は留任する。

カルザイ大統領は、閣僚とは別に、民族構成に最大限配慮する形で副大統領職を設け、主要四民族のパシュトゥン人、タジク人、ウズベク人、ハザラ人からそれぞれ副大統領を任命する。タジク人の副大統領はファヒム国防相が兼任した。

米国と国連が後ろ盾となる「最高指導者」のカルザイ大統領と、最大軍閥としての「最高実力者」ファヒム国防相。暫定政府の発足まもなく、両者の確執が表面化する。

実は、この二人は因縁の関係にある。ラバニ政権当時の九四年、外務次官だったカルザイ氏は軍情報機関にスパイ容疑で逮捕される。当時のカブールは激しい内戦の舞台だった。カルザイ氏は、投獄されていた建物にロケット弾が直撃した混乱に乗じ、脱出に成功する。「カルザイ逮捕」を命じたのが、当時マスード氏の下で情報機関トップを務めていたファヒム氏だった。

暫定政府が発足した翌月の七月、ハジ・カディル（パシュトゥン人で北部同盟出身）副大統領が暗殺される。暗殺をめぐりさまざまな説が乱れ飛んだ。カディル氏は北部同盟出身でありながら、カルザイ大統領に急接近したため、北部同盟、すなわちファヒム国防相に「裏切り者」として抹殺されたのではないか、との見方もあったが、真相は今も不明だ。

その真偽はともかく、カルザイ大統領はこの事件を機に、自らのボディガードに、ファヒム国防相配下の兵士を充てることを拒否し、米特殊部隊兵士に切り替える。カルザイ大統領が、国防省内で独占状態にあるパンジシール渓谷出身者を大幅に削減するよう求めたとのうわさも流れ、大統領と国防相の関係悪化がささやかれた。

ファヒム国防相は会見で「大統領とはチームワークを組んでいる」と対立説を否定したが、国防相が所属するイスラム協会の機関紙（九月二十六日付）は社説で「大統領は政策を変えないと危険な結果を招く」と警告する。

ただし、現地の国連関係者の話では、ファヒム国防相を含めたマスード派の有力閣僚の間でも権力闘争が起きているという。アフガンの安定化を目指すには、何よりもまず、軍閥を武装解除する必要があったが、軍閥のトップに君臨するファヒム国防相自身、「自らの軍隊」を武装解除する気などないようだった。現実問題として、軍事力こそ力と地位の源泉であり、内戦の火種はくすぶり続けていた。

そんな中、カルザイ大統領は「全方位外交」を掲げて外遊を繰り返した。インド、パキスタンについても「等距離外交」を志向した。

カルザイ大統領は、外交的に最も重要な国として「隣接する地域大国」のパキスタンとイランを挙げ、イランを早々に訪問する。当時はイランにも、米軍に追われたアルカイダやタリバン幹部が逃げ込んでいることは公然の秘密だった。カルザイ政権の後ろ盾となっていた米国は、とりわけイランを「悪の枢軸」と批判していた。

イランのハタミ大統領と会談したカルザイ大統領は「イランは単なる隣国ではなく兄弟国だ。タリバン政権の崩壊で米国の果たした役割は大きいが、アフガンは兄弟国を傷つけるようなことはしない」と語り、イランを擁護した。

当初は、米国の「傀儡」「操り人形」とみられたカルザイ大統領だが、米国とも一定の距離を保っているようだった。「もともとアフガンの精神的土壌は『中道』であり過激思想はなかった」と言ってきたカルザイ大統領は、〇二年九月に米外交問題評議会で演説し、「最も強調したいことは、アフガンに潜む過激派の連中はアフガンで育ったわけではなく、外からやって来たのだ」と述べる。

「ソ連と戦ったアフガン戦争中、支援してくれた国の中には、（共産主義に対抗するため）共産主義とは異なる宗教的な過激思想を押しつける国もあった」と続け、名指しこそしなかったものの、ビンラディン氏ら過激イスラム主義者を育成した米国を暗に非難する一幕もあった。

そんなカルザイ大統領が、内外で主張し続けていたのが国際治安支援部隊（ＩＳＡＦ）の地方への展開だった。アフガン戦争後、国際社会から忘れられた存在になり、「テロの温床」になったとの危機感を念頭に置いてか、「小規模でいいから数都市に展開してほしい。国際社会から見捨てられないという精神的安心感が得られるからだ」とも述べている。

いったい地方の治安状況はどうなっているのか。アフガン東部を中心に支援活動をしている「ペシャワール会」の中村哲医師はあるインタビューで、「アフガン新国家建設に向けたプロセスは順調に見えるが」との質問に、「メディアと首都カブールの中ではそうだろう」と皮肉交じりで答えていた。

実際、メディアの取材はほとんどカブールだけで、「地方」からの報道は極めて少ない。〇二年六月にカルザイ大統領の暫定政府が発足したのを機に、一ヶ月間をかけてアフガン報道の「空白地帯」をめぐることにした。

10　地方の軍閥

アフガン南部

アフガニスタン南部カンダハルに到着したのは、二〇〇二年の真夏の夕暮れだった。街には黒のターバン姿の男たちが目につく。タリバンから一般市民に戻った者も少なくないという。ほこりっぽさは変わらないが、タリバン時代のように、あごひげを生やしていないことをとがめるような鋭い視線はなかった。

私と同行の通訳は、薬局と病院をしらみつぶしに訪ねていた。西部ヘラートから陸路で移動中、乗っていた乗用車のドライバーが悪路にハンドルを取られて制御を失い、トレーラーに激突した。車は大破し、通訳と運転手はフロントガラスの破片を浴びて血まみれになった。後部座席の私はかすり傷で済んだが、二人は砂漠地帯の小さな診療所で傷口を応急に縫合してもらい、重傷の運転手は、車を手配してヘラートに引き返させた。

私と通訳は地元軍閥のランドクルーザーをヒッチハイクし、約六時間を疾走してカンダハルにたどり着く。破傷風のワクチンを探していた。傷口に大量の砂ほこりをかぶっており、ワクチンを打たないと命にかかわると、診療所の医師に注意されていた。ようやく薬局で見つけたが、注射器がない。翌朝、外科専門の「ジェネラル・サージェリー・カンダハル・グランド病院」を訪ねる。平日なのに医師も患者もいない。室内は荒れ果てほこりまみれ。近所の住民が近くに住むグラム・モハマド医師（39）を連れてきてくれた。戸棚に数本の注射器が残っていた。医師によると、薬も医療器具もないので開院休業状態なのだという。

タリバンがカンダハルを撤退して八ヶ月が過ぎていた。首都カブールは復興景気に沸いていたが、地方は南部最大の都市ですら「復興」から取り残されていた。


約二年半前、カンダハルのオマル師の邸宅は市街地にあった。その後、郊外に移ったと聞いた。車で北西方向に向かう。干からびた深い堀のような川を渡ると、見晴らしのきく広大な荒れ地に入る。その先に人口林。これを抜けると邸宅跡に到着する。

外壁の総延長はざっと三キロメートル。後背地に切り立つ岩山が迫る。敵がこの邸宅を攻め込むには、川側しかない。しかし、川沿いには有刺鉄線が張り巡らされ、川を越えても荒れ地に身を隠す場所はない。人工林は、敵が荒れ地まで攻め込んだ場合、待ち伏せ場所に想定していたのだろうか。林に火を放てば、炎の防御壁にすることができただろう。

空爆で破壊されたオマル師邸宅跡。

タリバン時代、川から邸宅側の一帯は、一般住民の立ち入りが禁止されていた。案内してくれた近くの住民によると、邸宅の敷地から、岩山の向こう側まで地下の脱出用トンネルが伸びているという。邸宅はまるで要塞だった。

正面入口の横には高射砲を取り付けた見張り台がある。敷地に入ると左手にモスク。目の前に南洋の島をイメージしたコンクリート製のオブジェが飛び込む。施してあった彩色のペンキはかなりはげ落ちているが、半身ほどの模造のヤシの木が何本も配されている。オブジェには滝のような感じで水を流していたのだろう。敷地内は給水システムと自家発電を備えていたという。

本宅は、さらに外周約一キロメートルの壁に囲まれている。中に入ると、すぐ先にまたもゲートがある。左手に警備員が常駐する建物があり、部外者はここでも改めてチェックを受けたのだろう。本宅内には庭や牛舎があり、オマル師一家の居室は、幹部たちの部屋に囲まれる形で中央部にあった。クリーム色のペンキが施された建物は、大半は空爆で破壊し尽くされていたが、オマル師の居室だけは無傷だった。

その部屋は米軍が使用中で立ち入れなかったが、地元警備兵によると、天井部分は、タイヤを五層重ねてコンクリートで固め、その上に鉄板を敷き、さらにその上に小石を敷き詰めて再びコンクリートで固めてあった。爆撃を想定していたような堅牢な造りである。

警備兵によると、部屋には柔らかなマットレスのベッドがあり、金メッキのシャンデリアがあった。シャンデリアはゲストハウスにもあるようなもので、贅を尽くした調度とは言い難いという。しかし、「腐敗根絶」を掲げて決起した当時のオマル師の泥の家を見た者としては、隔世の感である。

オマル師がカンダハルを支配した七年間、公共工事はないに等しかった。道路は大半が未舗装のままで、人々は砂ぼこりにまみれて暮らしてきた。唯一、広大なモスクを建設していた。タリバンは最後まで宗教・軍事組織にとどまっていたような印象を受けた。


タリバンのカンダハル撤退をめぐっては謎があった。最初にカンダハルを支配したのは地元軍閥のムラ・ナキブラ氏(49)。その後、米国の支援を受けるカルザイ氏と共同統治した。そして別の軍閥グルアガ氏の単独統治となる。この経緯が明らかになっていなかった。

カンダハル近郊のチャー・グルバー村を訪ねた。ブドウ畑で力仕事をしている男たちがいた。その中の一人がナキブラ氏だった。いわゆるアフガン服を着ているが、アフガン人には珍しいサングラス姿である。タリバンが出現した九四年、ラバニ政権下でカンダハルの軍最高司令官を務めていた。スピンブルダックで武装蜂起したタリバンがカンダハルに迫ると、ナキブラ氏はタリバンに「無血開城」を許す。このため、タリバン制圧後もカンダハルで居住でき、タリバン上層部と太いパイプを持つとみられていた。

ナキブラ氏は、畑のわきに大きなビニールシートを敷いて、食事とお茶を勧めながら、タリバン政権の完全崩壊を導いたカンダハル明け渡し交渉の舞台裏を語り始めた。

それによると、タリバンが〇一年十一月に首都を放棄すると、タリバンに残された主要都市はカンダハルだけとなった。そんな折り、ナキブラ氏は、のちに新政権を率いるカルザイ氏からパキスタンのイスラマバードに招かれる。

カルザイ氏は、ＣＩＡの支援を受けてアフガン東・南部でタリバン切り崩し工作を担っていた。そんな最中、タリバンに包囲される。米特殊部隊のヘリコプターに危機一髪で救助され、いったんイスラマバードに「避難」したところだった。そのカルザイ氏に、カンダハルを明け渡すよう、オマル師をはじめタリバン政権幹部を説得してほしいと依頼される。

「緊密な連絡を取りたい」と衛星電話を渡され、カンダハルに戻る。そして、約一万の兵力をかき集めて、タリバンとのカンダハル明け渡し交渉に臨んだ。ナキブラ氏は「無駄な戦いはしたくない」と迫り、タリバン幹部たちも「これ以上は戦えない」とオマル師に進言したが、オマル師は拒否し続けたという。

こうした中、米英軍のカンダハル空爆は激しさを増し、再びアフガン入りしたカルザイ氏も急造部隊を率いてカンダハル近郊に迫った。そして、カンダハルの北方シャワリコットで、カルザイ、ナキブラ両氏とタリバン幹部が会談する。カルザイ氏はタリバンに対し、「ナキブラ司令官にカンダハルを明け渡してほしい」と要請した。オマル師は十二月六日、「ナキブラ氏になら」と受け入れ、カンダハルを放棄する。タリバン政権は名実共に崩壊したのだった。タリバンは以前とは逆に、ナキブラ氏にカンダハルを「無血開城」したのである。

タリバン撤退後、ナキブラ氏がカンダハル統治の主導権を握り、まもなくカルザイ氏との共同統治が決まる。これに対して、別の軍閥のグルアガ氏が部隊を率いてカンダハル市街に進攻し、州知事公舎を占拠する。

グルアガ氏は、ナキブラ氏がカンダハルの軍最高司令官をしていた九四年のラバニ政権当時のカンダハル州知事。ナキブラ氏の「上官」だった人物である。パキスタン国境の町スピンブルダックから、大半は非武装の何百人かのアフガン人を率いて戻ってきていた。

ナキブラ氏は、今度は共同統治相手のカルザイ氏から「統治権をグルアガ氏に譲って欲しい」と求められる。米国の意向なのだと思ったという。ナキブラ氏には持病があり、部隊の指揮権を部下に移譲し、故郷に戻る。米国はナキブラ氏を親タリバン派とみており、「反タリバン」を鮮明にしていたグルアガ氏を支援し、排除したというのが真相だったようだ。

タリバンとのカンダハル明け渡し交渉で米国に利用され、最後に「はしごを外された」ナキブラ氏は、「かつてタリバンにカンダハル入城を許したのは当時のラバニ大統領の指示だった。無線で連絡があった」と述べ、親タリバンのレッテルは不本意だとの心境をにじませた。当時のラバニ政権は内戦下で、新興勢力タリバンとの連携を考えていた。

タリバンのカンダハル撤退の舞台裏で重要な役割を演じたナキブラ氏は、タリバンをこう表現した。「車のハンドルを握っていたのはＩＳＩ（パキスタン軍情報機関）。ガソリンを補給していたのがアルカイダ。結局、車は制御を失い、暴走した」。ナキブラ氏は「アフガン戦争中のムジャヒディン時代、戦闘で何度も瀕死の重傷を負った。今は家族と一緒に畑を耕し、穏やかに暮らしている。今の暮らしがいい」としみじみ語った。

グルアガ氏は、ナキブラ氏からカンダハル州の統治権を譲り受けると、カンダハルだけでなく南部五州を支配するアフガンの大軍閥へと一気にのし上がる。南部から東部にかけてアルカイダとタリバンの掃討作戦を実施している米国から、協力金と称し大量の武器と資金を受け取っていることは公然の秘密だった。

インタビューの約束を取り付けて知事公舎に訪ねると、公舎内にはグルアガ氏との面会を待っているという男たちでいっぱいだった。床や廊下に座りきれず、建物の外にもあふれていた。そんな人垣をかきわけ、グルアガ氏のいる応接室に入る。ここにも面会待ちらしい男たちがソファーや床に大勢座っていた。

一番奥にいたグルアガ氏は地方司令官だという男と話をしていた。司令官は「資金が足りない」と無心していた。知事はメモ用紙に数字を走り書きし、側近に示して「渡してやれ」と指示した。やくざの親分のイメージに近い風貌とドスの利いた口調。ちまたの異名「ATM（現金自動受払機）」は本当のようだった。グルアガ氏は、米軍の支援について「給水システムや学校の建設、民家の再建を支援してくれているだけだ」と言った。

このころ、アフガン南部を中心に反米感情が高まっていた。米軍の誤爆が絶えなかったからでもある。約一ヶ月前には、カンダハル州に隣接するウルズガン州で、米軍機が屋外結婚式場を誤爆し、多数が死傷した。

その後の報道によると、グルアガ氏は米軍に対し「空爆を行う際、我々の許可を事前に求める必要がある」と非難したという。しかし、私には「『事前に許可を求めろ』とは言わなかった。『相談してほしい』と言ったのに通訳が誤訳した」と釈明。「誤爆事件は残念だが、意図的ではなかった。戦争にはつきものだ」と米軍を擁護した。

南部諸州のもう一人のキーパーソンは、グルアガ氏に次ぐナンバー2のカーン・モハマド氏（40）である。グルアガ氏が統治する五州のうち四州軍管区（カンダハル州、ヘルマンド州、ザブル州、ニムロズ州）の最高司令官で、米軍と共同で、アルカイダとタリバン幹部の掃討作戦を総指揮していた。このカーン氏が、上官のグルアガ氏を痛烈に批判し、米軍への不信感をあらわにした。

「グルアガ氏は内務省から任命された知事で行政官だ。私は国防省から軍管区の最高司令官として派遣されており、彼の指揮下にはない。対等だ」と語った。カーン氏によると、タリバン政権時代、自分は反タリバン闘争を続けたが、グルアガ氏はパキスタンに逃れていた。タリバンをカンダハルから追いやる際も、先のナキブラ氏が語ったように「米軍と一緒に、パキスタンの難民キャンプにいた八百〜九百人を連れて戻ってきたに過ぎない」と、自らの歴戦ぶりと対比した。

実は、カーン氏はラバニ政権下の九四年、新興勢力タリバンがカンダハルを制圧した当時、カンダハルの最高司令官だったナキブラ氏に次ぐ副司令官だった。二人は共にパシュトゥン人のアルクザイ族。グルアガ氏はバラクザイ族だという。カーン氏は、しばしば「私のエスニック（部族）では」と口にした。パシュトゥン人と言っても北部系のギルザイ支族、南部系のドラニ支族に大きく分かれ、さらに細分化している。二大支族を基本的な対立軸に、個々の氏族が時に連携し、時に敵対して闘争を繰り広げてきた歴史がある。

パシュトゥン人であるパキスタン紙ニューズのユソフザイ記者は、逃走したオマル師をはじめタリバン幹部は、それぞれの出身部族に保護されているはずだと指摘した。「部族」を知れば同じ部族民を米軍に引き渡すことなどあり得ないことが理解できるとも言った。

タリバンのオマル師は小部族のホタック族である。暫定政府発足に際し、カルザイ大統領の対立候補として、ザヒル・シャー元国王を擁立する動きが出たのも、パシュトゥン部族間の勢力争いと無縁ではなかったのかもしれない。

カーン氏は自軍の兵力について「分からない」と言うが、同席の側近が「一万二千人ほど」と口を挟んだ。カンダハルに駐在する暫定政府の国防省筋は「二千～四千人」と推定していた。カーン氏は「アフガン南・東部にはタリバン支持者が多く、パキスタン領内にかけて隠れ家や逃走路には事欠かない。ただ、一般兵士の大半が離脱した残存勢力に、もはや集団戦闘能力はない」と言い切り、米軍をこう非難した。

「本当は、タリバン支持者の多い地域に経済支援をし、住民の信頼を得て潜伏情報の入手に努めるべきだ。地道に捜索し、掃討していくのが最も有効で確実なのに、米軍は我々の言うことにはまったく耳を貸さず、不毛な空爆に頼り、誤爆を繰り返して反米感情をあおっている。地元住民が逃走を助けるのは当然だ」

先のウルズガン州での結婚式場誤爆事件の真相について、カーン氏は「(現場の)村落にアルカイダかタリバン幹部が潜伏している可能性があると米軍に報告していた。ちょうどその上空を通った米軍ヘリコプターが祝砲を砲撃と勘違いして爆撃した」と説明した。

カーン・モハマド氏の部隊の閲兵式。

カーン氏は、グルアガ氏が米軍から掃討作戦用に大量の資金を供与されているのに「こちらにはまったく寄越さない」と強調し、当初いた三万五千人の兵士は、給料の未払いで次々と除隊し、今は二万一千人に減少して掃討作戦にも影響が出ていると嘆く。

毎朝恒例の部隊の閲兵式をのぞいた。兵士たちの軍服は種類がまちまちで、軍靴ではなくサンダル履きで行進する者が目立つ。タジ・シェラガ大佐（54）は「軍服はマーケットでかき集めてきたが、とにかくカネがない。士気にかかわる」と首を振った。

米軍は初期のアルカイダ掃討作戦で、反タリバン勢力を結集してビンラディン氏を東部トラボラ付近に追いつめたが、その後は確度の高い消息情報すら得ていないとされる。本当なら、情報が取れなくなった可能性もある。

地元軍閥（グルアガ氏）の立場に立てば、掃討作戦が続く限り米軍から資金供与は続く。米軍の後ろ盾を得て、中小軍閥にカネをばらまいていれば、自らの地位は安泰かつますます強固になる。

軍最高司令官（カーン氏）としては、米軍に完全に従属すれば、反米感情の強い部族社会では生きていけない。本気で掃討作戦をしているフリをしているのが、自らの地位の維持を考えれば最も無難である。従って、米軍には確実な潜伏情報は知らせない。

ただし、アフガン人の間では、ビンラディン氏とオマル師について、「米国が本気で捕まえようとしないから捕まらない」という見方が一般的だった。米軍がアフガンに駐留し続けるには「大義」が必要で、そのために二人の存在、とりわけビンラディン氏の存在は欠かせないというのが理由だった。

南部州では、アルカイダかタリバンとみられる残存兵力が、米軍施設への散発的なゲリラ攻撃を繰り返していた。米軍が駐屯していたカンダハル空港も標的になっていた。ザヒル・シャー時代に外国援助で建設され、アーチ状のターミナルビルは当時の紙幣の図案になり、その近代性を誇ったが、今は星条旗がたなびいていた。

滑走路には、米軍の輸送機や戦闘ヘリが頻繁に発着する。いわゆるカマボコ兵舎が建ち並んで、兵士が行き交う。若い女性兵士の姿もあった。そのカンダハル空港を国連のセスナ機であとにした。機長は出発に際し、こうアナウンスした。「敵の攻撃が予測される。離陸後、急上昇します。危険を伴うフライトだが承知してほしい」。空港周辺は荒涼とした大地が広がる。通常の飛行ではスティンガーミサイルで狙われる可能性があった。機体は離陸直後から右方向に急旋回し、滑走路上空で、らせん状に高度を一気に上げた。

アフガン東部

米軍はパキスタン国境に沿ったアフガン東部地域でもアルカイダとタリバン幹部を標的に掃討作戦を続けていた。東部七州の中核都市はナンガルハル州の州都ジャララバードである。七州のうちナンガルハル州を含む北方四州を実効支配していたのは、四州軍管区の最高司令官、ハズラテ・アリ氏（38）だった。副大統領でナンガルハル州知事を兼務したカディル氏が〇二年七月に暗殺されて以降、アリ氏の部隊は副大統領一族の部隊を一部で従え、勢力を一気に拡大していた。

作戦行動に出ていたハズラテ・アリ氏の帰還を待つ間、留守部隊の兵士と雑談した。兵士の一人が「絶対匿名」を条件にハズラテ・アリ氏への不満をぶつけた。「司令官の個人口座には米国から大金が振り込まれているのに、我々の給料は何ヶ月も滞っている。『給料に回してほしい』と頼んだら、『それは私個人への米国からの謝礼だ』と拒否された」。米国は南部のグルアガ氏と同様、東部ではハズラテ・アリ氏にテコ入れしていた。

国連や外国NGOに加え、多くの国が掃討作戦を名目にした米国の軍閥支援を批判していた。ある国連関係者は「アフガン政権の安定は地方軍閥の弱体化と武装解除がカギだ。にもかかわらず、米国は軍閥を太らせ、武器を拡散させている」と嘆いた。

ハズラテ・アリ氏は少数民族パシャイ族出身で、タリバン時代、ナンガルハル州の故郷の山岳部に立てこもり、兵力約七百人を率いて抗戦していた。米軍が同州トラボラで実施した大規模掃討作戦に参加したのを機に、推定兵力二万人とも言われる軍閥にのし上がった。暫定政府の最大の実力者である北部同盟のファヒム国防相（タジク人）と近い関係にあるとみられていた。

カディル氏も同じ北部同盟だが、パシュトゥン人であり、自宅はパキスタン側にも構えていた。同氏の周辺を取材すると、ナンガルハル州知事だったカディル氏が暫定政府の発足に伴い副大統領職を兼務し、カルザイ大統領に接近して、パシュトゥン人勢力の権力擁護に動いたため、北部同盟に抹殺されたとのうわさが流れていた。

アフガン国防省筋によると、東部七州のうち、ホスト、パクティア、パクティカの南方三州には強力な軍閥が不在で、中小軍閥の覇権争いが激化していた。推定二千〜四千人のアルカイダ・タリバンが集結し、治安は悪化の一途をたどっていた。これに対し、ハズラテ・アリ氏が管轄する北方四州の治安は改善しつつあった。

自宅に戦闘服姿で戻ったハズラテ・アリ氏と応接室で向き合った。管内のアルカイダとタリバンの残存勢力について、「もはや目立った抵抗はないが、隣接するパキスタンの部族地域に今も多く潜伏し、国境を行き来している」と指摘し、パキスタン国内で掃討が進まない限り、壊滅は事実上、不可能だと語った。

ナンガルハル州を中心とする東部州は、カンダハル州を中心とするアフガン南部と並ぶ有数の麻薬地帯である。暗殺されたカディル氏はタリバンの出現以前もナンガルハル州知事を務めて、「麻薬王」の異名を取った。ところが、タリバン政権崩壊後、州知事に返り咲いてからは一転、「麻薬撲滅王」に変身したという。実際、麻薬ディーラー、栽培農家、兵士や役人の誰に聞いても「(タリバン政権崩壊後は)麻薬撲滅の先頭に立っていた」と言う。暗殺をめぐっては、麻薬取引に絡む怨恨説も流れていた。

ケシ栽培で有名なジャララバード郊外のカマ村を訪れた。村人は「今年の収穫はゼロだった」と口をそろえた。村の長老(75)によると、ケシ栽培を禁止したタリバンが昨年(〇一年)十一月に去った直後、村人は一斉にケシの種をまいた。これに対し州政府は今年(〇二年)四月に政令を出す。

「ケシ畑を潰す。一ジリブ（五分の一ヘクタール）当たり三百五十ドルの補償金を払う」。カマ村は収穫を二週間後に迎えていた。数日後、役人が監視する中、村人は総出でケシを刈った。役人は結局「財政事情の悪化」を理由に、一ジリブにつき約束の半額の百七十五ドルを支払ったが、長老は「アヘンの市場価格はこの十倍だった」と悔しがる。実際、取引価格は一ジリブ約四千ドルを記録していた。今シーズンは必ず収穫までこぎつけるという。

ジャララバード市内にザヒル・シャー元国王の祖父が築いた「パレス」と呼ばれる迎賓館がある。元国王は自らの統治時代、カブールに比べて温暖なこの地で厳冬期を過ごした。老朽化が進んだ迎賓館の一室で、カディル氏の暗殺後、空席の知事職を代行していたモハマド・アシフ副知事（40）と会った。副知事は「補償をめぐって農民の苦情や抗議が絶えない。実際、補償金をまったく払えないケースもある」と打ち明けた。補償金は欧州連合（EU）や英国政府が設立した基金から拠出されているが、「農民の水増し申告も少なくないと判断し、半額にした。それでも補償金が足りない」と言う。

麻薬撲滅に取り組む地元NGO「福祉救済委員会」の幹部が、匿名を条件に「麻薬についてのカラクリ」を説明してくれた。

「アフガン農民は国際社会に反抗するために麻薬を栽培しているのではない。生存のためだと理解してほしい」と断ったうえで、「ケシの栽培農家は、税金を課されれば過少申告し、補償が支払われれば過大申告する。正確な栽培量など誰も分からない」と続けた。

「ドナー（補償金拠出者）とは四年間をかけて段階的にすべての栽培地を破壊する取り決めになった。初年度は二五パーセントの面積だが、終わってみれば四〇パーセント以上が破壊された計算になった。アヘンや麻薬の取引には軍閥が介在する。軍閥兵士が栽培面積の実地調査をしたNGO職員を銃で脅し、でたらめな申告がまかり通った。補償金の多くは軍閥の懐に消えたのだ」

「麻薬」の元締めであるカディル氏にとって、麻薬撲滅作戦は新たな「金のなる木」だった。タリバン政権出現以前、カディル一族は麻薬取引で大もうけした。当時も、アフガン産の麻薬急増に危機感を抱いた欧州各国は麻薬撲滅を名目に多額の資金を現地に寄せた。その受け皿になったのが、やはりカディル一族だった。カディル一族は、アフガン東部を拠点とするパキスタン経由の密貿易の利権も握っていた。

その後、タリバンの出現でカディル氏はこの地を追われるが、両者の対決は単なる領土争いだけでなく、利権の分捕り合戦という側面もあった。先のNGO幹部はこう言う。「どちらに転ぼうと、麻薬をめぐっては軍閥が潤うシステムだ。タリバンに限らず、軍閥の行動原理は明快。いかに儲け、勢力を拡大させるかだ」

パンジシール渓谷

「軍閥」とは独自の軍隊を持つ勢力のことであり、国際社会から「武装解除」を迫られていた。

しかし、アフガンの大軍閥は例外なく「わが部隊は国軍の一部だ」と主張した。「国軍の一部だから武装解除をする筋合いはない」という論理につながるのだった。

最大の軍閥にのし上がったマスード将軍派の出身地、パンジシール渓谷に向かう。カブールから車で三時間ほどでサラン峠に至る。対ソ連のアフガン戦争時代、そしてタリバン時代と、幾度も激しい攻防戦の舞台となった要衝だ。岩肌をむき出しにした崖っぷちに掘られたトンネルは、あちこちに破壊の跡があった。タリバン時代、マスード部隊はトンネルを自ら破壊し、タリバン部隊を「袋のネズミ」にして進攻を防いだという。

さらに北進して、ヒンズークシュ山脈に連なる渓谷の入り口に着く。深いV字の谷は全長約百二十キロ。荒涼としたアフガンの見慣れた風景は一変し、清流と緑豊かな田畑が連なる。流域の肥沃な土地は、狭いながらメロン、スイカ、トマトなどが実り、リンゴやモモなどの果物も豊富だ。サラン峠から上流域にかけては、でこぼこ道の沿道や河川敷、山の斜面の至るところに旧ソ連製のさび付いた無数の戦車が放置されたままになっている。

意外にも、無傷の戦車や軍用ヘリを集結させた場所があった。案内してくれたファヒム国防相の親族は「昨年（〇一年）のカブール制圧の際にタリバンから奪い、すぐにここに運び込んだ」と明かした。小火器や弾薬を大量に貯蔵しているというコンテナ群もある。

九・一一後、米英軍が空爆を続けている最中、北部同盟は米国の制止にもかかわらず、一気にカブールへ進攻する。それは、タリバン後の新政権の主導権を握るというだけでなく、タリバンの「使える武器」を奪い取ることも、大きな目的の一つだったのだろう。今や国軍トップに君臨するファヒム国防相だが、この親族は、これらの武器を国軍に組み入れることなどあり得ないと言った。

渓流域をさかのぼること約二時間。バサラック村に入る。村を一望する高台にマスード将軍の遺体を埋葬した場所があった。今は埋葬地を円筒形に囲む仮設の小さな建物だが、近く大規模な霊廟を建設する予定で、高台を「偉大な殉教者の丘」と命名するのだという。

夕暮れを迎え、同行の国防相の親族のツテを頼りに、村の民家に宿泊する。国防省の少将の自宅だった。少将によると、将校の二割はパンジシール出身者。少将は週末のたびにランドクルーザーで片道五時間の距離を飛ばし、自宅に戻り休息するのだという。

少将によると、アフガン戦争時代、この村はソ連軍に完全に破壊され、渓谷のすべての道路を支配された。生き残った住民は山岳部に逃れた。上空からも猛爆を浴びたが、男はゲリラとしてソ連軍に夜襲を繰り返し、ソ連軍は渓谷の「線」を支配しただけだった。

住民が隠れていた険しい山岳部に、幾筋ものエメラルド鉱脈が走っている。アフガン東・南部の最大の利権が「麻薬」なら、パンジシール渓谷では「宝石」だった。アフガンには多種多様な地下資源が眠っていると推定されているが、長い戦乱のため探査すらほとんど行われていない。その中で、「世界最高品質」の呼び声高いエメラルドをはじめ、パンジシールは宝石の宝庫なのだ。

翌日、中流域のヘンジ村で、アフガン戦争中はゲリラとして抗戦したという宝石ディーラーのグラム・モハマドさん（39）に話を聞いた。「夜はゲリラ戦、昼は採掘に明け暮れた。田畑を耕せないため、エメラルドは唯一の現金収入源だった」と振り返る。

エメラルドは当時、パキスタンのディーラーを経て、パキスタン産として国際市場に流れた。しかし、九六年のタリバンによるカブール制圧に伴い渓谷に退却したマスード将軍は、住民に対し業者との取引を禁じた。一括買い上げシステムを構築し、国際市場と直接取引して軍資金を稼いだという。まもなく「アフガン産」に「最高品質」の折り紙が付く。

モハマドさんによると、エメラルドの採掘は一九五〇年代に始まったが、ルビーをはじめさまざまな宝石が手つかずにある。「手が回らないから、一番高値で売れるエメラルドしか採掘してこなかった」という。エメラルドは最大の産出国コロンビアをはじめ、ブラジルやザンビアなどに限られ、希少価値が高いのだ。

ところが、アフガンに新政権が誕生し、難問が持ち上がった。財源不足に苦しむ中央政府は、是が非でも採掘権を確保したい。パンジシールに向かう前に鉱工業省でモハマド・マンガル副大臣（50）と会った。「採掘権は今や中央政府に帰属する。勝手な採掘は『腐敗行為』とみなす」と強気に語った。副大臣は、パンジシールを支配するファヒム国防相に「採掘権は政府にあることを認めるよう」求める書簡を送ったが、返答はないという。

「採掘権を渡せというなら渡してもいいだろう」。ヘンジ村の顔役、モハマド・ガニさん（50）は「昔はエメラルドしか生活の糧がなかったが、平和が来れば農作物は何でもとれるし、生活には困らないからだ」と続けた。ただし、政府との交渉はまだ始まっていないから、採掘権は我々にある。交渉では委譲までに四〜五年間の猶予期間を主張したいと、決着までに出来るだけ時間稼ぎをしたいと言い添えた。

エメラルドの帰属権をめぐる中央政府と地元の微妙な駆け引き。国防相は、マスード将軍から引き継いでエメラルドの取引額の十パーセントを徴税しており、帰属先が政府に移れば、実入りが途絶えてしまうのだ。軍閥にとっては、中央集権化の実現に貢献して自らの地位を危うくするより、軍備同様、いかに多くの利権を握るかに腐心しているほうが、はるかに現実的なのである。

先のグラムさんによると、採掘は約千人の作業員が五十～百人の集団に分かれ、ゲリラ戦当時と同様、テント暮らしをしながら続けているという。エメラルドの現物を見たいというと、自宅から持ってきてくれた。ビニール袋に入ったエメラルドは全部で四千カラット分。卸価格だと日本円で三千五百万円相当。アフガンの物価水準を考えると、数十億円ほどか。きらめくエメラルドの粒を両手一杯にすくい、グラムさんは言い切った。「政府が鉱脈を所有しても、勝手に採掘するだけだ。広大な山々を誰が見張るのか」と。

アフガン北部

北部の五州では二人の大軍閥が覇権を競っていた。国防省次官で、北部五州軍管区の最高司令官、ラシッド・ドスタム将軍（48）とナンバー2のウスタ・アタ副司令官（38）である。ドスタム将軍はウズベク人。アタ副司令官はタジク人。支配地域はほぼ半々だ。

北部の中心都市はバルク州の州都マザリシャリフ。この戦略上の要衝を握っていたのはアタ副司令官だった。空港にも市街にも、アタ副司令官が仕えた同じタジク人の故マスード将軍の肖像画が至るところに掲げられている。

市内の軍司令部で、ビジネスマン然とした背広にネクタイ姿のウスタ・アタ氏はこう言った。「（北部地域でも）復興に全力を注ぐべき時だ。私は今、戦いを終わらせるための最後の戦いに挑んでいる」。挑んでいる相手は上官のドスタム将軍であることは明らかである。「自分が最高司令官になればすべて解決する」とも言った。

ウスタ・アタ氏はインタビューの間、部下にビデオカメラを撮らせた。そのためか、ドスタム将軍への厳しい言葉とは裏腹に、穏やかな表情に終始した。翌日のマザル・テレビはニュース番組でこの映像を無声で放映した。ウスタ・アタ氏が「遠路訪れた日本のジャーナリストと会見し、北部地域の治安問題などについて語った」と説明していた。

マザル・テレビは、アタ氏が事実上握っていたが、ドスタム将軍の話題も均等に扱っているようだった。ウスタ・アタ氏については、政治宣伝のようなニュースをはじめ、ウスタ・アタ氏が市民の直訴に対し、その場で「大岡裁き」をし、官僚に具体的対応を指示するという番組があった。「治安要員に息子が殴られた」「電気がない」「燃料が買えない」。そんな身近な問題に手際よく答え、政治力をアピールしていた。このほか、ドスタム将軍の演説も延々と流していた。将軍は「平和」「安定」「復興」、そして「住民のために」といった言葉を繰り返していた。

実際、二人は頻繁に会って政策協議を重ねているといい、マザリシャリフ市内は一応、平穏を保っていた。

マザリシャリフの至る所で、故マスード将軍の
肖像画が目につく。

マザリシャリフから西に約百キロ。ドスタム将軍の本拠地、ジャウズジャン州の州都シバルガン。市街には「ドスタム将軍の肖像画」があふれていた。「パレス」と呼ばれる迎賓館で将軍の到着を待った。背広姿の将軍は、二百人もの武装したボディガードに囲まれて部屋の前に現れた。将軍に招き入れられた部屋は、上座にトルコ国旗が飾られ、アフガンの大軍閥の中でも、私が知る限り最も贅を尽くした高級家具をそろえていた。ウズベク人の将軍と民族的に同質のトルコは、タリバン政権時代にドスタム将軍の亡命先となった。市内で通りかかった学校の校門には「トルコの支援で建設」の文字があった。

「何だ、外交官じゃないのか。ジャーナリストと知ってれば逃げていたのに」。開口一番、ドスタム将軍は冗談を飛ばした。南部の大軍閥、グルアガ氏と似た風貌である。

将軍は北部地域の治安状況について、「ウスタ・アタ副司令官と連携し治安回復に努めている」と協調関係を強調した。「マザリシャリフ市内では副司令官と共同で対テロ警察部隊を結成している。テロとの戦いにいつでも派遣できる。北部は以前に比べて治安はずいぶん良くなったが、乱しているのはタリバンとアルカイダだ」とも言った。しかし、タリバンやアルカイダの残存勢力はこの地域からとうに駆逐されていたのである。

ドスタム将軍は暫定行政機構の発足当初、閣僚ポストを要求し、何らかの重要ポストは当然視されていた。しかし、最近もカブールには姿をまったく見せていない。将軍は「私がこの地にとどまることは、この地の責任者として、カルザイ大統領と合意ができている」と語ったが、国防次官のポストで納得したのは、ウスタ・アタ副司令官の存在があり、閣僚ポストを得ても「中央」にとどまる余裕はなかったのだろう。

現地の国連治安問題担当官によると、両派の勢力はそれぞれ推定一万五千人。ドスタム将軍、ウスタ・アタ氏とも「自分の部隊は国軍の一部だ」と主張していたが、その「国軍」部隊があちこちで衝突していた。南アジア出身の担当官は「自分は微妙な立場だから」と、「匿名」で情勢を説明してくれた。

それによると、マザリシャリフを制圧するウスタ・アタ氏に対し、ドスタム将軍は中央アジアとの交易路を押さえて関税を徴収、石油・天然ガス地帯も押さえていた。両軍閥の抗争は領地だけでなく、利権争いの側面もあるという。しかも、双方は、北部では少数派のパシュトゥン人への迫害を強め、国連や民間援助団体を標的に略奪、レイプ、襲撃などを続けてきた。

例えば、現地に国連事務所が再開して半年足らずの間に五十八台の国連車両が略奪された。両派は塗装し直して堂々と走り回っていた。国連アフガン問題担当のブラヒミ特使が返還を求める書簡を送ったところ、戻ったのは五台だけ。担当官は「治安状況はカオス（無秩序）に近い。両派は場外でひたすら政治的サッカーゲームを続けている」と嘆いた。

カブールだけに駐留してきた国際治安支援部隊の地方派遣論議は、主に北部地域を念頭にしていた。しかし、問題は当時、ドスタム将軍と関係が深いトルコが支援部隊を主導していることだった。担当官は「派遣が実現しても公正な支援活動を期待できるかどうか」と言う。当然、ドスタム将軍は部隊派遣を支持し、ウスタ・アタ副司令官は反対していた。

両派は微妙なパワー・バランスの下で、全面衝突の事態には至っていないが、担当官は「ドスタム、ウスタ・アタの両方をこの地域から排除しなければ治安を含めて何も進展しない。中央政府がそれだけの政治的リスクを冒さなければ」と語った。しかし、ウスタ・アタ副司令官の背後には、中央政府の実権を握るタジク人のファヒム国防相の影がちらつく。国防相は、国防次官のドスタム将軍の勢力弱体化を望んでいるとみられていた。

アフガン西部

アフガン西部の中心都市ヘラートは、この国では珍しく緑が多く、際立つほどの美しさだ。十五世紀にチムール帝国の首都となり「世界で最も洗練された街」とも言われた。ソ連侵攻に伴うアフガン戦争で破壊し尽くされたと聞いていたが、至る所で道路の改修、拡張工事のツチ音が響き、広大な市民公園の復興も進んでいた。

ヘラート州を中心とする西部四州の覇者は、イスマイル・カーン・ヘラート州知事（56）である。隣接するイランとの中継貿易で安定的な徴税システムを構築し、政治的には中央政府と一線を画して「独立王国」と呼ばれていた。知事公舎のカーン知事の執務室は、大ホールのように広大で、床にはペルシャ産らしいカーペットが敷かれている。その窓際の執務机で、カーン知事はそばに置いた扇風機で涼んでいた。

アフガン戦争で最も勇名をはせたムジャヒディン司令官の一人だが、意外なほど小柄だった。タリバンの勢力伸長に伴いイランに亡命、再起を期して帰国したがタリバンに捕らえられ、投獄される。その後、脱走して九・一一後、再びヘラートの覇者に返り咲いていた。

ヘラートには、イランから衣料品、電化製品、自動車などが入っていた。とりわけアフガンへの輸入車の大半はヘラート経由で、最大手の中古車業者によると、その大部分を占める日本製中古車は月に約千台。州政府は税金として一台四百〜八百ドルを稼ぎ出していた。

インタビューの二日前、この執務室に中央政府のガニ財務相が「陳情」に訪れ、カーン知事に要請したという。「税収の一部を定期送金してほしい。汚職で目減りしないよう注意するから」。中央と地方の立場はまるで逆である。

イランは道路建設や電源開発などさまざまな分野で復興支援をしてきた。米国が「悪の枢軸」と名指しするイランとの緊密な関係は、カルザイ政権とその後ろ盾である米国をけん制する形にもなっていた。

カーン知事は地元で「閣下」と呼ばれている。暫定政府の陣容を決めた〇二年六月の緊急ロヤ・ジルガ（国民大会議）では副大統領か内相にと打診されたが拒否したという。理由は「地方が乱れると中央政府の利益にならないから」。市民からヘラート在留を求める「高さ三メートルの嘆願署名」が提出されたと語った。

カルザイ大統領が移行政権の閣僚ポストを乱発した背景の一つに、軍閥を中央の要職に就かせ、地方での権力をそぎたいとの思いがあった。そんな思惑を見透かしたかのように、カーン知事はヘラートに居残った。米国などの支援で中央政府が育成している国軍について、知事は「我々の部隊は国軍の一部」と言うだけでなく、「新たな軍隊は必要ない」とも強調した。中央の役職拒否に加え、こうした言動が「中央政府に逆心ありや?・」の疑念も生んでいた。だが、中央には息子を閣僚に送り込み、中央とのパイプを確保していた。したたかな政治家との印象だった。

ヘラートはアフガンの文化的先進地で、カーン知事に政策提言するユニークな市民組織がある。入会要件は「大学卒」。医師、弁護士、企業家、芸術家ら知識層約八百人が名を連ねる「シューラ」だ。ラフィク・シャヒル代表(45)は、カーン知事の治世を「善政」と評価しながらも、「もはや軍人が政治をする時代ではない。高い教育を受けた官僚が行政の主導権を握るべきだ」と知事に助言しているが、「聞く耳を持たない」と渋い顔を見せた。

復興が急ピッチで進むヘラートだが、電気は満足になく、複数の民間業者が大型発電機で供給しているのが現状だ。シャヒル代表は「学校には机もいすも十分でない。中央に税収を送金する余裕などない」と述べ、中央への税収送金を批判した。

知事は厳格なイスラム指導者でもあり、女性はタリバン時代同様、全身を覆うブルカもしくは黒いベールをかぶらないと外出できない。シャヒル代表は「問題は理由もなしに投獄される人権抑圧が続いていることであり、女性の社会進出も進めるべきだ」と言ったが、「女性たちはブルカを脱ぎたいとは思っていない」と付け加えた。

カブールに戻り、暫定政府の治安部隊から追われていたヘクマティアル元首相派の動きを探った。〇二年四月、カルザイ大統領(当時は暫定行政政府議長)の外遊中、カルザイ氏やザヒル・シャー元国王暗殺を企てたとされる事件のその後である。

ファヒム国防相の親族に同行してもらい、暗殺計画の「黒幕」とみなされていたワヒドラ・サバウン元国防相（50）の自宅を訪ねる。通りを挟んだ向かい側で、野菜の屋台売りをしている若い男にその親族は視線を向けると、「情報機関の見張り役だ」と言った。

サバウン氏は「ヘクマティアル氏とは五年前に絶縁した。暗殺計画など最初からなかった」と釈明した。サバウン氏は、「イスラム党」を率いたヘクマティアル元首相の側近で、タリバンの首都制圧に伴い元首相とともにイランに亡命した。まもなく元首相とたもとを分かち、分派党「イスラム党会議」を結成。反タリバンの北部同盟と連携したのだと説明した。先に大量逮捕された三百六十人は「いずれも自分がイランから呼び寄せた会議のメンバー」と認めたが、元首相派ではなく、自分の配下の者たちだという。

実際、三百六十人は「嫌疑不十分」で段階的に釈放されたが、アフガン新政権の情報機関が「今もヘクマティアル（元首相）と連携している可能性がある」と、密かに元国防相への監視を続けているのだった。

タリバン支持を表明し「反米」姿勢を鮮明にしたヘクマティアル元首相について、「自らを破滅に導く誤った判断だった」と指摘した。元首相はすでに軍事力は喪失したが、（パキスタンやイランに逃れた）難民の間に多くの支持者がおり、「米軍が早期にアフガンを撤収すれば、復活する余地はある」と語った。

タリバン政権時代に情報機関「イスタクバラト」の長官や内務次官を歴任したムラ・ハクサル

氏が、新政権樹立後、カブール市内に住んでいた。居宅は新政権が与えていた。ハクサル氏はタリバン創設メンバーの一人だが、途中から北部同盟に寝返り、マスード将軍に機密情報を提供していた「二重スパイ」だった。

二日間にわたる長時間のインタビューにも、嫌な顔ひとつ見せず、受け答えをしてくれたが、細部を詰めると辻つまの合わないことが少なくない。以前に他のメディアが報じたインタビュー内容と食い違うこともあった。通訳の誤訳、質問者の誤解や知識不足も考えられたが、ハクサル氏の立場を勘案すれば、ある程度は斟酌するしかない。

ハクサル氏によると、タリバンは九六年九月のカブール制圧直後、その四ヶ月前にアフガン入りしていたビンラディン氏の受け入れをめぐり会合を開いた。その中でハクサル氏は「問題を抱え込む」と進言したが、「ウサマがムジャヒディンだったという単純に宗教的理由で受け入れが決まった」と振り返る。

北部同盟に寝返ったのは九七年から九八年にかけて。タリバンに対するビンラディン氏の影響力が次第に強まり、タリバンが変質し始めていたころである。タリバン変質の理由は「オマル師が宗教者にとどまり、政治を理解しなかったからだ」と説明した。

機密情報は、マスード将軍には高性能の無線で伝えた。国連に対しては、派遣された特使に口頭で伝えたという。イスタクバラトの要員は約二万人、このほか何倍もの市民の情報提供者がいた。支配地域での「武装解除」を徹底するため、戦争孤児を中心に数千人の子供を使って、近隣に銃を隠し持っている者がいないか探らせていたという。

タリバン政権に対する当時のパキスタンの支援については、マドラサの学生やイスラム武装組織メンバーなどの義勇兵にパキスタン正規軍の私服兵士や軍事顧問を紛れ込ませて送り込んでいた。ＩＳＩの関与は、イスラム聖職者協会のサミュル・ハク氏ら原理主義指導者を伝令役として送って伝え、資金支援も彼ら伝令役を通し行っていた。武器の供与はなく、かつてソ連軍が撤退した際に残した武器を使っていたという。ＩＳＩのタリバン支援は、自ら手を汚さないという意味で、カシミールでのイスラム武装勢力への支援形態と酷似していたことは間違いない。

一方、ビンラディン氏はタリバンに、その時々に応じて数千ドル～数万ドル単位で資金を提供していた。その都度、四輪駆動車を十五～二十台ずつ購入し、与えてもいた。

九・一一後、米国がビンラディン氏の身柄引き渡しを求めた際、オマル師は「引き渡しに同意する発言をすればその場で処刑する」と周囲に告げ、ムタワキル外相やザイーフ駐パキスタン大使ら穏健派は沈黙を守るしかなかったとも述べた。

マスード将軍暗殺の真相

ある国連関係者から「マスード将軍暗殺の事情を知る人物がいる」と聞いた。ラスル・サヤフ氏（58）。多数派のパシュトゥン人ながら、暗殺されたカディル氏（副大統領兼ナンガルハル州知事）と同様、少数民族主体の北部同盟の一角を担った人物である。

対ソ連のアフガン戦争中、「統一イスラム党」を率い、サウジアラビアとの個人的パイプを生かして膨大な資金支援を受けていた。当時最大のゲリラ勢力だったヘクマティアル氏と密接な関係があった。当然、CIAやISI、双方が支援したサウジ出身のビンラディン氏をはじめアラブ義勇兵とも接点があった。そんなサヤフ氏だが、タリバン政権時代は反タリバンの陣営に属していた。

マスード将軍は〇一年九月九日に暗殺された。二日後に起きる米同時多発テロとの連動性も指摘され、北部同盟は「アルカイダの犯行」と結論づけていた。

サヤフ氏によると、暗殺事件からさかのぼること一ヶ月余の〇一年七月末、モロッコ出身の二人の男がアフガン入りした。タリバン政権が全土の九五パーセントを実効支配し、北部同盟への「大攻勢が近い」とのうわさが流れていた時期である。

二人はカブール北方のカピサ州に潜伏していたサヤフ氏を訪ねて来る。そして「内戦の記録映画を制作したい」と告げた。題名は「アフガンの過去・現在・未来」。ロンドンのパキスタン大使館が発行したジャーナリストビザを押したベルギーのパスポートを示し、「ボスニア内戦の映画を制作したこともある」と言い、撮影協力を求めたのだった。

この男たちを紹介してきたのは、サヤフ氏の元部下だった。アフガン戦争中、サヤフ氏の「統一イスラム党」で義勇兵として戦ったアブ・ハニというエジプト人だ。アフガンからボスニアに転戦したこの人物は、その約一年前にも別のアラブ人を紹介してきた。やはり記録映画制作が目的で、これは実際にアラブ諸国で評判になった。アブ・ハニ氏は「今回もよろしく」と伝言を寄せていた。

サヤフ氏はマスード将軍に二人が将軍との会見を望んでいると伝えたが、男たちと接触するうち疑念が膨らんできたという。「映画について深く話すことがなく、（映画に関するこちらの）質問にもおざなりだった」からだ。

翌八月半ば、北部同盟は本拠地パンジシールで幹部会を開いた。マスード将軍以下、ファヒム副官、ラバニ前大統領、カディル氏、それにサヤフ氏。二人は会場に姿を現し、集合写真を撮りたいと申し出た。「北部同盟に亀裂があるとうわさされている。事実でないと証明したい」と言った。しかし、サヤフ氏は頑として写真を許可しなかった。

暗殺に至る経過を初めてメディアに明かしたというサヤフ氏は、「この時に全員が爆殺されていた可能性がある。タリバンは全土を一気に制圧し、北部同盟は壊滅していただろう」と振り返った。仮にタリバン支配が全土に及んでいたら、九・一一後の米国のアフガン軍事作戦は、北部同盟という「足場」のない中で、極めて難しくなっていたことは想像に難くない。幹部会の際にサヤフ氏は、マスード将軍に「（二人のアラブ人から会見の求めがあっても）応じる必要はない」「会うならカメラなどの手荷物検査を怠らぬよう」と警告していた。将軍は「我々には多くの兵士が一緒だ。記者は外国人だ」と言ってほほ笑んだという。

二人はその後、北部ホジャバハウディンの北部同盟のゲストハウスに身を寄せる。将軍は前線を駆け回り超多忙で、約二週間が過ぎた。ホジャバハウディンに戻った将軍にゲストハウスの所長が「少しの時間を」と口添えした。この日も、近くの集会所で地区司令官たちが将軍の到着を待っていた。将軍は「インタビューを急いで済ませよう」と集会所に足を向けた。

会見には所長が通訳として同席し、将軍の側近二人が控えた。将軍と向き合って座ったカメラマンがカバンの中をがさがさいじり始めた。将軍が、記者の最初の質問を途中で遮り「何をしてる！」と言葉を発した次の瞬間、爆弾がさく裂した。将軍と所長は即死状態。カメラマンの上半身も吹っ飛び、負傷して逃げ出した記者は警護兵に射殺された。

米紙ロサンゼルス・タイムズの報道によると、英国の捜査当局はテロリストが所持していたパスポートは九九年に盗まれたもので「暗殺計画はその当時から進められてきた可能性がある」とみているという。

その後の裏取り取材で会った、暗殺事件の捜査を指揮してきたアフガン国防省の事実上のナンバー2、ビスヒラ・カーン司令官（41）によると、暗殺犯二人に関して、ロンドンのパキスタン大使館あてに「アラビア国際ニュース」の記者だと紹介状を書いたエジプト出身の男ら三人が逮捕されたと言った。一部がアルカイダとのつながりを供述しているという。

しかし、サヤフ氏はこう語る。「犯行の黒幕はウサマ・ビンラディンに違いない。しかしビンラディンに誰が指図したかについては諸説ある」。本人は言葉を濁したが、一つはISI説、もうひとつはCIA説である。

アフガンを舞台にした米国の「テロとの戦い」を機に、米軍の支援で息を吹き返した北部同盟は、タリバン後の新政権で要職を占める。ISI関与説はともかく、北部同盟内部では意外にも「背後には米国の存在がある」との陰謀説も広く信じられていた。

将軍暗殺は、将軍のカリスマ性があまりに絶大であり、タリバン後を見越し、米国の思い通りに出来そうにない人物を排除しておきたいとの判断が働いたのだ、というのが根拠だった。「米国関与説」はその真偽はともかく、アフガンでの米国への根強い不信感を反映していた。

あとがき

アフガニスタンの政治状況は、私が現地を離れてからも、基本的に変わっていない。二〇〇五年九月に実施された総選挙（下院、州議会議員）により、米同時多発テロ後の「ボン合意」に基づく政治復興プロセスは完了し、この国は形の上では「ひとり立ち」を果たした。

しかし、カルザイ政権が、米国の後ろ盾と各軍閥との微妙なパワーバランスの上に成り立っているという状況は同じで、その基盤は脆弱だ。各民族間の確執、軍閥の武装解除、麻薬栽培の蔓延など、政権を取り巻く難題は以前と変わらない。

反政府勢力のタリバンもヘクマティアル派も存続している。タリバンについては、外相を務めたムタワキル氏や「二重スパイ」だった元内務次官のハクサル氏が選挙に出馬した。カルザイ大統領の「タリバン穏健派取り込み」工作に乗った形だ。

タリバン残存勢力は、分派が設立されたとも伝えられている。ただ、今も「タリバン」を名乗る組織は、無差別テロに訴えるのでなく、特定の政治勢力や外国人、駐留米軍を標的にした「政治的武装勢力」としての性格を強め、活動を再活発化させている。
○五年九月に再会したパキスタン軍情報機関（ＩＳＩ）関係者によると、ＩＳＩはタリバンともヘクマティアル派ともパイプをつないでいる。アフガン内戦が再燃する可能性を否定できない以上、これらの「選択肢」は捨てられないのだという。
アルカイダのビンラディン氏をめぐる状況についても変わらない。駐留米軍は「アルカイダ掃討」を銘打つ作戦は続けているが、トップであるビンラディン氏の捕殺を狙ったものとは思えない。ＩＳＩ関係者は、米国がその存在を容認しているからだと分析している。

タリバンとビンラディン氏との関係については、米公文書館が○五年八月に公表した国務省の文書により、九八年にケニアとタンザニアで起きた米大使館同時爆破テロ後、タリバン政権幹部がビンラディン氏の暗殺を模索していたことが初めて明らかになった。

九八年十一月二十八日付公電によると、国務省当局者はこの日、イスラマバードでタリバン政権幹部と約一時間半にわたり、ビンラディン氏の身柄引き渡し問題などについて協議した。タリバン幹部は「暗殺をアレンジする選択肢もある」と語ったという。

しかし、十二月十九日の公電によると、この日の再協議では一転、タリバン幹部は同時爆破事件について「ウサマが関与した証拠はない」と主張し、米国のアフガン・ミサイル報復攻撃を非難したという。身柄問題で大きなヤマ場となった九八年後半期の出来事だった。

かつてタリバンを支援し、今はアルカイダ系組織と呼ばれるパキスタンの武装組織「ジャイシ・モハマド」は、組織名を「ジャマト・フルカン（コーランの党）」に変えた。別の有力武装組織「ラシュカル・タイバ」は「ジャマト・ダワ」に改称している。

南アジアでの顕著な変化は、インドとパキスタンの関係が改善してきたことだ。ただ、アフガンに対するパキスタンの影響力低下に伴い、アフガン情勢との連動性も薄らいできた面がある。

この本を執筆しながら、言い尽くせなかったこと、書き漏らしたことを、アフガン情勢の現状と見通しを含めて、この「あとがき」で総括してみようと考えていた。アルカイダとは、テロとジハードの違い、米国の対テロ戦争、テロ撲滅の方法……。現場で思いめぐらせたさまざまなことを論じたいとも思っていた。

しかし、はたと思い直した。現地を離れて二年半が経過し、この間については、現場の空気を知らないし、一次情報も得ていない。また、論の展開については、自分の領分を踏み越えてしまうのではとの考えがよぎった。いざ書き始めてみると、際限がなく、深みにはまりそうな感じがして、取りやめた次第である。

インターネットが普及した今、新聞原稿を仕立てることは、以前に比べて格段に容易くなった。ネット上に情報があふれているからだ。ジャーナリストとして、こうした情報を精査し、分析して真相を追究する手法もある。情報の氾濫を必ずしも害悪だとは思わない。

ただ、私はアフガンやパキスタンで、憶測が一人歩きし、記事として垂れ流されている状況を目の当たりにした。情報操作をしようと思えば、いくらでも出来る。また、あふれる情報の中で、ほんとうに必要な、肝心な情報が少ないことも思い知らされた。そんなネット社会であるからこそ、「現場」や「当事者」の重要性がますます求められる。

自戒を込めて言えば、現場にいるジャーナリストの存在意義は、第一義的に、質の高い一次情報を、現場の空気とともに、いかに的確に発信することができるかにかかっている。これがあってはじめて情勢の正確な分析、予測が可能になり、資料的価値も高まるだろう。

私は、疑い深い自分の性格をのろいながら、可能な限り「現場」と「当事者」を目指したつもりだが、裏付け取材が不十分だったり、事実そのものを誤認している点があるかもしれない。本書は毎日新聞に掲載された記事を基にしているが、内容については全面的に筆者にその責任がある。ご指摘、ご批評いただければ幸いである。

〇五年十一月、私はイランの首都テヘランに赴任した。イランはかつてタリバン政権と敵対関係にあり、これまでの南アジアでの取材の継続性という意味でも、興味の尽きない任地である。イランの知識人の一人にタリバン評を聞くと、こんな答えが返ってきた。

「タリバン政権がなぜ崩壊したか。それはタリバンが原初的で、あまりにも不器用で正直でありすぎたからだ」。タリバン政権が他のイスラム諸国と同様、硬軟や表裏を使いわけることのできる政権だったら、世界史の流れは随分と違っていただろう、とも付け加えた。確かに、そうした面もあるのかも知れない。

最後に、出版にあたり、担当していただいた晶文社編集部の島崎勉さんに心よりお礼を申し上げたい。

本書を、医療ミスにより命を落とした父・秀之と、四人の亡き祖父母、そして闘病中の叔父に捧げます。

二〇〇五年十二月

春日孝之

著者について

春日孝之（かすが・たかゆき）

一九六一年生まれ。日本大学国際関係学部卒業。八五年、毎日新聞社入社。九五〜六年、米国フリーダムフォーラム財団特別研究員としてハワイ大学大学院留学（アジア・中東史）。九七〜九年、ニューデリー支局。九九〜〇三年、イスラマバード支局。千葉支局次長、外信部副部長を経て、〇五年一一月よりテヘラン支局長。

アフガニスタンから世界《せかい》を見《み》る

二〇〇六年二月一〇日初版

著者　春日孝之

発行者　株式会社晶文社

東京都千代田区外神田二-一-一二

電話東京三二五五局四五〇一（代表）・四五〇三（編集）

URL http://www.shobunsha.co.jp

中央精版印刷・美行製本